高等职业教育规划教材

民航运输类专业系列教材

民航基础

MINHANG JICHU

张君 主 编
卢竹 副主编

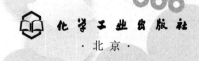

化学工业出版社

·北京·

内容简介

《民航基础》分为3篇共11章，主要内容包括民用航空常识、民用航空运输常识、民航飞机、飞行基本原理、空中交通管理、民用航空器适航管理与维修管理、民用机场、航线与航班、航空公司、民航旅客运输、民航货物运输。本教材内嵌微课课堂、小贴士、延伸阅读、配套习题及答案等立体化表现形式，通过扫码可获取相关信息。

本教材适合高职高专院校中的航空服务类专业，包括机场运行专业、通用航空航务技术专业、民航安全技术管理专业、空中乘务专业、民航运输专业等，也适合于从事民航相关岗位的人员学习和阅读，还是社会人士了解和学习民航基础的有益参考读物。

图书在版编目（CIP）数据

民航基础/张君主编．—北京：化学工业出版社，2021.7（2023.10重印）
高等职业教育规划教材
ISBN 978-7-122-39255-8

Ⅰ．①民⋯　Ⅱ．①张⋯　Ⅲ．①民航运输-高等职业教育-教材　Ⅳ．①F56

中国版本图书馆CIP数据核字（2021）第103288号

责任编辑：旷英姿　王　可		文字编辑：吴开亮
责任校对：张雨彤		装帧设计：王晓宇

出版发行：化学工业出版社（北京市东城区青年湖南街13号　邮政编码100011）
印　　装：三河市双峰印刷装订有限公司
787mm×1092mm　1/16　印张13¼　字数300千字　2023年10月北京第1版第4次印刷

购书咨询：010-64518888　　　　　　　　　　　售后服务：010-64518899
网　　址：http://www.cip.com.cn
凡购买本书，如有缺损质量问题，本社销售中心负责调换。

定　价：39.00元　　　　　　　　　　　　　　　　　　　　　　　版权所有　违者必究

前言

民航业是国民经济的重要基础产业，是综合交通运输体系的有机组成部分，其发达程度体现了国家的综合实力和现代化水平。目前，我国已成为名副其实的民航大国，具备了实现由"大"向"强"跨越的内在条件。站在新的历史起点上，我们应该从关系我国经济社会发展全局的高度，充分认识民航业的战略地位和作用，统筹规划、全面推进建设民航强国战略。本教材为培养有较高专业应用水平，能熟练掌握民航服务理论和基本技能的应用型人才，适应民航企业发展的需要而编写。

本教材编写过程中力求突出体系的系统性、先进性和实用性，从民用航空基础常识、民用航空飞行基础、民用航空构成要素三个篇章进行介绍。本教材的主要特色如下。

（1）以价值引领为中心。本教材以立德树人为根本，引入行业范例，结合教材章节具体内容，注重传播民航"工匠"精神、创新精神和爱国、爱岗精神等价值观念，培养学生树立正确的人生观、价值观和世界观。

（2）以"三教"改革为主线。本教材力求与高职高专类院校培养目标一致，围绕高职"三教"（教师、教法、教材）改革的目标，力求从内容和形式上及时更新教材内容，在每章明确了知识目标、能力目标和素质目标，中间内嵌"延伸阅读""小贴士""微课课堂"等，章后提供"章节自测"，在完成知识传授和能力提升的基础上，构建一体化教材。

（3）结构新颖、通俗易懂。本教材编写内容深入浅出，通俗易懂，在编写过程中对一些相关的基础知识和基本概念均做了详细的介绍，除此之外，以"图、文、视"的方式增强趣味性和可读性，更适合高职高专学生的学习特点。

本教材由长沙航空职业技术学院张君主编，湖南女子学院卢竹副主编，西安航空职业技术学院王小兵、张家界航空工业职业技术学院李长亮和海南航空股份有限公司市场营销部宁小雨参编。具体编写分工为：第1、2、7、8、10、11章由张君编写；第3章由李长亮编写；第4章由王小兵编写；第5、6章由卢竹编写；第9章由宁小雨编写。

由于编者水平有限，书中不足之处在所难免，敬请读者批评指正。

编　者

2021年2月

目录

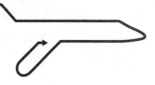

第1篇 民用航空基础常识

第1章
民用航空常识 002

1.1 民用航空定义和分类 003
    1.1.1 民用航空定义 003
    1.1.2 民用航空分类 003
1.2 民用航空发展历程 004
    1.2.1 世界民航发展历程 004
    1.2.2 中国民航发展历程 012

第2章
民用航空运输常识 016

2.1 民航运输的定义和特点 017
    2.1.1 民航运输的定义和分类 017
    2.1.2 民航运输的特点 017
2.2 认识民航运输管理机构 019
    2.2.1 国内民航运输管理机构 019
    2.2.2 国际民航运输管理机构 021
2.3 认识民航运输统计指标 023
    2.3.1 民航运输发展指标 024
    2.3.2 效益与效率指标 025
    2.3.3 安全与服务质量指标 026
    2.3.4 其他相关指标 027

第2篇 民用航空飞行基础

第3章
民航飞机 030

3.1 民用航空器的定义、国籍和分类 031

   3.1.1 民用航空器的定义和国籍 031
   3.1.2 飞机的定义和分类 032
  3.2 飞机的构造与系统 033
   3.2.1 飞机的机体 033
   3.2.2 飞机的动力装置 042
   3.2.3 飞机系统 043
   3.2.4 航空电子系统 045
  3.3 现代民航飞机制造商 050

第4章
飞行基本原理 055

  4.1 大气与飞行 056
   4.1.1 大气飞行环境概述 056
   4.1.2 飞行高度确定 060
   4.1.3 大气与飞行安全 060
  4.2 飞机的飞行过程 063
  4.3 飞行原理 065
   4.3.1 流体定理 065
   4.3.2 飞机的升力 066
   4.3.3 飞机的作用力 068
  4.4 飞机飞行控制 068

第5章
空中交通管理 074

  5.1 空中交通管理概述 075
   5.1.1 民航空中交通管理的构成及其任务 075
   5.1.2 空中交通管制体制和运行组织结构 076
   5.1.3 飞行间隔标准 077
  5.2 空中交通服务 078
   5.2.1 空中交通管制服务 078
   5.2.2 告警服务 084
   5.2.3 飞行情报服务 085
  5.3 空域管理与空中交通流量管理 087
   5.3.1 空域管理 087
   5.3.2 空中交通流量管理 088
  5.4 空中交通管制设施和新航行系统 090
   5.4.1 空中交通管制设施 090
   5.4.2 新航行系统 094

第6章
民用航空器适航管理与维修管理　098

- 6.1 民用航空器适航管理　099
  - 6.1.1 适航管理的定义和作用　099
  - 6.1.2 适航管理机构　100
  - 6.1.3 适航管理的文件和证件体系　101
  - 6.1.4 初始适航性管理　102
  - 6.1.5 持续适航管理　102
- 6.2 民用航空器维修管理　104
  - 6.2.1 航空器维修定义　104
  - 6.2.2 维修的重要性和与外部的关系　105
  - 6.2.3 维修的理论、方式和作用　105
  - 6.2.4 维修的生产管理　106

第3篇　民用航空构成要素

第7章
民用机场　110

- 7.1 民用机场定义和分类　111
  - 7.1.1 民用机场定义　111
  - 7.1.2 民用机场分类　111
- 7.2 民用机场功能区划分　112
  - 7.2.1 机场飞行区　113
  - 7.2.2 机场航站区　117
  - 7.2.3 地面运输区　120
- 7.3 国内主要民用机场　121
- 7.4 国外主要民用机场　126

第8章
航线与航班　131

- 8.1 航线结构　132
  - 8.1.1 航线定义及分类　132
  - 8.1.2 航线网络结构　133
  - 8.1.3 我国航线网络特点　134
- 8.2 航班计划　135
  - 8.2.1 航班的定义及分类　135
  - 8.2.2 航班号编排　135
  - 8.2.3 航班计划　137
  - 8.2.4 班期时刻表　137

第9章
航空公司 ... 140

9.1 航空公司认知 ... 141
9.2 航空公司联盟 ... 141
9.3 国内主要航空公司 ... 145
9.4 国外主要航空公司 ... 150

第10章
民航旅客运输 ... 155

10.1 民航旅客运输常识 ... 156
    10.1.1 民航客票常识 ... 156
    10.1.2 民航旅客购票常识 ... 159
    10.1.3 民航行李运输常识 ... 161
10.2 民航旅客运输服务 ... 162
10.3 民航特殊旅客运送 ... 169

第11章
民航货物运输 ... 175

11.1 民航货物运输的分类 ... 176
11.2 民航货物运输的特点和方式 ... 180
    11.2.1 民航货物运输的特点 ... 180
    11.2.2 民航货物主要运输方式 ... 182
11.3 民航国内货物运输业务 ... 182
    11.3.1 民航国内货物托运业务 ... 182
    11.3.2 民航国内货物收运业务 ... 186
    11.3.3 民航国内货物运送业务 ... 188
    11.3.4 民航国内货物到达与交付业务 ... 188
11.4 民航快递业务 ... 188
    11.4.1 民航快递业务概述 ... 188
    11.4.2 民航快递运输企业 ... 189

附录

附录1 国内主要机场及其三字代码 ... 194
附录2 国内主要航空公司及其二字代码 ... 200

参考文献 ... 203

第 1 篇

民用航空基础常识

第 1 章

民用航空常识

两航起义

1949年6月,中共中央军委副主席周恩来根据国内时局的变化和两航[原中国航空股份有限公司(简称中航)、中央航空运输股份有限公司(简称央航)]的向背作用,作出策动两航起义的决策。1949年11月9日,在中航总经理刘敬宜、央航总经理陈卓林的带领下,两航在香港宣布起义,12架飞机陆续从香港启德机场起飞,其中中航10架、央航2架,于当日飞回内地。同日,香港中国航空公司、中央航空公司2000多名员工通电起义。

两航起义是一次爱国行动,毛泽东主席称之为一种有重大意义的爱国举动;周恩来总理称它是具有无限前途的中国人民民航事业的起点。两航起义是中国民航史上的一个转折点,是广大两航员工在波澜壮阔的革命大潮中,遵循党所指引的方向,发扬爱国主义精神,投向人民祖国怀抱的正义行动,它将永载中国人民解放事业的史册。

学习目标

知识目标
- 熟悉民用航空的定义及其分类。
- 理解人类成就飞行梦想的过程。
- 熟悉世界民航及中国民航发展历程。

能力目标
- 能分析商业航空和通用航空两者之间的区别及各自发展特点、趋势。
- 能运用所学知识把握我国与世界民用航空发展各个历史阶段的划分。

素质目标
- 树立为民用航空事业发展认真学习、刻苦攀登的决心和信心。
- 激发学生热爱祖国的航空事业。

1.1 民用航空定义和分类

1.1.1 民用航空定义

民用航空是指使用各类航空器从事除军事性质（包括国防、警察和海关）以外的所有的航空活动。

这个定义明确了民用航空是航空的一部分，同时以"使用"航空器界定了它和航空制造业的界限，用"除军事性质"表明了它和军事航空的不同。

1.1.2 民用航空分类

（1）商业航空　商业航空也称航空运输，是指以航空器进行经营性客货运输的航空活动。它的经营性表明这是一种商业活动，以营利为目的。同时它又是运输活动，这种航空活动是交通运输的一个组成部门，与铁路、公路、水路和管道运输共同组成了国家的交通运输系统。尽管航空运输在运输量方面比其他运输方式少，但由于快速、远距离运输的能力及高效率，航空运输在总产值上的排名不断提升。在当今经济全球化的背景下，航空运输在国际交往中发挥着不可替代的、越来越大的作用。

（2）通用航空　通用航空是指除商业航空以外的其他所有的民用航空。通用航空包括多项内容，范围十分广泛，可以大致分为下列几类。

① 工业航空　包括使用航空器进行工矿业有关的各种活动，具体的应用有航空摄影、航空遥感、航空物探、航空吊装、石油航空、航空环境监测等。在这些领域中利用了航空的优势，可以完成许多以前无法进行的工程，如海上采油，如果没有航空提供便利的交通和后勤服务，很难想象出现这样一个行业。其他如航空物探、航空摄影，使这些工作的进度加快了几十倍到上百倍。

② 农业航空　包括为种植、林、牧、渔等服务的航空活动。其中如森林防火、灭火、撒播农药等，都是其他方式无法比拟的。

③ 航空科研和探险活动　包括新技术的验证、新飞机的试飞，以及利用航空器进行的气象天文观测和探险活动。

④ 飞行训练　培养除空军驾驶员外的各类飞行人员的学校和俱乐部的飞行活动。

⑤ 航空体育运动　用各类航空器开展的体育活动，如跳伞、滑翔机、热气球以及航空

模型运动。

⑥ 公务航空　大企业和政府高级行政人员用单位自备的航空器进行的公务活动。跨国公司的出现和企业规模的扩大，使企业自备的公务飞机越来越多，公务航空逐渐成为通用航空中一个独立的部门。

⑦ 私人航空　私人拥有航空器进行航空活动。

通用航空的服务功能

作为民用航空两翼之一的通用航空，是国民经济高度发展的产物，也是现代文明社会很重要的生产工具。它在国民经济的快速发展中起到了重要的积极作用。所以，通用航空在现代经济社会的服务体系中突出了以下两大服务功能。

① 提高政府的公共服务能力　在汶川大地震、舟曲的特大泥石流和日本东北部海域的海啸引发的大地震中，直升机救援能力的优势，明显强于其他救援工具。在消防、医疗救援等更多的领域急需要通用航空的服务和支持。

② 为经济建设服务　通用航空在国民经济建设中起到了重要服务作用，直升机在外载、吊装，特别是在邮政、种植业、林牧业等方面起到了重要的服务作用，其优势是其他生产工具无法相比的。

民用航空系统构成

民用航空是一个庞大复杂的系统，其中有事业性的政府机构，有企业性质的航空公司，还有经营性事业单位性质的民用机场，以及大量参与通用航空各种活动的个人与企事业单位。只有各个部分协调运行，才能保证民用航空事业的快速发展。（扫码获取视频，学习更多内容）

1.2　民用航空发展历程

1.2.1　世界民航发展历程

1.2.1.1　飞机的问世

（1）仿鸟飞行阶段　人类自古以来就梦想着能像鸟儿一样在天空中飞翔，但是，古代生产力落后，人类的飞行理想无法实现，于是便把它寄托于神话传说。在各文明古国都流传着许多人类渴望在天空中翱翔的美丽故事，如嫦娥奔月、乘龙驾凤，更有飞车、飞毯等。

随着生产力的不断发展，人类创造飞行器的兴趣也越来越浓，对各种飞行活动进行着不断尝试，出现了风筝、孔明灯、木鸟、竹蜻蜓等（图1-1）。后来人们还尝试着用鸟类的羽毛制成翅膀进行扑飞行……直到17世纪，人们才发现人类肌肉相对于鸟类来说要弱得多，不足以扇动翅膀来维持长时间的有效飞行。

图1-1 人类对飞行的探索

（2）热气球 热气球首次把人类带离地面是民用航空的开始。18世纪，法国造纸商孟戈菲兄弟在欧洲发明了热气球。他们受碎纸屑在火炉中不断升起的启发，用纸袋把热气聚集起来做实验，使纸袋能够随着气流不断上升。1783年6月4日，孟戈菲兄弟在里昂安诺内广场做公开表演，一个圆周为110英尺（1英尺=30.48厘米）的模拟气球升起，飘然飞行了1.5英里（1英里=1.6093千米）。1783年9月19日，在巴黎凡尔赛宫前，孟戈菲兄弟为国王、王后、宫廷大臣及数十万巴黎市民进行了热气球的升空表演（图1-2）。1783年11月21日下午，孟戈菲兄弟又在巴黎穆埃特堡进行了世界上第一次热气球载人空中飞行，飞行了25分钟，飞越半个巴黎之后降落在意大利广场附近。

图1-2 孟戈菲兄弟的热气球

（3）飞艇 飞艇是一种轻于空气的航空器，它与热气球最大的区别在于具有推进和控制飞行状态的装置。1852年，法国人亨利·吉法尔制造了世界上首架动力驱动的可驾驶飞艇（图1-3）。1884年，法国的军官路纳德和克里布制造了一艘"法兰西"号飞艇，长51米，前部最大直径8.4米，用蓄电池供电的电动机作动力。8月9日凌晨4点，在法国科学院观察员的陪同下解缆试航。飞艇先向南飞行，然后向凡尔赛宫飞去并在离开出发点4千米处返航（图1-4）。在高度300米处打开放气阀门排氢降落，在降落中多次前后转动，以对准着陆点。飞艇到达80米高度时，丢下缆绳由地面拉降固定。试飞历时25分钟，飞行速度最高达每小时24千米。这是人类第一艘能操纵的飞艇。

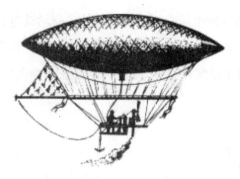
图1-3　亨利·吉法尔的第一艘飞艇

图1-4　首次完成往返飞行的"法兰西"号飞艇

（4）滑翔机　奥托·李林塔尔是德国工程师和滑翔飞行家（图1-5），世界航空先驱者之一。他最早设计和制造出实用的滑翔机，人称"滑翔机之父"。滑翔机是重于空气的可操纵飞行器。

1889年，奥托·李林塔尔写成了著名的《鸟类飞行——航空的基础》一书，论述了鸟类飞行的特点。1891年，他制成一架蝙蝠状的弓形翼滑翔机，成功地进行了滑翔飞行。1893~1896年，李林塔尔进行了2000次以上的滑翔飞行试验，三次改进总体布局，滑翔中又拍了许多照片，积累了大量数据，并以此编制了空气压力数据表，给美、英、法等国的飞机制造者提供了宝贵的资料。

1894年，奥托·李林塔尔从柏林附近的悬崖上起飞，成功地滑翔了350米（1150英尺）远，这在当时是一个惊人的成绩。他仔细地将自己的成绩记录下来，使之成为航空史上最早的飞机性能记录之一。1896年，奥托·李林塔尔在一次飞行试验中失事丧生，德国人为了纪念他的功绩，为其树立了一座纪念碑，上面写着"最伟大的老师"。

图1-5　奥托·李林塔尔

（5）飞机的问世　美国莱特兄弟（Wilbur Wright和Orville Wright）（图1-6）从1896年开始研究飞机。他们认真研究前人的著作和经验，分析成败的原因，并用自制的风洞进行试验，于1900年制成了一架双翼滑翔机。1900~1903年，他们进行了1000多次滑翔试飞，通过多次改进，在初步解决了稳定和操纵问题的基础上，又在滑翔机上安装了自制的四缸汽油内燃发动机，开始了动力飞行试验。

图1-6　莱特兄弟

图1-7　"飞行者一号"飞机

1903年12月17日,莱特兄弟首次试飞了完全受控、依靠自身动力、机身比空气重、持续滞空不落地的飞机,也就是世界上第一架飞机——"飞行者一号"(图1-7)。

飞机是历史上最伟大的发明之一,有人将它与电视和计算机并列为20世纪对人类影响最大的三大发明。莱特兄弟首创了让飞机能受控飞行的飞行控制系统,从而为飞机的实用化奠定了基础,此项技术至今仍被应用在所有飞机上。莱特兄弟的伟大发明改变了人类的交通、经济、生产和日常生活,同时也改变了军事史。

1.2.1.2　世界民航早期发展阶段

(1)民航发展的探索阶段(1903~1914年)　这个时期是民用航空的发展和研究时期,大多进行创纪录飞行。

① 1909年7月25日,法国飞行家布莱里奥驾驶重227千克、装有18.4千瓦(25马力)发动机的布莱里奥11型飞机从法国加莱飞到英国多佛尔,成为世界上第一个乘飞机飞越英吉利海峡的人。

② 1910年11月7日,美国飞行员菲利普·帕马利驾驶莱特B型双翼机,将莫尔豪斯貂皮公司的一批丝织品从代顿运往哥伦布开展促销活动。这是第一次飞机货运。

随着人们不断的努力,飞机的性能逐步改进,逐渐在民用运输中得到运用。

③ 1911年2月8日,英国人亨利·佩凯应皇家海军中校温德姆邀请,驾驶一架法国生产的"素默"式飞机完成了飞行长度8000多米的任务,该次任务是人类历史上最早的空中邮政飞行,也是最早的民用航空飞行,这一天也成为航空史上一个划时代的日子。同年7月,世界上最早从事空中旅客运输和货运运输的飞机也先后出现。

④ 1914年,美国试验性地在佛罗里达州建立了世界上第一条定期飞行的客运航线。1914年1月1日,美国著名的长途飞行员托尼·贾纳斯驾驶着伯努瓦号水上飞机(机上仅载有一名乘客)从彼得斯堡飞往坦帕。航线全长31千米,航行时间约20分钟。由于航空技术尚不发达,飞机的速度、载客量和航程都十分有限,很难与地面交通工具竞争,在得不到政府的高额财政补贴后,第一条试验性的客运航线很快就夭折了。

这个时候飞机的性能虽比诞生之初有很大改进,但还存在许多弱点。飞机载重量、飞行速度、航程还很小,飞机的可操作性、安全性能也较差。气候往往对飞行有着决定性影响。此时的飞机主要应用于表演和商业活动。

(2)民航发展的初级阶段(1915~1945年)　第一次世界大战结束后,民航最初使用的飞机是英国和法国于1918年由轰炸机改装而成的,最多容纳乘客12~20人。1919年,德国研制出第一种全金属结构的民航飞机——容克斯F13,能载客4人。

1919年1月,德国开通世界上第一条定期客运航线。法国民用航空几乎是与德国同时起步的,法国政府设立了主持航空运输的专门机构,负责航空技术的研究、飞机的生产、空中的导航以及航空气象方面的工作。

1919年10月23日,在法国巴黎会议上通过了《关于管理空中航行的公约》,即《巴黎公约》。这是国际民航史上的第一部大法,它第一次确立了航空主权问题,使国际民航的发展有了法律保障。

1921年，英国政府决定向经营伦敦至巴黎航线的英国公司汉德利·佩季公司提供25000英镑的资助。1924年，其他一些英国航空公司合并成立了帝国航空公司，成为第一家由政府支持、在全国占据垄断地位的航空公司，从而使英国在航空运输业的国际竞争中占有较大的优势。

除德国、法国和英国外，其他欧洲国家也纷纷发展起自己的民航事业，特别是意大利的航空事业发展很快，20世纪30年代，其客运量已仅次于德国和法国，位居欧洲第三位。

美国是当今世界上航空客运最发达的国家。但是在第一次世界大战结束后，美国人对航空的兴趣仅仅集中在邮政运输，而不是旅客运输上。然而，正是航空邮政事业的发展为美国民用航空开辟了道路、奠定了基础，使美国的民用航空事业在20世纪20年代末就超过了欧洲。

1918年5月~1927年8月，在9年多的时间里，美国邮政部花费了1768万美元，建立了横贯美国大陆的航空邮政干线，运送了近3亿封邮件，创造了美国民用航空史和世界民用航空史上第一个成功的范例。它所创建的灯光机场、导航设备和通信系统是现代民用航空的基石。

1927年10月，泛美航空公司建立了美国第一条国际航空邮政航路，即美国至古巴首都哈瓦那的航线，它在当时预示着美国的航空网即将向全球铺开。

虽然在第一次世界大战期间飞机性能得到了很大提升，但飞机主要应用于军事。早期民航飞机的航程有限，载客量不大。随着洲际民航航线的纷纷建立，使地球变"小"，飞机在国际间政治、商业中的作用日益增长。正是这种需要，进一步促使飞机研究和发展工作跃上新台阶。航空科技的进步和社会的需求，终于在20世纪30年代促成现代民航客机的出现。

1930年，波音公司开始研制全金属客机，设计了航空史上著名的波音247型双发动机客机，并于1933年首次试飞成功。波音247在当时是最先进的、是第一架真正具有现代意义的客机。它于1933年2月8日问世，波音公司一架全灰色的B-247原型机载着10名乘客，在华盛顿州的西雅图进行了首次试飞。它具有全金属结构和流线型外形，装有单垂尾和方向舵，起落架可以收放。机上装有2台功率为410千瓦的发动机，巡航速度为248千米/小时，航程776千米，载客10人，并可装载181千克邮件。机上座位舒适，设有洗手间。波音公司还别出心裁地设了一名空中小姐，开创了空中服务的先河。

另一架有名的民航飞机是DC-3，于1935年面世。它装有两台功率为895千瓦的发动机，巡航速度达331千米/小时，航程3400千米。载客量根据不同的飞行距离和舒适程度可以容纳21~28人，最多时可达到32人。由于载客量较大，大大降低了客座千米运行成本，一举改变了航空公司经营客运亏损的局面，从而使民用航空客运业务不需补贴就可独立发展，这是民用航空确立自己商业地位的关键一步。1938年，DC-3成为美国航空公司干线运输的主力机种。DC-3性能比前代飞机更稳定，运营成本更低，维修保养更容易，是航空史上的重要里程碑，当时一共生产了1300余架。

这一时期民用航空活动构成要素已健全，欧美航线及以欧洲为中心的航空网已初步建成，航空公司如雨后春笋般涌现，航空器制造技术大大提高，飞机的性能不断改进，速度不断提高。1919年成为民用航空正式开始的一年，国际航空运输协会组建，世界上第一家航空公司——德国汉莎航空公司成立。此后，世界各国航空公司开始陆续出现。这一阶段成立的航空公司主要集中于欧洲和美国。

1.2.1.3 世界民航高速发展阶段

1945～1958年，世界民用航空经历了高速发展阶段。第二次世界大战时期，遍布各地的大型机场为战后民航的迅速发展创造了条件。随后，民航客机又实现了喷气化，促进了民用航空运输的兴旺发达。

（1）国际民用航空公约及国际民航组织　由于第二次世界大战对航空器技术发展起到了巨大的推动作用，使得世界上形成了一个包括客货运输在内的航线网络，但随之也引起了一系列急需国际社会协商解决的政治上和技术上的问题。因此，在美国政府的邀请下，52个国家于1944年11月1日～12月7日参加了在芝加哥召开的国际会议，产生了三个重要的协定——《国际民用航空公约》《国际航班过境协定》和《国际航空运输协定》，为国际航空运输多边管理框架的形成奠定了基础。签订公约的同时，会议决定成立过渡性的临时国际民用航空组织（International Civil Aviation Organization，ICAO）。

《国际民用航空公约》（Convention on International Civil Aviation），也称《芝加哥公约》（Chicago Convention），为管理世界航空运输奠定了法律基础，是迄今为止最重要的有关国际航空的国际公约，是国际民航组织的"宪法"。

1947年4月4日，《芝加哥公约》生效，国际民用航空组织正式成立。1947年5月13日成为联合国的一个专门机构，简称国际民航组织，总部设在加拿大蒙特利尔。国际民航组织的成立为促进全世界民用航空安全、有序的发展发挥了积极作用，是各缔约国在民航领域中开展合作的媒介。

（2）喷气式飞机进入民用航空　1939年8月27日，在第二次世界大战爆发前一个星期，世界上第一架涡轮喷气式飞机——"亨克尔He-178"型飞机（图1-8）成功进行了试飞。这架飞机是由德国飞机设计家和制造家恩斯特•亨克尔开办的飞机厂设计制造的。

第二次世界大战后期，喷气式战机已经投入使用，但进入民用航空却经历了较长时间。1950年，使用喷气发动机的世界上第一架涡轮螺旋桨（涡桨）式客机——英国"子爵"号（图1-9）投入使用。相对于常规的活塞式飞机，"子爵"号飞机具有两大优势：一是速度更快，可达576千米/小时；二是可以飞得更高，使巡航高度处在平流层，从而使旅客乘坐更舒适。

图1-8　"亨克尔He-178"型喷气式飞机

图1-9　英国"子爵"号喷气式飞机

1952年5月2日,"彗星"1型喷气式客机(图1-10)投入从英国伦敦飞往南非约翰内斯堡的航班服务时,轰动了世界,这种高速客机令飞行成为奢华享受。德·哈维兰彗星型客机(de Havilland Comet)由英国德·哈维兰公司研发,于1949年出厂。这种民航客机是第一种以喷气式发动机为动力的民用飞机,以0.5厘米的铝制蒙皮包圈,可飞行至10000米高空。"彗星"1型喷气式客机投入航线运营,标志着民用喷气式客机时代的到来。

图1-10 "彗星"1型喷气式客机

图1-11 苏联的图-104喷气式客机

1953~1954年,"彗星"1型客机接连发生了3次坠机事故,导致彗星客机停飞。后来调查研究显示,由于"彗星"使用了增压座舱,对客舱加压的结构设计经验不足,长时间飞行以及频繁起降使机体反复承受增压和减压而引发金属疲劳是发生客机解体坠毁事故的原因。这是民航历史上首次发生因金属疲劳导致的空难事件。

吸取了"彗星"1型客机的失败教训后,1956年苏联的第一种喷气式客机——图-104(图1-11)投入航线,早期的图-104可载客48人,飞行中短程航线,后来发展出70座的图-104A和100座的图-104B。至1960年停产,图-104系列总共生产了200余架。

世界民航高速发展阶段的主要特点:
① 国际化航空业务迅速发展;
② 机场和航线网络等基础设施大量兴建,逐步形成了全球航空网;
③ 从1956年开始,喷气式民用飞机进入服务领域,开启了民用航空的新阶段。

1.2.1.4 世界民航大众化发展阶段

民用飞机的喷气时代是民航发展的一个新时代,它标志着民航进入了全球大众化运输的新时代。以飞机为运输手段,实现旅客、货物的空间位移已经成为社会政治经济活动和人类生活的重要组成部分。

这个阶段随着航空技术的进步和运输组织管理及服务水平不断提高,大型民用运输机大量出现,世界民航业一直处于快速增长状态。

1958年,美国波音公司研制的四发远程喷气民航客机——波音707(图1-12)投入使用。这是世界上第一种在商业上取得成功的喷气民航客机。其之所以成功,最主要的原因是当时装有活塞式发动机的飞机的运营成本是波音707的数倍。波音707载客量约180人,最大巡航速度966千米/小时。波音707共获订单1010架,生产线于1991年关闭。

1959年,美国道格拉斯公司研制的四发大型喷气式客机——DC-8(图1-13)投入使用。与波音707相比,DC-8客舱更宽大,并可以不经中转地横跨大西洋飞行。DC-8于1972年停产,共生产交付556架。

随着波音707和DC-8的出现，民用航空由少量人使用的运输手段逐渐成为一个全球性的大众化运输行业。

图1-12　中国民航引进的波音707（B707）客机　　　　图1-13　日本航空引进的DC-8客机

波音747（图1-14），又称"珍宝客机"，是一种双层客舱四发飞机，是世界上最易识别的客机之一，也是全世界首款宽体民航客机。至A380投入服务之前，波音747保持全世界载客量最高飞机的纪录长达37年。

协和式飞机（图1-15）是由英国和法国联合研制的一种超音速客机，一共只制造了20架。它的最大飞行速度可达2.04马赫（2496.96千米/小时），巡航高度18000米。协和式飞机于1969年研制成功，并于1976年1月21日投入商业飞行。英国航空公司和法国航空公司使用协和式飞机运营跨越大西洋的航线。2003年10月24日，协和式飞机执行了最后一次航班后，全部退役。

 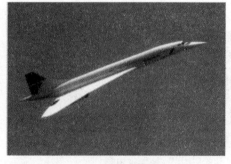

图1-14　全日航涂装的波音747（B747）客机　　　　图1-15　英航的协和式飞机

1978年，美国实行航空公司放松管制法，放开对票价和市场进入的控制，允许私人企业经营航空公司。但放松管制的最初几年，出现了很多问题，一度引起了美国航空运输的混乱。例如，1979年，美国DC-10飞机空难，死亡近300人，这一事件促使美国联邦航空局加强了对航空公司的适航管理。

1981年，美国航管人员罢工，中、小型航空公司如雨后春笋般出现，造成机场拥挤、混乱、不规范等问题，航空管理系统有半年时间不能正常运行。

20世纪80年代末，美国政府采取措施，经过市场竞争、淘汰，市场逐步规范，出现了低成本航空公司。随后，放松管制扩展到欧洲、日本，使民航市场全球化。世界范围内的航空公司经过兼并、重组、代码共享、天空开放，实现了民航业大发展。

21世纪初，民用航空器技术越来越先进，载客量越来越大，如空客公司制造的全球最大的宽体客机A380。机场、航班、航线、航空公司等数量不断增加。

世界民航大众化发展阶段的主要特点：

① 进入世界民航的大众化时期；

② 民航业已成为国家和地区的战略性产业；

③ 全球性航空战略联盟占据市场主体地位；

④ 航空安全日益受到世界各国的高度重视。

1.2.2 中国民航发展历程

中国民航起步于1920年，比世界民航起步仅晚了一年，在新中国成立之前，中国民航取得了一定的发展，到1936年年底全国共有航线里程超过2万千米。抗日战争爆发后，中国民航终止了在全国范围内的发展，承担起了联系我国和世界反法西斯国家之间的纽带。抗战胜利后中国民航取得了一定程度的恢复和发展，到1949年10月，中国民航从业人员有6000多人，国内外航线52条，总里程近8万千米。

新中国成立后，政府很重视民航的发展，1949年11月2日，成立了中国民用航空局，揭开了我国民航事业发展的新篇章。从这一天开始，新中国的民航事业迎着共和国的朝阳起飞，经历了从无到有、由弱到强的不平凡历程。民航事业的发展与国民经济发展，与党中央、国务院直接领导和支持密不可分，是几代民航人励精图治、团结奋斗的结果，为祖国蓝天事业书写了壮丽的篇章。

新中国成立后，结合中国民航管理体制的改革，中国民航的发展主要经历四个阶段。

（1）第一阶段（1949~1978年）：筹建时期　1949年11月2日，中共中央政治局会议决定，在人民革命军事委员会下设中国民用航空局，受空军指导，局长由钟赤兵担任（图1-16）。11月9日，著名的两航起义为新中国民航建设提供了一定的物资和技术力量。1950年，新中国民航初创时，仅有30多架小型飞机，年旅客运输量仅1万人次，运输总周转量仅157万吨·千米。

图1-16　第一任民航局局长钟赤兵

1958年2月，中国民用航空局划归交通部领导，并于1960年11月改名为"交通部民用航空总局"。1962年4月13日，第二届全国人民代表大会常务委员会第五十三次会议决定民航局名称改为"中国民用航空总局"。1962年4月15日，中央决定将民用航空总局由交通部部属局改为国务院直属局，其业务工作、党政工作、干部人事工作等均直归空军负责管理。这一时期，民航由于领导体制几经改变，航空运输发展受政治、经济影响较大，1978年，航空旅客运输量仅为231万人次，运输总周转量3亿吨·千米。

（2）第二阶段（1978~1987年）：稳步发展时期　20世纪70年代末中国开始实施对外开放的政策，经济、外贸、旅游得到发展，加速了航空运输的增长。1978年10月9日，邓小平同志指示民航要用经济观点管理。1980年2月14日，邓小平同志指出："民航一定要企业化。"1980

年3月5日，中国政府决定民航脱离军队建制，把中国民航局从隶属于空军改为国务院直属机构，实行企业化管理。这期间中国民航局政企合一，既是主管民航事务的政府部门，又是以"中国民航"名义直接经营航空运输、通用航空业务的全国性企业。下设北京、上海、广州、成都、兰州（后迁至西安）、沈阳6个地区管理局。1980年全民航只有140架运输飞机，且多数是20世纪50年代或40年代生产制造的苏式伊尔-14（图1-17）、里-2型飞机，载客量仅20多人或40人，载客量100人以上的中大型飞机只有17架，机场只有79个。1980年，中国民航全年旅客运输量仅343万人，全年运输总周转量4.29亿吨•千米，居新加坡、印度、菲律宾、印度尼西亚等国之后，位列世界民航第35位。

图1-17　以"中国民航"名义运营的伊尔-14型飞机

（3）第三阶段（1987～2002年）：重组扩张时期　1987年，中国政府决定对民航业进行以航空公司与机场分设为特征的体制改革。主要内容是将原民航北京、上海、广州、西安、成都、沈阳6个地区管理局的航空运输和通用航空相关业务、资产和人员分离出来，组建了6个国家骨干航空公司，实行自主经营、自负盈亏、平等竞争。这6个国家骨干航空公司是中国国际航空公司、中国东方航空公司、中国南方航空公司、中国西南航空公司、中国西北航空公司、中国北方航空公司。此外，以经营通用航空业务为主并兼营航空运输业务的中国通用航空公司也于1989年7月成立。

在组建骨干航空公司的同时，在原民航北京管理局、上海管理局、广州管理局、成都管理局、西安管理局和沈阳管理局所在地的机场部分基础上，组建了民航华北、华东、中南、西南、西北和东北六个地区管理局以及北京首都机场、上海虹桥机场、广州白云机场、成都双流机场、西安西关机场（现已迁至咸阳，改为西安咸阳机场）和沈阳桃仙机场。六个地区管理局既是管理地区民航事务的政府部门，又是企业，领导管理各民航省（区、市）局和机场。

航空运输服务保障系统也按专业化分工的要求相应进行了改革。1990年，在原民航各级供油部门的基础上组建了专门从事航空油料供应保障业务的中国航空油料总公司，该公司通过设在各机场的分支机构为航空公司提供油料供应。属于这类性质的单位还有从事航空器材（飞机、发动机等）进出口业务的中国航空器材公司，从事全国计算机订票销售系统管理与开发的计算机信息中心，为各航空公司提供航空运输国际结算服务的航空结算中心，以及飞机维修公司、航空食品公司等。

20多年中，中国民航运输总周转量、旅客运输量和货物运输量年均增长分别达18%、16%和16%，高出世界平均水平两倍还多。2002年，民航行业完成运输总周转量165亿吨•千米、旅客运输量8594万人、货邮运输量202万吨，国际排位进一步上升，我国成为令人瞩目的民航大国。

（4）第四阶段（2002年至今）：迅猛壮大时期　2002年3月，中国政府决定对中国民航业再次进行重组。主要内容如下。

① 航空公司与服务保障企业的联合重组　民航总局直属航空公司及服务保障企业合并后于2002年10月11日正式挂牌成立，组成六大集团公司，分别是中国国际航空集团公司、中国东方航空集团公司、中国南方航空集团公司、中国民航信息集团公司、中国航空油料集团公司、中国航空器材进出口集团公司。成立后的集团公司与民航总局脱钩，交由中央管理。

② 民航政府监管机构改革　民航总局下属7个地区管理局（华北地区管理局、东北地区管理局、华东地区管理局、中南地区管理局、西南地区管理局、西北地区管理局、新疆管理局）和26个省级安全监督管理办公室，对民航事务实施监管。

③ 机场实行属地管理　按照政企分开、属地管理的原则，对90个机场进行了属地化管理改革，民航总局直接管理的机场下放所在省（区、市）管理，相关资产、负债和人员一并划转；民航总局与地方政府联合管理的民用机场和军民合用机场，属民航总局管理的资产、负债及相关人员一并划转所在省（区、市）管理。首都机场、西藏自治区区内的民用机场继续由民航总局管理。2004年7月8日，随着甘肃机场移交地方，机场属地化管理改革全面完成，也标志着民航体制改革全面完成。

改革开放后中国民航在速度、质量、效益方面稳步快速提升，在国家综合交通运输体系中所占比重逐年增加，2019年航空运输总周转量继续保持自2005年以来世界排名第二的位置，并逐年缩小与第一的差距。截至2019年年末，我国全行业完成运输总周转量1293.25亿吨·千米；共有运输航空公司62家，比2018年年底净增2家（按不同所有制类别划分：国有控股公司48家，民营和民营控股公司14家）；运输飞机期末在册架数3818架，比2018年年底增加179架；共有定期航班航线5521条，国内航线4568条，其中港澳台航线111条、国际航线953条；定期航班国内通航城市234个（不含香港、澳门、台湾）；共有颁证运输机场238个，比2018年年底净增4个（2019年新增机场有北京大兴国际机场、巴中恩阳机场、重庆巫山机场、甘孜格萨尔机场）。

推进民航强国建设的路径

民航强国的内涵很丰富，概括地讲，是指我国民航业综合实力位居世界前列，具体表现为民航业在国家经济社会发展中发挥战略作用，安全好，贡献大，运行品质高，具有很强的国际竞争力、影响力和创新能力。具体而言，包括要有国际竞争力的大型网络型航空公司，布局合理的机场网络体系，安全高效的空中交通管理体系，安全、高效、经济的技术服务保障体系，功能完善的通用航空体系。

根据我国国民经济和社会发展以及参与国际竞争的需要确定了三大战略，即持续安全战略、大众化战略、全球化战略，并把实施这三大战略作为推进民航强国建设的突破口。

实施持续安全战略，就是始终把安全工作放在第一位，通过强化职责，提升素质，完善法规，改进监管，改善设施装备，提高管理水平，使中国民航百万飞行小时事故率保持在航空界、政府和公众可接受的范围以内，实现持续安全发展。

实施大众化战略，就是使民航从提供高端性消费向满足大众经济型消费扩展，让社会大众能够享受到安全、便捷、经济的航空客货运服务，提高民航服务的覆盖能力，实现"县县通、及时达"。

实施全球化战略，就是要充分利用全球化市场、全球化资源，重点加大力度"走出去"，使更多航班飞出去，构筑全球航线网络；更多资金投出去，形成国际竞争海外桥头堡；更多标准打出去，扩大国际影响力，为国家对外经济贸易政策和国际政治交往的总体战略服务，并通过扩大和深化开放，加强与民航发达国家的交流与合作，把更多好的东西"引进来"。

章节自测

1.选择题

（1）世界上最早的飞行器是（　　）。
　　A.风筝　　　B.热气球　　　C.飞艇　　　D.滑翔机
（2）首次把人类带离地球表面的是（　　）。
　　A.风筝　　　B.热气球　　　C.飞艇　　　D.滑翔机
（3）人类第一次实现可操纵飞行的飞行器是（　　）。
　　A.飞机　　　B.热气球　　　C.飞艇　　　D.滑翔机
（4）世界上公认的第一架重于空气的、有动力的飞机是（　　）。
　　A.B707　　　　　　　　B.DC-8
　　C."彗星"1型飞机　　　D.飞行者1号
（5）（　　）完成了人类历史上最早的空中邮政飞行，当然也是最早的民用航空飞行。
　　A.布莱里奥　　　　　B.亨利·佩凯
　　C.托尼·贾纳斯　　　D.菲利普·帕马利

2.填空题

（1）使用航空器进行经营性客货运输的航空活动是_____。
（2）世界上第一个乘飞机飞越英吉利海峡的人是_____。
（3）_____是国际民航史上的第一部大法，其第一次确立了航空主权问题。
（4）1919年1月，_____建立了第一条国内商业航空线。
（5）_____是世界上第一部在商业上取得成功的喷气式民航客机。

3.简答题

（1）简述民用航空的定义。
（2）简述民用航空的分类。
（3）简述新中国时期中国民航的发展历程。

第 2 章

民用航空运输常识

中国第一位参加国际民航组织会议的代表

刘敬宜（1897～1973年），字本义，男，汉族，河南开封人。1917年毕业于河南开封留美预备学校，1918年秋考取"庚款"留美，赴美国加利福尼亚大学学习。1920年进入美国密歇根大学攻读航空机械工程专业，获硕士学位，曾任底特律大陆汽车公司见习工程师，继而进入寇克军发动机厂任工程师。1946年任国际民航临时理事会理事，同年4月代表临时国际民航组织，参加柏林北大西洋民航会议。1947年2月，作为临时国际民航组织首席代表赴澳大利亚墨尔本参加东南亚太平洋民航会议。1947年5月，任当时中国航空公司总经理。

 学习目标

知识目标
- 识记民航运输的定义及分类。
- 理解民航运输的特点。
- 理解民航运输管理机构的主要职责和业务范围。
- 理解民航运输相关统计指标的含义及计算方法。

能力目标
- 能运用所学的民航运输指标分析民航运输任务的完成情况、效益情况和

> 服务质量情况。
> - 能运用所学知识分析民航运输在国家交通运输发展中的重要性。
>
> 素质目标
> - 体会对民航运输活动实施管理的必要性，树立服从管理的职业理念。
> - 认知民航安全运输的重要性，树立安全运输的理念。

2.1 民航运输的定义和特点

2.1.1 民航运输的定义和分类

（1）民航运输的定义　民航运输是指在国内和国际航线上使用航空器以营利为目的的从事定期和不定期飞行，运送人员、货物、邮件的运输。民航运输是20世纪出现的一种新型运输方式，是随着社会、经济发展和科技进步发展起来的，在现代社会的政治、经济生活中发挥着越来越重要的作用。

（2）民航运输的分类

① 根据运输对象划分　根据民航运输的对象，可将民航运输划分为旅客运输、货物运输、行李运输、邮件运输。

较为特殊的是航空旅客行李运输既可附属于航空旅客运输中，亦可看作一个独立的运输过程。航空邮件运输是特殊的航空货物运输，一般情况下优先运输，受《中华人民共和国邮政法》及相关行政法规、部门规章等调适，不受《中华人民共和国民用航空法》相关条文规范。

② 根据地域划分　根据地域可将民航运输划分为国际运输和国内运输。

a.国际运输　国际运输是指在国家与国家之间的航空运输。

b.国内运输　国内运输是指在一国国境之内的航空运输。

2.1.2 民航运输的特点

现代五种主要交通运输方式包括航空运输、铁路运输、管道运输、公路运输和水路运输，与其他运输方式相比，航空运输起步较晚，但发展较快，目前航空运输业已成为国家竞争力的重要支柱。

（1）民航运输的优点

① 快速性　速度快是航空运输的最大优势和主要特点。与其他几种运输方式相比，航空运输的运输距离越长，所能节约的时间就越多，快速性也越明显。

② 安全性　航空运输的安全性高于铁路、海运，更高于公路运输。近年来，航空运输的安全性正在不断提高。据国际民航组织统计，世界民航定期班机失事最高的年份是1966

年，每亿公里死亡0.44人，近年下降到0.04人。

③ 舒适性　随着民用航空的不断发展，民航运输在旅行环境、服务态度、服务设施等方面越来越体现出人性化、个性化。

④ 不受地形地貌限制　航空运输利用天空这一自然通道，不受地理条件的限制，非常适合地面条件恶劣、交通不便的内陆地区，有利于当地资源的出口，促进当地经济的发展。航空运输使本地与外界相连，对外的辐射面广，而且航空运输与公路运输、铁路运输相比，占用土地少，尤其适宜寸土寸金、地域狭小的地区发展对外交通。

⑤ 灵活性　只要有机场就能飞行航线，不受高山、海洋、沙漠等地形的影响。因此，相比其他交通方式，航空运输的距离要短很多，根据客流或者货运量的大小可以随时调整飞机的机型和航线。

⑥ 机动性　航空运输的机动性使它可以在短时间内完成政治、军事、经济上的紧急任务，例如灾区的物资供应，偏远地区的医药急救，近海油田的后勤支援等。还可以在现有机场的基础上按照不同的联结方法，根据需要组成若干条航线，以及根据临时需要很方便地调动运力。

⑦ 国际性　航空运输可以让国家与国家之间建立密切的联系，进行国际贸易。不论是一吨货物或一封邮件，都能够随时从某国，方便、安全、经济、可靠地被运送到另一国，这是航空运输对国际交往和人类文明做出的其他运输方式不可替代的巨大贡献。

⑧ 准军事性　由于航空运输具有的快速性和机动性特点，以及民航所拥有的机场、空地勤人员对军事交通运输的潜在作用，受到了各国政府的高度重视，民航被视为准军事部门。很多国家在法律中规定，航空运输企业所拥有的机群和相关人员在平时服务于国民经济建设，作为军事后备力量，在战时或紧急状态时，民用航空即可依照法定程序被国家征用，服务于军事上的需求。

（2）民航运输的缺点

① 受气候条件影响较大　地面大风、低空风切变、低能见度、雷暴、高空急流、山地气流、扰动气流、台风等天气或天气系统对航空飞行都有较大的影响。

② 高成本、高运价　高成本、高运价和微利是航空运输经济的基本特点。飞机的机舱容积、载重量有限，再加上购机费用、燃油费用高昂等原因，导致航空运输的成本偏高，直接表现在旅客运价、货邮运价均高于其他几种运输方式。虽然随着宽体飞机的出现和涡轮风扇式发动机的不断改进，空运企业的直接运营成本有了较大降低，但仍然高于其他运输方式。

③ 地面作业准备时间长　航空运输速度快，但也受到地面作业速度的影响。地面作业速度是在始发站、中转站、目的站所进行的关于出发、中转和到达作业的速度，如为旅客办理乘机手续的速度、行李和货邮的装卸和处理速度等。在中短程运输中，由于地面作业时间长于空中飞行时间，航空运输在迅速发展的铁路、公路快运面前失去优势，某些情况下甚至影响到航空运输的竞争力。

④ 载量小　目前世界上最大的宽体客机是A380（双层客舱），其典型客舱布局座位数量为555个。

延伸阅读

运输业的组成和特点

运输是利用交通工具完成人员或货物空间位置移动的生产经营活动过程。根据运输对象的不同，运输系统可以分为两个子系统：客运系统和货运系统。

根据交通工具的不同，现代运输业分为铁路运输、公路运输（汽车运输）、航空运输、水路运输和管道运输5种运输方式。它们与其他生产行业相互依赖、相互制约和相互促进，形成一个紧密联系的社会经济机体。尽管每种运输方式都有自己的适用范围，在各自的范围里有自己的优势，但各种运输方式的共同点也是显而易见的。

① 运输业不产生新的实物形态产品　运输业属于服务行业，是连接不同生产、生活活动的一个特殊生产部门，它的生产过程并不改变运输对象的性质或形态，仅仅是改变其空间位置，不形成产品的实体。

② 运输产品具有非储存性　在运输产品的生产过程中，运输对象的性质、数量和形态并未发生改变，并且运输产品的生产和消耗始终存在于同一生产过程中，在空间和时间上是结合在一起的，所以不能储存，也不会积压。

③ 运输产品具有可替代性（也称同一性）　各种运输方式生产的都是同一种产品，即运输对象在空间上的位移，产品单位为人·千米或吨·千米。这一特点决定了在一定条件下各种运输方式具有可替代性，因而使综合利用各种运输方式、建立统一的运输网成为可能。

④ 运输生产表现为生产过程在流通领域内的延续　物质生产必须以消费为终结，物质生产的产品必须借助运输生产来实现从生产过程向消费过程的转移。

2.2　认识民航运输管理机构

2.2.1　国内民航运输管理机构

（1）中国民用航空局　中国民用航空局（简称中国民航局或民航局，英文缩写CAAC，见图2-1）是中华人民共和国国务院主管民用航空事业的由部委管理的国家局，归交通运输部管理。

中国民用航空局的主要职责如下。

① 提出民航行业发展战略和中长期规划、与综合运输体系相关的专项规划建议，按规定拟订民航有关规划和年度计划并组织实施和监督检查。起草相关法律法规草案、规章草案、政策和标准，推

图2-1　中国民用航空局标志

进民航行业体制改革工作。

② 承担民航飞行安全和地面安全监管责任。负责民用航空器运营人、航空人员训练机构、民用航空产品及维修单位的审定和监督检查，负责危险品航空运输监管、民用航空器国籍登记和运行评审工作，负责机场飞行程序和运行最低标准监督管理工作，承担民航航空人员资格和民用航空卫生监督管理工作。

③ 负责民航空中交通管理工作。编制民航空域规划，负责民航航路的建设和管理，负责民航通信导航监视、航行情报、航空气象的监督管理。

④ 承担民航空防安全监管责任。负责民航安全保卫的监督管理，承担处置劫机、炸机及其他非法干扰民航事件相关工作，负责民航安全检查、机场公安及消防救援的监督管理。

⑤ 拟订民用航空器事故及事故征候标准，按规定调查处理民用航空器事故。组织协调民航突发事件应急处置，组织协调重大航空运输和通用航空任务，承担国防动员有关工作。

⑥ 负责民航机场建设和安全运行的监督管理。负责民用机场的场址、总体规划、工程设计审批和使用许可管理工作，承担民用机场的环境保护、土地使用、净空保护有关管理工作，负责民航专业工程质量的监督管理。

⑦ 承担航空运输和通用航空市场监管责任。监督检查民航运输服务标准及质量，维护航空消费者权益，负责航空运输和通用航空活动有关许可管理工作。

⑧ 拟订民航行业价格、收费政策并监督实施，提出民航行业财税等政策建议。按规定权限负责民航建设项目的投资和管理，审核(审批)购租民用航空器的申请。监测民航行业经济效益和运行情况，负责民航行业统计工作。

⑨ 组织民航重大科技项目开发与应用，推进信息化建设。指导民航行业人力资源开发、科技、教育培训和节能减排工作。

⑩ 负责民航国际合作与外事工作，维护国家航空权益，开展与港澳台的交流与合作。

⑪ 管理民航地区行政机构、直属公安机构和空中警察队伍。

⑫ 承办国务院及交通运输部交办的其他事项。

延伸阅读

民航七大地区管理局

中国民用航空七大地区管理局及其下辖管理范围如下。
① 华北地区管理局，其管辖范围包括北京、天津、河北、山西、内蒙古。
② 华东地区管理局，其管辖范围包括山东、江苏、安徽、浙江、江西、福建、上海。
③ 西北地区管理局，其管辖范围包括宁夏、青海、陕西、甘肃。
④ 东北地区管理局，其管辖范围包括辽宁、吉林、黑龙江。
⑤ 西南地区管理局，其管辖范围包括四川、云南、贵州、西藏、重庆。
⑥ 中南地区管理局，其管辖范围包括广东、湖北、湖南、河南、广西、海南。
⑦ 新疆地区管理局。

（2）中国航空运输协会　中国航空运输协会（China Air Transport Association，CATA，见图2-2）成立于2005年9月9日，是依据中国有关法律规定，经中华人民共和国民政部核准登记注册，以航空运输企业为主体，由航空运输相关企事业单位、社会团体自愿结成的全中国性、行业性、非营利性社会组织。

图2-2　中国航空运输协会标志

中国航空运输协会业务范围如下。

① 宣传、贯彻中国共产党和中国国家关于民航业的方针政策和法律法规。

② 代表会员利益，反映会员诉求，维护会员权益。

③ 研究行业发展和改革的重大问题，改善企业经营环境，促进科学发展。

④ 协助政府有关部门和会员单位开展航空安全工作，促进持续安全。

⑤ 开展行业自律，推进诚信体系建设，维护市场秩序。

⑥ 经政府有关部门批准，组织和参与航空运输相关行业标准规范的制定和修订，并开展宣传贯彻工作，推动标准规范实施。

⑦ 开展教育科技和文化工作。组织进行专业技术和管理培训，支持提高职工队伍素质和管理水平；依照有关规定，经批准，开展科技项目的研究、成果鉴定和科学技术奖的评选。

⑧ 为会员单位搭建交流合作平台，促进开展中国国内外交流与合作。

⑨ 经政府有关部门批准，负责航空客货运输销售代理的资质认可和监督检查，促进销售代理业健康发展。

⑩ 根据有关规定，收集储存信息资料，编辑出版协会书刊，提供信息咨询服务。

⑪ 协助政府主管部门和会员单位开展海峡两岸及港澳民航业的交流与合作。

⑫ 接受政府有关部门和会员的委托，提供其他服务。

2.2.2　国际民航运输管理机构

（1）国际民航组织　国际民航组织（International Civil Aviation Organization）前身为根据1919年《巴黎公约》成立的空中航行国际委员会（ICAO）。由于第二次世界大战对航空器技术发展起到了巨大的推动作用，使得世界上已经形成了一个包括客货运输在内的航线网络，但随之也引起了一系列急需国际社会协商解决的政治上和技术上的问题。因此，在美国政府的邀请下，52个国家于1944年11月1日至12月7日参加了在芝加哥召开的国际会议，签订了《国际民用航空公约》（通称《芝加哥公约》），按照公约规定成立了临时国际民航组织（PICAO）。

1947年4月4日，《芝加哥公约》正式生效，国际民航组织也因之正式成立，并于5月6日召开了第一次大会。1947年5月13日，国际民航组织正式成为联合国的一个专门机构。

国际民航组织（ICAO）（图2-3）的宗旨和目的在于发展国际航行的原则和技术，促进国际航空运输的规划和发展，以便实现下列各项目标。

图2-3　国际民航组织标志

① 确保全世界国际民用航空安全地和有秩序地发展。

② 鼓励为和平用途的航空器的设计和操作技术。

③ 鼓励发展国际民用航空应用的航路、机场和航行设施。

④ 满足世界人民对安全、正常、有效和经济的航空运输的需要。

⑤ 防止因不合理的竞争而造成经济上的浪费。

⑥ 保证缔约各国的权利充分受到尊重，每一缔约国均有经营国际空运企业的公平的机会。

⑦ 避免缔约各国之间的差别待遇，促进国际航行的飞行安全，普遍促进国际民用航空在各方面的发展。

以上7条共涉及国际航行和国际航空运输两个方面问题。前者为技术问题，主要是安全；后者为经济和法律问题，主要是公平合理，尊重主权。两者的共同目的是保证国际民航安全、正常、有效和有序发展。

中国是国际民航组织的创始国之一，于1944年签署了《国际民用航空公约》，并于1946年正式成为会员国。1971年11月19日，国际民航组织第七十四届理事会第十六次会议通过决议，承认中华人民共和国政府为中国唯一合法代表。1974年中国承认《国际民用航空公约》并参加国际民航组织的活动，同年中国当选为二类理事国，并成功8次连选连任二类理事国。2004年在国际民航组织的第35届大会上，中国当选为一类理事国，并在蒙特利尔设有常驻国际民航组织理事会代表处。作为国际民航组织的创始国之一，中国积极参与国际民航组织的各类活动和项目。2010年以来，中国向国际民航组织的航空保安行动计划、北亚地区运行安全及持续适航合作、非洲航空安全全面实施计划项目提供了82万美元捐款，并与国际民航组织合作，为发展中国家培训了200多名航空专业人员。

微课课堂

九大航权

航权是指国际航空运输中的过境权利和运输业务权利，也称国际航空运输业务或空中自由权。其概念起源于1944年"芝加哥会议"，也称为"空中自由"权（freedoms of the air）。（扫码获取视频，学习更多内容）

（2）国际航空运输协会　国际航空运输协会（International Air Transport Association, IATA，见图2-4）是一个由世界各国航空公司组成的大型国际组织，其前身是1919年在海牙成立并在第二次世界大战时解体的国际航空业务协会，总部设在加拿大的蒙特利尔，执行机构设在日内瓦。它与监管航空安全和航行规则的国际民航组织相比，更像是一个由承运人（航空公司）组成的国际协调组织，主要作用是通过航空运输企业来协调和沟通政府间的政策，并负责解决在民航运输中出现的诸如票价、危险品运输等实际运作问题。

国际航空运输协会的基本职能包括：国际航空运输规则的统一，业务代理，空运企业间的财务结算，技术上合作，参与机场活动，协调国际航空客货运价，航空法律工作，帮助发展中国家航空公司培训高级和专门人员。

图2-4　国际航空运输协会标志

国际航空运输协会的活动有：
① 协商制定国际航空客货运价；
② 统一国际航空运输规章制度；
③ 通过清算所，统一结算各会员间以及会员与非会员间联运业务账目；
④ 开展业务代理；
⑤ 进行技术合作；
⑥ 协助各会员公司改善机场布局和程序、标准，以提高机场运营效率等。

IATA分区

国际航空运输协会是一个由世界各国航空公司组成的大型国际组织，它将全球划分为三个区域。

① 一区（TC1）　包括所有北美和南美大陆及与之毗连的岛屿，格陵兰、百慕大、西印度群岛和加勒比海群岛、夏威夷群岛（包括中途岛和帕尔迈拉）。

② 二区（TC2）　包括欧洲全部（包括俄罗斯联邦在欧洲的部分）和与之毗连的岛屿，冰岛、亚速尔群岛、非洲全部和与之毗连的岛屿、阿森松岛和地处伊朗伊斯兰共和国西部并包括其在内的亚洲部分。

③ 三区（TC3）　包括除二区已包括部分的亚洲全部和与之毗连的岛屿，东印度群岛的全部、澳大利亚、新西兰和与之毗连的岛屿，以及除一区所包括之外的所有的太平洋岛屿。

2.3　认识民航运输统计指标

民航运输统计是对民航运输经济现象在数量方面进行资料收集、数据整理、分析研究，并进行统计预测，从总体上反映民航运输的规律、规模、水平、构成、速度、效率和效益等。民航运输统计主要内容（图2-5）包括民航企业业务量统计、民航企业生产资料统计、民航企业财务成本统计、民航企业经济效益统计、民航企业经营决策统计和民航企业劳动人事和安全统计等。

```
┌─────────────────────────┐  ┌─────────────────────────┐  ┌─────────────────────────┐
│    民航企业业务量统计    │  │   民航企业生产资料统计   │  │  民航企业财务成本统计   │
│  ❖ 航空公司业务量统计   │  │  ❖ 飞机                 │  │  ❖ 民航企业投入统计    │
│  ❖ 机场业务量统计       │  │  ❖ 设备                 │  │  ❖ 民航企业产出统计    │
│  ❖ 航路设施业务量统计等 │  │  ❖ 航油                 │  │                         │
│                         │  │  ❖ 器材等               │  │                         │
└─────────────────────────┘  └─────────────────────────┘  └─────────────────────────┘

┌─────────────────────────┐  ┌─────────────────────────┐  ┌─────────────────────────┐
│   民航企业经济效益统计  │  │  民航企业经营决策统计   │  │民航企业劳动人事和安全统计│
│  ❖ 民航企业评价指标     │  │  ❖ 市场预测             │  │  ❖ 劳动报酬             │
│  ❖ 民航企业评价方法     │  │  ❖ 经营决策             │  │  ❖ 劳动资源使用效率     │
│                         │  │                         │  │  ❖ 安全指标等           │
└─────────────────────────┘  └─────────────────────────┘  └─────────────────────────┘
```

图2-5 民航运输统计主要内容

2.3.1 民航运输发展指标

（1）运输量　运输量（图2-6）是指一定时期内航运企业运输的旅客、货物、邮件或行李的数量。

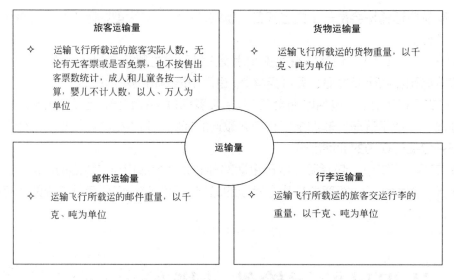

图2-6 民航运输量统计方法

（2）周转量　民航运输周转量是指一定时间内航空运输企业运输生产的总产量。

运输量指标只反映了旅客和货物的运输量，没有反映出运送距离。例如，北京（PEK）至上海（SHA）航线距离为1178千米，北京（PEK）至天津（TSN）航线距离为180千米，但两个航段运输旅客和货物数量相同，即运输量一样。要全面反映民航运输成果，必须把运输数量和距离综合起来考虑，这种综合指标就是周转量。

$$周转量 = \sum [运输量 \times 航段距离（千米）]$$

民航运输总周转量

总周转量（吨·千米）=旅客周转量+货物周转量+邮件周转量+行李周转量
旅客周转量（人·千米）=∑[航段旅客运输量（人）×航段距离（千米）]
货物周转量（吨·千米）=∑[航段货物运输量（吨）×航段距离（千米）]
邮件周转量（吨·千米）=∑[航段邮件运输量（吨）×航段距离（千米）]
行李周转量（吨·千米）=∑[航段行李运输量（吨）×航段距离（千米）]
注：旅客换算周转量（吨·千米）：每位成人按0.09吨计算，儿童和婴儿分别按成人的1/2和1/10计算。

（3）吞吐量　吞吐量是表示机场接受航班和客货通过能力的重要指标，是反映机场生产成果的实物指标，也是机场最主要的工作量指标。按运输对象分为旅客吞吐量和货邮吞吐量；按运输业务分为始发吞吐量、到达吞吐量、中转吞吐量和过站吞吐量（图2-7）。

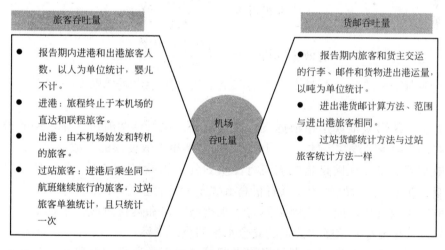

图2-7　机场吞吐量统计方法

（4）起降架次　起降架次是指一定时期内航空器在某一机场起飞和着陆的次数。

2.3.2　效益与效率指标

（1）航班载运率　航班载运率是指航空器执行航班飞行任务时的实际业务载量与可提供的最大业务载运能力之比。它反映了飞机载运能力的利用程度，是航班效益的重要指标，也是合理安排航班、调整航班密度的重要依据。

其计算公式为

$$航班载运率 = \frac{航班实际业载}{航班最大业载} \times 100\%$$

（2）航班座位利用率　航班座位利用率（客座率）是指航空器承运的旅客数量与航空器可提供的座位数量之比，简称航班客座率或客座率。它反映了航空器座位的利用程度，

是航班效益的重要指标。其计算公式为

$$航班座位利用率 = \frac{实际乘机人数}{可提供销售座位数} \times 100\%$$

（3）飞机利用率　飞机利用率反映了企业管理水平及经济效益，其计算公式为

$$飞机利用率 = \frac{生产飞行小时/飞机架数}{天数} \times 100\%$$

（4）飞机可利用率　飞机可利用率的计算公式为

$$飞机可利用率 = \frac{飞机可用架日}{在册飞机总架日} \times 100\%$$

（5）飞机生产率　飞机生产率反映了企业生产效率及飞机性能，其计算公式为

$$飞机生产率 = \frac{运输周转量}{飞行小时} \times 100\%$$

2.3.3　安全与服务质量指标

（1）旅客投诉率　投诉率是反映服务质量的一项重要指标，投诉率越低，表明旅客对企业服务的满意度越高。

$$旅客投诉率 = \frac{投诉数量}{乘客人数} \times 100\%$$

$$有效旅客投诉率 = \frac{有效投诉数量}{乘客人数} \times 100\%$$

（2）运输航空事故征候万时率　运输航空事故征候分为运输航空一般事故征候和运输航空严重事故征候。

运输航空一般事故征候是指根据飞行性质划分，执行定期航班、非定期航班等飞行任务的航空器，在运行阶段发生的、未构成运输航空严重事故征候的事故征候。

运输航空严重事故征候是指根据飞行性质划分，执行定期航班、非定期航班等飞行任务的航空器，在运行阶段发生的、具有很高事故发生可能性的事故征候。

运输航空事故征候（航司原因）万时率是指航空器在运行阶段，平均每一万小时发生事故的次数，它是衡量一家航空公司的安全水平的重要指标。

（3）航班正常率　航班正常率是指按班期时刻表正常运行的航班数与计划航班数的百分比，它客观反映了一个空运企业的航班实施运行状况。航班正常率的高低与升降体现了空运企业的生产组织与管理水平，是考核空运企业运输质量的重要指标之一。

$$航班正常率 = \frac{正常航班数}{计划航班数} \times 100\%$$

计划航班数是指班期时刻表公布的定期航班次数。

正常航班必须符合以下全部条件：
① 在班期时刻表公布的离站时间前15分钟之内关好客货舱门；
② 在班期时刻表公布的离站时间后15分钟之内起飞；
③ 在班期时刻表公布的到达时间在到达站安全着陆。

凡有下列情况之一的为不正常航班：
① 不符合正常航班全部条件的航班；
② 发生返航、改航、备降和飞行事故等不正常情况的航班；

③ 取消航班；
④ 未经民航局批准，航空公司自行改变计划的航班。

2.3.4 其他相关指标

（1）飞行班次　飞行班次是指一定时期内航班从始发站到终点站的飞行次数。

（2）飞行小时　飞行小时（轮挡小时）是指飞机飞行滑动前撤出轮挡到着陆后安放轮挡为止的全部时间。

（3）飞行万千米　飞行万千米的计算公式为

$$飞行万千米 = \frac{航线飞行次数 \times 航线距离（千米）}{10000}$$

图2-8　民航业务相关数据收集途径

? 章节自测

1. 选择题

（1）国际民航组织的英文简称是（　　）。
　　A. ICAO　　　B. ACI　　　C. IATA　　　D. CAAC

（2）ICAO成立于（　　）。
　　A. 1945年4月4日　　　B. 1956年4月4日
　　C. 1947年4月4日　　　D. 1948年4月4日

（3）国际航空运输协会的英文简称是（　　）。
　　A.ICAO　　　B.ACI　　　C.IATA　　　D.CAAC
（4）中国民用航空局的英文简称是（　　）。
　　A.ICAO　　　B.CCAA　　　C.IATA　　　D.CAAC
（5）一定时期内航班从始发站到终点站的飞行次数称为（　　）。
　　A.飞行里程　　　　　　B.飞行小时
　　C.飞机起降架次　　　　D.飞行班次
（6）（　　）是衡量一家航空公司的安全水平的重要指标。
　　A.航班正常率　　　　　B.运输航空事故征候
　　C.旅客投诉率　　　　　D.运输航空事故征候万时率

2. 判断题
（1）航空器承运的旅客数量与航空器可提供的座位数量之比称为飞机载运率。（　　）
（2）航空运输量等于旅客运输量和货物运输量之和。（　　）
（3）航班正常率是衡量航空公司服务质量的重要指标之一。（　　）
（4）飞机利用率是指航空器执行航班飞行任务时的实际业务载量与可提供的最大业务载运能力之比。（　　）
（5）航空运输周转量等于旅客运输周转量和货物运输周转量之比。（　　）

3. 计算题
（1）已知该航段飞机可提供座位数180个，最大业载22吨，飞行班次来回80次。根据表1计算该航线各航段客货运输量、客座率和载运率。

表1　上海—北京—乌鲁木齐航线客货运输量

航段	去程		回程	
	PAX/人	CARGO/千克	PAX/人	CARGO/千克
SHA-PEK	7300	72000	5840	46000
PEK-URC	4550	66600	6800	57000

（2）已知飞机座位数326个，最大业载46吨，飞行班次来回共80次。根据表2计算该航线去程旅客周转量、回程货物周转量和航线总周转量。

表2　上海—成都—拉萨航线客货运输量

航段	航程/千米	去程		回程	
		PAX/人	CARGO/吨	PAX/人	CARGO/吨
SHA-CTU	1782	12430	372	9384	106
CTU-LXA	1307	9455	136.6	11800	357

4. 简答题
（1）简述民航运输的定义及其分类。
（2）简述民航运输的特点。
（3）简述国际民航运输协会（IATA）的主要活动。

第 2 篇

民用航空飞行基础

第 3 章

民航飞机

中国航空之父——冯如

冯如,男,原名冯九如。汉族广府人,生于广东恩平一个贫农家庭。他从小喜欢制作风筝和车船等玩具,对神话故事尤其是飞天故事,更是满心向往。12岁随父漂洋过海到美国谋生。他目睹美国先进工业,认为国家富强必须依靠工业的发达,改变中国贫穷落后面貌非学习机械、发展工艺不可。他在学习了一些机械的基础上的知识,之后投入到飞机制造中。第一次制造的飞机试飞不成功,他不气馁,第二次制造飞机并试飞获得成功,受到孙中山先生和旅美华侨的赞许,同时获得美国国际航空学会颁发的甲等飞行员证书,大长了中国人的志气。

 学习目标

> 知识目标
> - 识记民用航空器的定义。
> - 识记飞机的定义。
> - 熟悉飞机机体的各构成及其功能。
> - 理解飞机系统和航空电子系统的功能。
> - 理解现代主要的民航飞机制造商及其生产的主要机型。

> **能力目标**
> - 能运用所学知识区分民用航空器和飞机。
> - 能运用所学知识分析飞机的主要系统及其对飞机的重要性。
>
> **素质目标**
> - 培养严谨的科学态度,弘扬"大国工匠"精神。
> - 培养安全的工作态度,深化民航安全的重要性。

3.1 民用航空器的定义、国籍和分类

3.1.1 民用航空器的定义和国籍

(1)民用航空器的定义 《芝加哥公约》指出,航空器是指依靠空气的反作用力,而不是依靠空气对地球表面的反作用力得以支撑的任何器械。

我国《民用航空法》规定,民用航空器是指除用于执行军事、海关、警察飞行任务外的航空器。

(2)民用航空器的国籍 《芝加哥公约》规定:"航空器具有其登记国家的国籍。"

国籍标志明确了航空器应该遵守哪国法律并应当受到哪国保护,表现为民用航空器国籍的字母号码。中国号码为"B"(图3-1)。经中华人民共和国国务院民用航空法主管部门依法进行国籍登记的民用航空器,具有中华人民共和国国籍,由国务院民用航空主管部门发给国籍登记证书。国务院民用航空器主管部门设立中华人民共和国民用航空器国籍登记簿,统一记载民用航空器的国籍登记事项。

图3-1 中华人民共和国民用航空器国籍的字母号码

下列民用航空器应当进行中华人民共和国国籍登记。

① 中华人民共和国国家机构的民用航空器。

② 依照中华人民共和国法律设立的企业法人的民用航空器；企业法人的注册资本中有外商出资的，其机构设置、人员组成和中方投资人的出资比例，应当符合行政法规的规定。

③ 国务院民用航空主管部门准予登记的其他民用航空器。

自境外租赁的民用航空器，承租人符合前款规定，该民用航空器的机组人员由承租人配备的，可以申请登记中华人民共和国国籍，但是必须先予注销该民用航空器原国籍登记。依法取得中华人民共和国国籍的民用航空器，应当标明规定的国籍标志和登记标志。民用航空器不得具有双重国籍。未注销外国国籍的民用航空器不得在中华人民共和国申请国籍登记。

3.1.2　飞机的定义和分类

飞机是指由动力装置产生前进的推力或拉力，由机身的固定机翼产生升力，在大气层内飞行的重于空气的航空器。飞机是最常见的一种固定翼航空器，自从飞机发明以来，飞机日益成为现代文明不可缺少的交通工具。它深刻地改变和影响了人们的生活，开启了人们征服蓝天的历史。

航空器按国际民航组织的分类有轻于空气的航空器和重于空气的航空器（图3-2）。

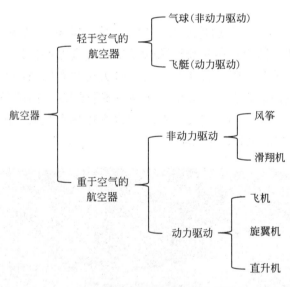

图 3-2　航空器分类

① 轻于空气的航空器　轻于空气的航空器主要是指气球和飞艇。气球不装动力装置，飞行方向不由本身控制；而飞艇装有动力装置，可用本身的动力控制飞行的方向。

② 重于空气的航空器　重于空气的航空器依靠自身与空气之间相对运动产生的空气动力克服重力而升空。这类航空器可分为非动力驱动和动力驱动两类：非动力驱动的有滑翔机和风筝；动力驱动的有飞机（或称固定翼航空器）、旋翼机和直升机。

飞机的分类方法多种多样，可以根据其用途、飞行速度、最大起飞重量、航程远近、结构外形、客座数、发动机数量等来进行分类，下面介绍其中几种典型的分类方式。

① 按用途对飞机进行分类，可分为民用航空飞机和军用航空飞机。军用航空飞机是指军队、警察和海关等使用的飞机；民用航空飞机主要是指民用飞机，民用飞机是指民用的客机、货机和客货两用机。

② 按飞机的飞行速度分类，可分为亚音速飞机和超音速飞机。亚音速飞机又分为低速飞机（低于马赫数0.4）、亚音速飞机（可达到马赫数0.4～0.8）和高亚音速飞机（可达到马赫数0.8～0.9），多数喷气式飞机为高亚音速飞机。

③ 按飞机的航程远近分，有近程、中程、远程飞机之别。远程飞机的航程为8000千米以上，可以完成中途不着陆的洲际跨洋飞行；中程飞机的航程为3000～8000千米；近程飞机的航程一般小于3000千米。近程飞机一般用于支线，因此又称支线飞机。中程和远程飞机一般用于国内干线和国际航线，又称干线飞机。

④ 按飞机客座数分，可分为大、中、小型飞机，飞机的客座数在100座以下的为小型飞机，100～200座的为中型飞机，200座以上的为大型飞机。

延伸阅读

C919进入局方审定试飞阶段

C919中型客机是建设创新型国家的标志性工程，具有完全自主知识产权，是由中国商用飞机有限责任公司于2008年开始研制的。研制人员针对先进的气动布局、结构材料和机载系统，规划了102项关键技术攻关，包括飞机发动机一体化设计、电传飞控系统控制律设计、主动控制技术等。C919基本型混合级布局158座，全经济舱布局168座、高密度布局174座，标准航程4075千米，最大航程5555千米。于2017年5月5日成功首飞。

2020年11月27日，C919飞机型号检查核准书评审会在江西南昌召开。中国民航上海航空器适航审定中心签发C919项目首个型号检查核准书（TIA）。这意味着C919飞机构形基本到位，飞机结构基本得到验证，各系统的需求确认和验证的成熟度能够确保审定试飞安全有效，同时也标志着C919飞机正式进入局方审定试飞阶段。

3.2 飞机的构造与系统

3.2.1 飞机的机体

飞机的基本构造可以分为机身、机翼、尾翼、起落架、动力系统和仪表设备等几大部分（图3-3）。我们通常把机身、机翼、尾翼、起落架这几个构成飞机外部形状的部分合称为机体。

（1）机身　机身是飞机的主体部分，现代民航机的绝大部分的机身是筒状的，机头装置驾驶舱，用来控制飞机；中部是客舱或货舱，用来装载旅客、货物、燃油和设备等；后

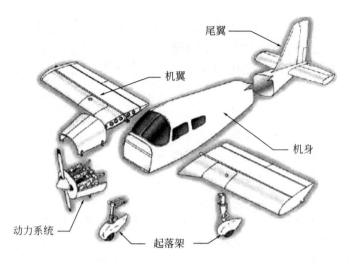

图3-3 飞机机体构造

部和尾翼相连。机身把机翼、尾翼和起落架连在一起。驾驶舱中装置各种仪表和操纵装置对飞机进行控制,它要求有开阔的视野,因此驾驶舱都装在机身最前方。机身头部的形状取决于驾驶舱的设计和安排。驾驶舱后面是机舱,根据要求可以是客舱或货舱。客舱要考虑的问题较多,除装有座椅外,还要有通风保暖设备,有安全救生设备。在6000米以上的高空飞行,外界气压过低,要采用人工增加内部气压的机舱,称为增压舱。由于增压舱受到内外不同压力的作用,机身的截面多采用圆形或由圆弧构成的其他形状,以均匀承担这种压力差。客舱的下部要留出一部分作为装载旅客行李和货物的货舱。客舱内布置走道、厨房、厕所等旅客生活需要的空间,根据旅客数量设置相应数量的舱门、窗口和其他检修、供货的进出口。货舱的设置要简单得多,主要考虑货物装卸的通畅和方便,有的货舱内装有滑轨、绞盘或起重装置。也有客货型的机舱,机身的前部为客舱,后部为货舱。还有客货转换型机舱,机舱内的隔板和座椅可快速拆装,在几个小时内把客机改装为货机,或把货机改装成客机。

机身的外形是一个两头小、中间大的流线体。头部向下收缩以扩大驾驶员视野,尾部向上收缩,防止着陆时尾部擦地,机身中部是等截面的筒状。机身的受力主要是机翼和尾翼上传来的垂直集中载荷和尾翼上传来的侧向载荷,使机身扭转。现代飞机机身的构造大多是由纵向金属的桁梁、桁条和横向的隔框组成骨架,外面覆盖金属蒙皮再和骨架铆接成一个整体,蒙皮也承担一部分力,这种结构称为半硬壳式结构。

延伸阅读

机身构形

现代飞机的机身结构有构架式[图3-4(a)]和应力蒙皮式两种基本类型,应力蒙皮式机身根据其构件设计和受力特点又分为硬壳式机身[图3-4(b)]和半硬壳式机身,而半硬壳式机身又可细分为桁梁式机身[图3-4(c)]和桁条式机身[图3-4(d)]两种。

构架式机身的骨架通常用钢管或铝合金管焊接而成，形成构架的所有杆件均主要承受轴向拉伸或压缩载荷。构架式机身已很少应用，只在一些轻型飞机上使用。

应力蒙皮式机身与构架式机身的最大区别在于，机身的蒙皮参与承受载荷，常采用金属蒙皮。如果机身载荷全部由蒙皮承受，则称为硬壳式机身；如果机身蒙皮仅部分承受载荷，则称为半硬壳式机身。这类机身结构基本构件采用铝合金和镁合金材料。

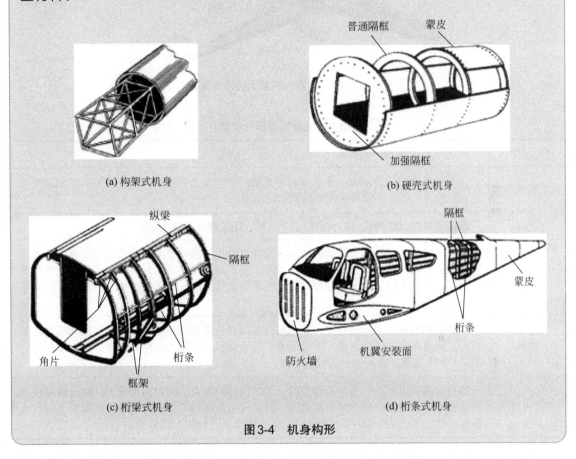

图3-4 机身构形

（2）机翼 机翼是飞机飞行克服重力的升力的基本来源，还可作为油箱和起落架的安放装置，是飞机不可缺少的部分。机翼一般分为左、右两个翼面，对称地布置在机身两边。机翼分为四个部分：翼根、前缘、后缘和翼尖。

机翼升力的来源：空气流经机翼上、下表面引起压力差，合力的方向就是机翼空气作用力，垂直方向的投影为机翼升力，水平方向的投影为机翼阻力，因此机翼产生升力的同时也会产生阻力，升力和阻力是同生同灭的，阻力是获得升力的代价。升力和阻力的比值叫作升阻比，升阻比是机翼使用性能的基本参数，升阻比越高，飞机就越省油。为适应飞机起飞、巡航、降落各阶段的要求，需要人为地改变机翼的升阻比。

飞行是通过驾驶员操纵改变机翼前缘和后缘可以活动的部分，以及改变机翼的构形来实现的。这些部分包括如缝翼、襟翼、副翼、扰流片等（图3-5、表3-1）。

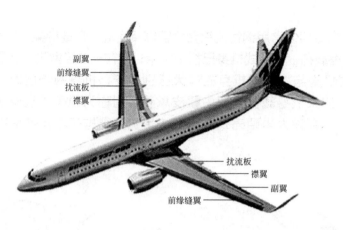

图3-5　B737机翼和机翼上的活动翼面

表3-1　机翼构面部分说明

构面部分	说　　明
翼根	机翼和机身的接合部分，承受着机身重量以及由升力和重力产生的弯矩，是机翼受力最大的部分，也是结构强度最大的部分
副翼	装在机翼后缘外侧或内侧，可以上下偏转，用来操纵飞机的侧倾
襟翼	襟翼与机翼相铰链，分为后缘襟翼和前缘襟翼。飞机的襟翼主要作用在于增大机翼弯度，提高机翼升力，改善起飞和着陆性能。飞机起飞时放出部分襟翼，主要用于增加飞机的升力；着陆时，先放出部分襟翼、再逐步全都放出，可起到保持升力和减速的双重作用
缝翼	在机翼的前缘，当向前移动时在机翼前部出现一道缝隙，使气流由翼下流到机翼的上表面，使上表面的气流加速，同时消除了上表面后部形成的大部分气流漩涡，使升力增加，并加大迎角，从而进一步提高升力
扰流板	铰接在翼面表面上。当向上打开时，增加机翼的阻力，同时减少升力，使飞机能在空中迅速降低速度，在地面时压紧地面，以空气动力制动飞机。当只有一侧翼面上的扰流板打开时，它的作用和副翼类似，使一侧的阻力上升，使飞机侧倾

① 机翼的外形　机翼的外形的几何参数有翼展、翼面积（机翼俯仰投影面积）、后掠角（主要有前缘后掠角、1/4弦后掠角等）、上反角、翼剖面形状（翼型）等（图3-6）。机翼的翼尖两点之间的距离称为翼展，机翼的剖面称为翼型。机翼的平面形状常用的有矩形翼、梯形翼、平直翼、后掠翼、三角翼、双三角翼、箭形翼、边条翼等。早期流行双翼机（多翼机），现代飞机一般都是单翼机。现代客机机翼为后掠翼平面形状，中等后掠角采用超临界翼型，翼尖有小翼以减少诱导阻力。

② 机翼和机身的连接　翼根是机翼和机身的接合部分，也是机翼受力最大的部位，翼根在垂直方向上和水平方向上承受机翼传递机身的力及弯矩，如果使用时发生粗暴的着陆（重着陆）或飞机进入乱气流剧烈颠簸，一定要检查翼根是否发生损伤。机翼和机身之间翼根处有整流罩，不仅能够减少飞行阻力，而且整流罩内空间可用来安置起落架、空调等飞机设备。

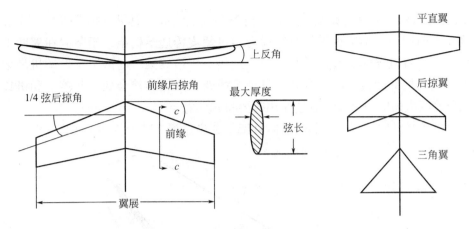

图3-6　机翼的几何参数和三种基本机翼

根据机翼在机身上安装的部位和形式，可以把飞机分为上单翼、中单翼、下单翼（图3-7）。民航喷气飞机采用下单翼布局的居多，主要的原因有以下几点。

图3-7　机翼的布局

a.下单翼飞机的机翼离地面近，起落架支柱长度短减轻了重量，且飞机主起落架轮距宽，下单翼飞机重心低，起降稳定性高。

b.迫降时机身触地，下单翼飞机机翼能够吸收大部分能量，从而保护机身内的乘客和机组人员。

c.机翼距离地面近，便于接近，有利于维护和使用。

下单翼的缺点是机身离地高，人货上下不便，需要使用廊桥和梯车；发动机离地面太近，使用时会吸入跑道表面的沙石冰雪，不仅会损伤发动机，而且对地面人员不安全。因此军用运输机和支线螺旋桨飞机多数选用上单翼布局。中单翼布局的空气阻力最小，但是因为机翼占用机身空间，影响商载，所以不被民用飞机采用。

③ 安装角　机翼装在机身上的角度称为安装角，是机翼与水平线所成的角度，安装角向上的称为上反角，向下的称为下反角，上反角能提高飞机的侧向稳定性。下单翼的飞机都具有一定的上反角（图3-8），而上单翼的飞机则通常都有一定的下反角。

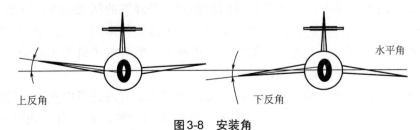

图3-8　安装角

④ 机翼的结构　机翼由翼梁、翼肋、桁条和蒙皮组成。翼梁承担着机翼上主要的作用力，翼梁分为前梁和后梁。承受的空气动力通过蒙皮传递给桁条，桁条嵌在翼肋上以支持蒙皮，翼肋保持着机翼的翼型，翼肋受力通过接头传给翼梁。起落架及发动机吊架也连接在翼梁上。机翼根部和机身的接合处，发动机吊架和机翼的接合处，起落架和机翼的接合处，均承受着巨大的应力，设计制造使用时要特别注意。

翼梁和桁条是纵向骨架，翼肋是横向骨架，蒙皮包覆在整个骨架上（图3-9）。

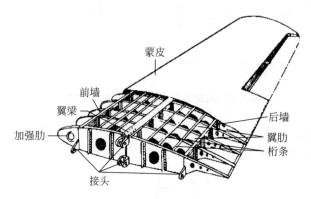

图3-9　机翼的结构

现代客机机翼内部的空间前后翼梁之间的结构经密封后，可以用来存储燃油，叫结构油箱。机翼内部还可安置飞机起落架、附加翼面的操纵装置、防冰和灯光设备等。

（3）尾翼　尾翼是飞机尾部的水平尾翼（图3-10）和垂直尾翼（图3-11）的统称，它的作用是保证飞机在3个轴的方向稳定性和操纵性。

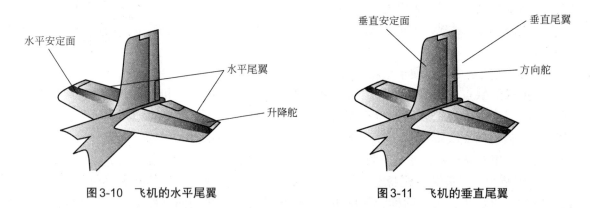

图3-10　飞机的水平尾翼　　　　　　　　图3-11　飞机的垂直尾翼

水平尾翼由水平安定面和升降舵组成，水平安定面是固定的，而升降舵可以上、下转动。水平安定面的作用是保持飞机飞行纵向的稳定，升降舵的运动则可以控制飞机向上抬头或向下低头运动。现代高速客机的水平尾翼一般可以整体运动，称为全动式尾翼，这样可提高纵向操纵的效率。水平尾翼一般安装在机身上，但有些飞机为了避免发动机的喷气产生或延缓产生激波，水平尾翼装在垂直尾翼上。

垂直尾翼由固定的垂直安定面和活动的方向舵组成，方向舵可以左、右转动，控制飞行的航向。垂直安定面的作用是当飞机受到干扰偏离航向时，它就会受到迎面气流的力，使飞机恢复到原来的航向，保证飞机的侧向和横向稳定性。垂直尾翼有单垂尾、双垂尾、多垂尾等多种形式，但是现在的旅客机和小型飞机都采用单垂尾，一个垂尾直立于机身中线上方，这种形式结构简单、重量轻。

垂直尾翼的作用是防止飞行的飞机向左右转弯或滚动；尾翼的水平部分叫水平尾翼，防止飞行中的飞机向上或向下翻滚。垂直尾翼上装有可以控制方向的方向舵，水平尾翼上装有可以控制俯仰的升降舵，有了这些装置，驾驶员就可以控制飞机了。

垂直尾翼和水平尾翼的结构与机翼的结构相似，由梁和肋组成，高速飞机的垂直尾翼和水平尾翼也如同机翼一样，做成后掠式的，以推迟激波在尾翼上的产生。

调整片是飞机的二级操纵装置，在飞机的主要操纵面升降舵和方向舵上都装有较小的铰接翼面就是调整片，它的主要作用是调整制造误差，并且控制主操纵面上的力矩，从而减少驾驶员的操纵力矩。

（4）起落架　起落架是飞机下部用于起飞降落或地面滑行时支撑飞机并用于地面移动的附件装置。起落架是唯一一种支撑整架飞机的部件，因此它是飞机不可或缺的一部分，没有它，飞机便不能在地面移动。当飞机起飞后，可以视飞行性能而收回起落架。起落架装置是飞行器重要的具有承力兼操纵性的部件，在飞行器安全起降过程中担负着极其重要的作用。起落架是飞机起飞、着陆、滑跑、地面移动和停放所必需的支持系统，是飞机的主要部件之一，其性能的优劣直接关系到飞机的使用与安全。

① 基本组成

a.减震器　飞机在着陆接地瞬间或在不平的跑道上高速滑跑时，与地面发生剧烈的撞击，除充气轮胎可起小部分缓冲作用外，大部分撞击能量要靠减震器吸收。

b.收放系统　收放系统一般以液压作为正常收放动力源，以冷气、电力作为备用动力源。一般前起落架向前收入前机身，而某些重型运输机的前起落架是侧向收起的。主起落架收放形式大致可分为沿翼展方向收放和沿翼弦方向收放两种。收放位置锁用来把起落架锁定在收上和放下位置，以防止起落架在飞行中自动放下和受到撞击时自动收起。对于收放系统，一般都有位置指示和警告系统。

c.机轮和刹车系统　机轮的主要作用是在地面支持飞机的重量，减少飞机地面运动的阻力，吸收飞机着陆和地面运动时的一部分撞击动能。主起落架上装有刹车装置，可用来缩短飞机着陆的滑跑距离，并使飞机在地面上具有良好的机动性。机轮主要由轮毂和轮胎组成。刹车装置主要有弯块式、胶囊式和圆盘式三种。应用最为广泛的是圆盘式，其主要特点是摩擦面积大，比热容大，容易维护。

d.转弯系统　操纵飞机在地面转弯有两种方式：一种是通过主轮单刹车或调整左右发动机的推力（拉力）使飞机转弯；另一种方式是通过前轮转弯机构操纵前轮偏转使飞机转弯。轻型飞机一般采用前一种方式；中型及以上的飞机因转弯困难，大多装有前轮转弯机构。另外，有些重型飞机在转弯操纵时，主轮也会配合前轮偏转，提高飞机的转弯性能。

② 配置形式　飞机起落架的配置形式是指飞机的起落架支柱数量及其位置关系。在飞机出现的初期，也曾有过四点式起落架，后来实践证明，只要有三个支点，飞机就可以在地面上稳定地运动。目前常见的飞机起落架配置形式有前三点式、后三点式和自行车式（图3-12）。常见的起落架配置形式比较见表3-2。

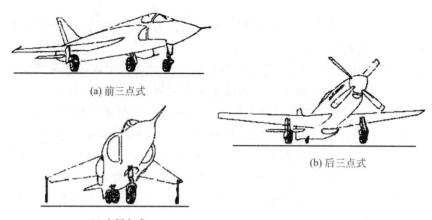

(a) 前三点式
(b) 后三点式
(c) 自行车式

图 3-12 起落架配置形式

表 3-2 常见的起落架配置形式比较

配置形式	优点	缺点
前三点式	① 具有滑跑方向稳定性。当机身轴线偏离滑跑方向时，主轮摩擦力的合力将产生恢复力矩，使飞机回到原来的运动方向。侧风着陆时较安全。地面滑行时，操纵转弯较灵活 ② 当飞机以较大速度小迎角着陆时，主轮着陆撞击力对飞机质心产生低头力矩，减小迎角，使飞机继续沿地面滑行而不致产生"跳跃"现象，因此着陆操纵比较容易 ③ 由于前起落架远离质心，因此着陆时可以大力刹车而不致引起飞机"翻倒"，从而大大缩短着陆滑跑距离 ④ 由于飞机轴线接近水平，因此起飞滑跑阻力小，加速快，起飞距离短，而且驾驶员前视界好，乘坐舒适 ⑤ 喷气发动机的喷流不会直接喷向跑道，因而对跑道的影响较小	① 前起落架的安排较困难，尤其是对单发动机的飞机，机身前部剩余的空间很小 ② 前起落架承受的载荷大、尺寸大、构造复杂，因而质量大 ③ 着陆滑跑时处于小迎角状态，因而不能充分利用空气阻力进行制动。在不平坦的跑道上滑行时，超越障碍（沟渠、土堆等）的能力也比较差 ④ 前轮会产生摆震现象，因此需要有防止摆震的设备和措施，这又增加了前轮的复杂程度和重量
后三点式	① 后三点式起落架整体构造比较简单，重量也较轻 ② 在螺旋桨飞机上容易配置。螺旋桨飞机要产生大的推力，桨叶就要很大，这迫使飞机设计安装时就要提高螺旋桨发动机的离地高度，而装有后三点式起落架的飞机停留在地面时，机头抬起很高，迎角很大 ③ 在飞机上易于装置尾轮。与前轮相比，尾轮结构简单，尺寸、质量都较小 ④ 正常着陆时，三个机轮同时触地，这就意味着飞机在飘落（着陆过程的第四阶段）时的姿态与地面滑跑、停机时的姿态相同	① 在大速度滑跑时，遇到前方撞击或强烈制动，容易发生倒立现象（俗称拿大顶）。因此为了防止倒立，后三点式起落架不允许强烈制动，因而使着陆后的滑跑距离有所增加 ② 着陆速度要求高。若着陆速度过大，主轮接地的冲击力会使飞机抬头迎角增加，引起飞机升力增大而重新离地"跳跃"现象，甚至会跳起后失速，发生事故 ③ 地面滑跑时方向稳定性差。如果在滑跑过程中，某些干扰（侧风或由于路面不平，使两边机轮的阻力不相等）使飞机相对其轴线转过一定角度，这时在支柱上形成的摩擦力将产生相对于飞机质心的力矩，它使飞机转向更大的角度 ④ 在停机、起飞、降落滑跑时，前机身仰起，因而向下的视界不佳

续表

配置形式	优点	缺点
自行车式	解决了部分薄机翼飞机主起落架的收放问题	① 前起落架承受的载荷较大，而使尺寸、质量增大 ② 起飞滑跑时不易离地而使起飞滑跑距离增大。为使飞机达到起飞迎角，需要依靠专门措施，例如在起飞滑跑时伸长前起落架支柱长度或缩短后起落架支柱长度 ③ 不能采用主轮刹车的方法，而必须采用转向操纵机构实现地面转弯等

③ 结构形式　根据承受和传递载荷的方式（即结构受力形式），可将起落架分为桁架式、梁式和混合式三种形式。

a.桁架式起落架　桁架式起落架由空间杆系组成的桁架结构和机轮组成（图3-13）。构架式起落架的主要特点是：它通过承力构架将机轮与机翼或机身相连。承力构架中的杆件及减震支柱都是相互铰接的。它们只承受轴向力（沿各自的轴线方向）而不承受弯矩。因此，这种结构的起落架构造简单，质量也较小，在过去的轻型低速飞机上应用广泛。但由于难以收放，通常只用在速度不大的轻型飞机或直升机上。

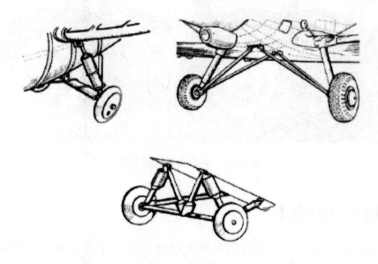

图3-13　桁架式起落架

b.梁式起落架　梁式起落架通常由受力支柱、减震器、扭力臂、支撑杆系、机轮和刹车系统等组成。其主要承力构件是梁（支柱或减震支柱），根据支柱梁的支撑形式不同，可分为简单支柱式（图3-14）、撑杆支柱式、摇臂式（图3-15）和外伸式等多种形式。

c.混合式起落架　混合式起落架由支柱、多根斜撑杆和横梁等构件组成，撑杆铰接在机体结构上，是桁架式和梁式的混合结构。支柱承受剪切、压缩、弯矩和扭矩等多种载荷，撑杆只承受轴向载荷，撑杆两端固定在支柱和横梁上，既能承受轴向力，又能承受弯矩，因此大大提高了支柱的刚度，避免了摆振现象的发生。

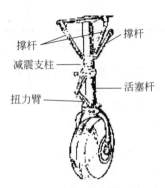 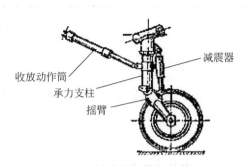

图3-14　支柱式起落架结构　　　　　　图3-15　摇臂式起落架结构

d.多轮小车式起落架　多轮小车式起落架（图3-16）由车架、减震支柱、拉杆、阻尼器、轮架和轮组等组成，一般用于质量大的运输机和客机上，采用多个尺寸小的机轮取代单个大机轮，提高了飞机的漂浮性，减小了收藏空间，在一个轮胎损坏时保证了飞机的安全。

图3-16　多轮小车式起落架

3.2.2　飞机的动力装置

（1）航空发动机　飞机的性能提高在很大程度上取决于动力装置的性能，因此航空发动机被称为飞机的心脏。目前，民用航空发动机主要制造商有通用电气公司、普拉特·惠特尼集团公司和罗尔斯·罗伊斯公司、斯奈克玛公司、留里卡-土星五家公司。

航空发动机分为活塞式发动机和喷气式发动机两种。第二次世界大战前，飞机上的动力装置由活塞式发动机和螺旋桨组成。随着飞机飞行高度和速度的增加，活塞式发动机的功率和螺旋桨的效率会急剧下降，为解决这一问题，德国和英国率先开发出了喷气式发动机。喷气式发动机重量轻、推力大，能够使飞机超音速飞行。20世纪50年代，喷气式发动机经历了从最初的涡轮喷气发动机到更适合民用飞机的涡轮风扇喷气发动机、涡轮轴发动机和涡轮螺旋桨发动机阶段。20世纪70年代，为应对石油危机，又催生了具有高燃油经济性能的桨扇发动机。

（2）辅助动力装置　在大、中型飞机和大型直升机上，为了减少对地面（机场）供电设备的依赖，都装有独立的小型动力装置，称为辅助动力装置（APU)。

APU的作用是向飞机独立地提供电力和压缩空气，也有少量的APU可以向飞机提供附加推力。飞机在地面上起飞前，由APU供电来启动主发动机，从而不需依靠地面电源车来发动飞机。在起飞时APU提供电力和压缩空气，保证客舱和驾驶舱内的照明和空调，使发动机功率全部用于地面加速和爬升，改善了起飞性能。降落后，仍由APU供应电力照明和空调，使主发动机提早关闭，从而节省了燃油，降低机场噪声。通常在飞机爬升到一定高度时（5000米以下）辅助动力装置关闭，但在飞行中当主发动机空中停车时，APU可在10500米以下的高空中及时启动，为发动机重新启动提供动力。

现代化的大、中型客机上，APU是保证发动机空中停车后再启动的主要装备，它直接影响飞行安全。APU又是保证飞机停在地面时客舱舒适的必要条件，这会影响旅客对乘机机型的选择。因此APU成为大型客机一个重要的不可或缺的系统。

3.2.3　飞机系统

（1）液压系统　液压系统是以油液为介质传递动力的系统，通过压力源给系统增压，以达到驱动负载（液压传动装置）的目的。液压系统的优点是体积小、重量轻、传动灵敏准确，动作平稳可靠，工作效率高。飞机液压系统主要用于飞机操纵，如副翼、方向舵、水平尾翼和扰流片的操纵，也用于起落架襟翼和减速板的收放、反推操纵等。液压系统是飞机的关键系统，必须保证可靠，因此飞机上有多个液压系统独立工作，如果有一个系统失效，余下的系统亦能工作维持液压系统的功能，保证飞行安全。

（2）燃油系统　飞机燃油系统的功用是储存燃油，并保证在规定的任何状态（如各种飞行高度、飞行姿态）下，均能按发动机所要求的压力和流量向发动机持续不间断地供油。此外，燃油系统还具有冷却飞机上的其他系统、平衡飞机、保持飞机重心处于规定的范围内等附加功能。

（3）电气系统　飞机的电气系统由供电、配电、用电三个子系统组成，也可将前两部分总称为供电系统。供电系统又称电源系统，为飞机上各种用电设备提供电源，它是确保飞机各系统正常工作和飞机安全飞行必不可少的重要系统之一。用电设备则分属各机载系统。

飞机电源系统由主电源、辅助电源、应急电源、二次电源及地面电源接口组成。主电源是发动机驱动的发电机。辅助电源有航空蓄电池和辅助动力系统驱动的发电机。应急电源有冲压空气涡轮发电机，用于应急供电，保证飞机紧急着陆和飞行。二次电源是将主电源电能转变为另外一种形式或规格的电能，例如高压交流电变换为低压直流电。

（4）照明系统　飞机灯光照明系统分为机内照明、机外照明和应急照明。

机内照明包括驾驶舱的照明、客舱照明和仪表指示及警告指示的灯光。驾驶舱的灯光照明系统能够照明驾驶舱，并能局部照明操纵台、仪表和操纵装置。客舱照明包括一般照明，乘客单独照明和指示信号牌的照明，货舱及服务舱内的工作照明。一般照明是由天花板灯和窗花灯照明客舱区域，进口灯和门槛灯给登机口处提供照明，可以通过开关控制明暗。指示信号牌点亮后可以看到牌上的字样，信号牌由开关控制。当开关在自动位，襟翼放下时，系好安全带信号牌自动点亮，若开关在接通位，相应灯点亮，开关在断开位时则灯熄灭。信号牌点亮的同时，喇叭会发出低频咚声，以提醒乘客。

机外照明包括着陆灯、滑行灯、探冰灯、航行灯、防撞灯、航徽标志照明灯等。航行灯用来显示飞机的轮廓，灯的颜色为左红、右绿、尾白。防撞灯又称闪光灯，它有电机旋转式、气体脉冲放电式和晶体管开关式等几种类型。

应急照明主要包括紧急降落所需要的仪表的照明，以及降落后乘客迅速撤离飞机的通道、出口区域、出口标志的应急照明。登机门上面的出口灯和机舱应急出口灯在飞机电源全部失效时能够自动点亮。有些灯光组件可以从其安装架上拆下，作为手提灯使用。

（5）座舱环境控制系统　由于在高空存在缺氧、低压、低温等不利情况，在海拔3000～4000米长时间飞行时，缺氧症常表现为头痛、疲倦等轻度症状；4500米飞行时，缺氧症表现为嗜睡、嘴唇指甲发紫、视力和判断力下降等中度症状；6500米以上飞行时，缺氧症表现为惊厥、丧失意识甚至死亡等严重症状。飞机座舱环境系统的基本任务是使飞机的座舱和设备舱在各种飞行条件下具有良好的环境参数，以满足飞行人员、乘客和设备的正常生活条件和工作条件。座舱环境控制系统的主要设备包括氧气系统、增压座舱和空调系统等，座舱环境参数主要是指座舱空气的温度和压力以及它们的变化速率，还包括空气的流量、流速、湿度、清洁度和噪声等。

① 氧气系统　座舱氧气系统包括以下内容。

a.机组氧气系统　机组氧气系统的氧气来自气态氧，气态氧通常为高压氧气瓶，压力为1800～1850磅力/平方英寸（1磅力/平方英寸=6.8948千帕），供氧持续时间长，并可根据需要接通或关断。供氧时间长，有利于飞行安全。机组氧气系统的组成包括高压氧气瓶、压力传感器、减压活门、氧气开关、氧气调节器和氧气面罩等。

b.乘客氧气系统　乘客用氧气来源于固态氧，固态氧是在化学氧气发生器内储存固体氯酸盐和铁粉混合物，需要加热反应产生氧气，供氧持续时间较短，一旦开启则不能关断，一般供氧时间可持续12～15分钟。座舱压力高度在13500～14000英尺（1英尺=0.3048米）时，乘客用氧气面罩会自动脱落。

c.手提氧气系统　手提氧气系统用于飞行时在飞机座舱内游动医疗救助，多为高压氧气瓶。另外，在客舱密封区域失火和有浓烟时，乘务员和机组人员可使用防护性呼吸设备——烟雾罩，它可保护灭火者的眼睛和呼吸道不受火和烟的侵害。烟雾罩使用化学空气再生系统，由口鼻面罩吸进再生的空气，并把呼出的空气返回再生系统，使用有效时间至少20分钟。

② 增压座舱　高空的低气压会使人产生减压症状，因而在高空飞行时座舱和驾驶舱的气压要保持在一定的范围，早期的活塞式飞机只能在5000米以下的空域中飞行，但为了躲避雷雨，有时要飞到6000米以上，当时的解决方法是给乘员戴上氧气面罩或穿上抗压服，喷气飞机出现后，为了快速安全地运送大量旅客，必须长时间地在7000米以上高空飞行，因此就需要把整个座舱的压力保持在适当范围，使座舱增压，增压的座舱要有一定的密封性能，以保证舱内有压力。增压座舱内的大气压力由飞机环境控制系统控制，使之高于环境气压并根据飞行高度自动调节，以保证乘员在高空飞行时具有舒适的环境和工作条件。

③ 空调系统　空调系统的作用是保证座舱的温度、湿度和二氧化碳的浓度，保障舒适

安全的飞行环境。空调系统由加热、通风、去湿等部分组成。

现代化的大型飞机上把控制飞机座舱内部的压力、温度、通风的机械组成一个完整的系统，它由空调组件、分配管路和控制系统组成，由发动机压气机引来的热空气和外界进来的冲压空气，经过几次热交换机使气体压力和温度不断降低，注入座舱。

（6）防冰排雨系统　飞机的防冰排雨系统的主要作用是防止飞机的某些关键部位或部件结冰，并且保证在雨天飞行时驾驶舱风挡的干燥，使其不会妨碍驾驶员的视线。

（7）防火系统　飞机防火系统是指防止飞机发生火灾所采用的全部装置，它由三部分组成：

① 结构选材　机舱内装饰使用阻燃材料，油箱内充填不可燃烧的惰性气体，防止燃油及蒸气起火。

② 火警告示系统　在客舱和发动机舱内装置火警探测器，感受区域内的温度及烟雾状况，当有明火或超温时，火警传感器工作，使驾驶舱内有声及灯光信号显示，告知驾驶员失火区域及状态。此系统通常与飞机灭火系统交联工作。

③ 灭火系统　它是直接扑灭机舱、发动机舱和设备舱中火焰的装置。

3.2.4　航空电子系统

机载设备及系统是为完成各种飞行和任务而安装的各种设备及系统的总称，主要用作导航、通信、座舱显示与环境控制、信息综合与处理以及飞机发动机和机上系统的控制与管理等。由于电子技术特别是计算机技术的发展应用，飞机设备及系统发生了重大的革新。

（1）飞机的仪表系统　飞机的电子仪表系统是飞机感知和处理外部情况并控制飞行状态的核心，相当于人的大脑及神经系统，对保障飞行安全、改善飞行性能起着关键作用。

① 飞行控制系统　飞行控制系统的基本功能是控制飞机气动操纵面，改变飞机的布局，增加飞机的稳定性、改善操纵品质、优化飞行性能。其具体功能有：保持飞机姿态和航向；控制空速及飞行轨迹；自动导航和自动着陆。该系统的作用是减轻驾驶员的工作负担，做到安全飞行，提高完成任务的效率和经济性。

飞机的控制系统通过提供飞机飞行中的各种信息和数据，使驾驶员及时了解飞行情况，从而对飞机进行控制以顺利完成飞行任务。早期的飞机飞行又低又慢，只装有温度计和气压计等简单仪表，其他信息主要是靠驾驶员的感觉获得。现在的飞机则装备了大量仪表，并由计算机统一管理，用先进的显示技术直接显示出来，大大方便了驾驶员的工作。

飞行控制仪表包括以下几种类型。

a.第一类是大气数据仪表，由气压高度表、飞行速度表、气体温度表、大气数据计算机等组成。

b.第二类是飞行姿态指引仪表，该系统可提供一套精确的飞机姿态数据，如位置、倾斜、航向、速度和加速度等，实现了飞机导航、控制及显示的一体化。

c.第三类是惯性基准系统，主要包括陀螺仪表。20世纪70年代以前是机械式陀螺，现代客机使用更先进的激光陀螺。

② 电子综合仪表系统　21世纪60年代，由于计算机的小型化及显像管的广泛应用，飞

机飞行仪表产生了革命性变化,新一代电子综合仪表得到广泛应用。该仪表系统由两大部分组成:一是电子飞行仪表系统(包括电子水平状态指示器、电子姿态指引仪、符号发生器及方式控制面板、信号仪表选择板等);二是发动机指示与机组警告系统,可以显示发动机的参数并对其进行自动监控,如出现工作异常情况,则会发出警告并记录下故障时的系统参数。

③ 飞机自动驾驶系统　飞机自动驾驶很早就出现过,只是当时其所能控制的范围太小。一开始是利用陀螺仪控制和纠正飞机的飞行姿态;20世纪30年代发展成可控制和保持飞机的高度、速度及航迹的自动驾驶仪;20世纪50年代又出现与导航系统、仪表着陆系统相配合的自动驾驶仪,实现了飞机长距离自动飞行、起飞和着陆;而到20世纪70年代中期,由于计算机的应用,自动驾驶仪实现了更高程度的自动化。在现代化大中型民航飞机中,飞机自动驾驶系统由四个部分组成:

　　a. 自动驾驶仪指引系统;
　　b. 推力管理系统;
　　c. 偏航阻尼系统;
　　d. 水平安定面自动配平系统。

(2) 飞机综合电子控制系统

① 飞行管理计算机系统　随着飞机驾驶自动化的进一步发展,要求把飞机的信号基准系统、启动驾驶系统和显示系统统一综合管理,使飞机在整个航线实现最佳性能的自动驾驶飞行,这个任务由飞行管理计算机系统完成。

② 飞行信息记录系统　飞行信息记录系统俗称"黑匣子"(图3-17),包括两个部分。一个是数字式飞行数据记录器,它能将飞机系统工作状况和发动机工作参数等飞行参数都记录下来;记录器可记录25个小时的60多种数据,其中有10种是必录数据(主要是加速度、姿态、空速、时间、推力及各操纵面的位置)。另一个是驾驶舱音记录器,它实际上就是一个无线电通话记录器,可以记录飞机上的各种通话;这一仪器上的4道音轨分别记录飞行员与地面指挥机构的通话,正、副驾驶员之间的对话,机长、空乘对乘客的讲话以及驾驶舱内各种声音;记录器记录飞行的最后30分钟内的信号,同时把以前的信号抹掉。

图3-17　飞行信息记录系统

飞行信息记录系统的用途包括：

① 事故分析　记录的数据在飞机失事后再现，用模拟器模拟，它是分析事故原因最直接可行的方法，国际民航组织规定大型民航机必须安装飞行记录器。

② 维修　这些记录上可以发现出现的故障，从而适时进行维修。

③ 监控飞行质量　从这些记录上可以发现飞行员的不安全操作，及时加以纠正。

数字式飞行数据记录器可以向人们提供飞机失事瞬间和失事前一段时间里飞机的飞行状况和机上设备的工作情况。驾驶舱话音记录器能帮助人们根据机上人员的各种对话分析事故原因，以便对事故做出正确的结论。

黑匣子通常安装在飞机尾部最安全的部位，也就是失事时最不易损坏的部位，并带有自动信号发生器和水下超大型定位标。

黑匣子并不是黑色的，为了便于人们搜寻，它被涂上了国际通用的警告色——鲜艳的橘黄色。

微课课堂

调查飞行事故利器的"黑匣子"

"黑匣子"是飞机专用的电子记录设备之一。黑匣子由两部分组成：驾驶舱话音记录器（cockpit voice recorder）和数字式飞行数据记录器（flight data recorder），供飞行实验、事故分析之用。（扫码获取视频，学习更多内容）

③ 增强型近地警告系统　增强型近地警告系统使用自身的全球机场位置数据库和地形数据库，并且利用飞机的位置、气压高度和飞行轨迹信息来确定潜在的撞地危险，通过灯光和声音通知驾驶员飞机正在以不安全的方式或速度靠近地面，警告驾驶员预防因疏忽或计算不周而发生的可控飞行触地事故。

④ 空中警告及避撞系统　根据二次雷达用应答机确定飞机编号、航向和高度的原理，把询问装置装在飞机上，使飞机之间可以显示相互之间的距离间隔，帮助驾驶员采取相应的措施，防止空中碰撞。避撞系统可显示飞机周围的情况，并在需要时提供语音警告，同时帮助驾驶员以适当机动方式躲避危险，避免灾难性事故的发生。

空中警告及避撞系统（TCAS）主要由询问器、应答机、收发机和计算机组成。监视范围一般为前方30海里，上、下方为3000米。TCAS的询问器发出脉冲信号，这种无线电信号称为询问信号，与地面发射的空中雷达交通管制信号类似。当其他飞机的应答器接收到询问信号时，会发射应答信号。TCAS的计算机根据发射信号和应答信号间的时间间隔来计算距离，同时根据方向天线确定方位，为驾驶员提供信息和警告，这些信息都显示在驾驶员的导航信息显示器上。

有能力辨别飞机的识别代码和气压高度的地面管制雷达称为二次雷达。二次雷达向飞机发出询问信号，机上的应答机就被触发，应答机根据地面询问的模式自动产生应答脉冲信号，向地面雷达报告飞机的编码或飞行高度，这样在雷达屏幕上的飞机光点就会显示出飞机的编码和高度，这使航行管制工作的准确性大为提高，管制方式也由程序管制变为雷达管制。应答机工作频率为1090兆赫。

⑤ 电传操纵系统　简单地说，电传操纵系统就是把传统的对飞机的机械操纵全部改为由电信号代替，从而形成了电传操纵，与机械系统相比，减少了运动摩擦和操作时间延迟的发生，其操纵灵敏性更高，避免了原来的手动操纵与自动操纵间转换时的不协调，并减少了操纵系统的重量，与飞机仪表和航电系统交联，提高了飞行自动化水平。

在民航飞机中，最先采用电传操纵系统的是空中客车A320，而到了21世纪，生产的大型客机多数都为电传操纵。

（3）导航系统　飞机导航系统是用来确定飞机位置、速度和航向并引导飞机按预定航线飞行的整套设备。

根据工作原理，导航系统可分为他备式导航和自备式导航两大类。为发挥不同导航系统的优点，出现了组合导航系统。他备式导航系统的数据是由飞机上的导航依靠外部的基准导航台（包括地面或卫星）取得，包括各种无线电导航系统，如塔康、伏尔、罗兰、奥米加以及卫星导航系统等。组合导航系统是两种或两种以上导航系统的结合，这类系统多以惯性导航作为分系统，然后构成惯性/多普勒、惯性/罗兰、惯性/奥米加、惯性/天文和惯性/全球定位等组合系统。

根据作用距离不等，机载导航系统可分为远程导航系统、中近程导航系统、区域导航系统和进场着陆系统几种。

① 远程导航系统　通常把作用距离达几千千米以上的归为远程导航系统，目前绝大部分飞机的无线电导航使用全球定位系统（GPS），它属于测距型卫星导航系统。

② 中近程导航系统　中近程导航系统典型的有无线电罗盘、台卡、伏尔和塔康（TACAN）等系统。

③ 区域导航系统　区域导航系统由各导向设备[如VOR（全向信标导航系统）、DME（测距仪）、大气数据计算机等]、计算机、控制显示器等组成，是航空导航的一种新发展。

④ 进场着陆系统　进场着陆是飞机航行的最后一个重要阶段。仪表着陆系统（ILS）是国际上广泛采用的标准无线电进场着陆系统；微波着陆系统（MILS）则是着陆系统的新发展，其主要优点是精度高，可满足Ⅲ类着陆要求。

仪表着陆系统能在低天气标准或驾驶员看不到任何目视参考的天气下，引导飞机进近着陆，所以人们就把仪表着陆系统称为盲降系统。

仪表着陆系统通常由一个甚高频（VHF）航向信标台、一个特高频（UHF）下滑信标台和几个甚高频（VHF）指点标组成。航向信标台给出与跑道中心线对准的航向面，下滑信标台给出仰角2.5°～3.5°的下滑面，这两个面的交线即是着陆系统给出的飞机进近着陆的准确路线。指点标沿进近路线提供键控校准点，即距离跑道入口一定距离处的高度校验，以及距离入口的距离。飞机从建立盲降到最后着陆阶段过程中，若飞机低于盲降提供的下滑线，盲降系统就会发出警告。

盲降的作用在天气恶劣、能见度低的情况下显得尤为突出，它可以在驾驶员肉眼难以发现跑道或标志时，给飞机提供一个可靠的进近着陆通道，以便让驾驶员掌握位置、方位、下降高度，从而安全着陆。根据盲降的精密度，盲降给飞机提供的进近着陆标准不一样，因此盲降可分为Ⅰ、Ⅱ、Ⅲ类标准。

Ⅰ类盲降的天气标准是前方能见度不低于800米（半英里）或跑道视程不小于550米，着陆最低标准的决断高不低于60米（200英尺）。也就是说，Ⅰ类盲降系统可引导飞机在下滑道上，自动驾驶下降至机轮距跑道标高60米的高度。若在此高度驾驶员能看清跑道即可实施落地，否则就得复飞。

Ⅱ类盲降标准是前方能见度为400米（1/4英里）或跑道视程不小于350米，着陆最低标准的决断高不低于30米（100英尺）。同Ⅰ类一样，自动驾驶下降至决断高度30米，若驾驶员目视到跑道，即可实施着陆，否则就得复飞。

Ⅲ类盲降的天气标准是指任何高度都不能有效地看到跑道，只能由驾驶员自行做出着陆的决定，无决断高度。

Ⅲ类盲降又可细分为ⅢA、ⅢB、ⅢC三个子类。

ⅢA类的天气标准是前方能见度200米（700英尺），决断高度低于30米或无决断高度，但应考虑有足够的中止着陆距离，跑道视程不小于200米。

ⅢB类的天气标准是前方能见度50米（150英尺），决断高度低于15米或无决断高度，跑道视程小于200米但不小于50米，保证接地后有足够允许滑行的距离。

ⅢC类是无决断高度和无跑道视程的限制，也就是说"伸手不见五指"的情况下，凭借盲降引导可自动驾驶安全着陆滑行。目前ICAO（国际民航组织）还没有批准ⅢC类运行。

此外还有空中交通管制系统（ATC）和空中防撞系统，用以确保飞行安全和提高飞行效率。近年来由于计算机和通信卫星技术的迅速发展，空中交通管制系统由人工管制系统逐步向半自动化和自动化的空中交通管理系统发展。

（4）通信系统　通信系统是指完成通信过程的全部设备和传输媒介，作用是实现飞机与飞机之间、飞机与地面（水上）之间信息的传输。机载通信系统主要由机载通信设备、机内通话设备、通信终端设备和数据传输引导设备等组成。其中机载通信设备主要包括高频（HF）、甚高频（VHF）、超高频（UHF）和甚高频（VHF）/超高频（VHF）通信设备，卫星通信设备及救生通信电台等。

机载通信设备主要承担指挥、联络和内部通信三个方面的任务。它具有三种通信形式：近距离通信、远距离通信和机内通信。

① 甚高频通信系统　甚高频通信系统（VHF COMM）是移动无线电通信中的一个重要系统，用于民用航空及海事近距离通信。其通信方式以话音、图像、数据为媒体，通过光或电信号将信息传输到另一方，是供飞机与地面台站、飞机与飞机之间进行双向话音和数据通信联络的装置。

② 高频通信系统　高频通信系统（HF COMM）是一种传统的机载远程通信设备，主要用于远距离空地对话，它是利用电离层的反射现象来实现电波的远距离传输。

③ 选择呼叫系统　选择呼叫系统是指地面塔台通过高频或甚高频通信系统对指定飞机进行联系。选择呼叫系统接收来自飞机通信接收机输出的选择呼叫音频编码信号，在收到本飞机的编码时，选择呼叫系统就用指示灯亮和提示音信号向机组发出提醒。

④ 音频综合系统　该系统是飞机内部的通话系统，其中有机组人员之间的通话系统、对旅客的广播和电视等娱乐设施、飞机在地面时机组和地面维护人员之间的通话系统。它分为飞行内话系统、勤务内话系统、客舱广播及娱乐系统、呼唤系统和驾驶舱话音记录器。

3.3　现代民航飞机制造商

飞机制造是按设计要求制造飞机的过程。通常飞机制造仅指飞机机体零构件制造、部件装配和整机总装等。

图3-18　美国波音公司企业标志

（1）美国波音公司　美国波音公司成立于1916年7月15日，由威廉•爱德华•波音创建，并于1917年改名波音公司（公司原名叫太平洋航空制品公司）。1929年更名为联合飞机及空运公司。1934年按政府法规要求拆分成三个独立的公司：联合飞机公司（现联合技术公司）、波音飞机公司、联合航空公司。1961年原波音飞机公司改名为波音公司（图3-18）。

20世纪60年代以后，美国波音公司的主要业务由军用飞机转向商用飞机。1957年在KC-135空中加油机的基础上研制成功的B707是该公司的首架喷气式民用客机，共获得上千架订货，从此在喷气式商用飞机领域内获得很大的发展。1997年，美国波音公司宣布，原波音公司与麦克唐纳•道格拉斯公司（简称：麦道公司）完成合并，新的波音公司正式营运。

美国波音公司是世界上最大的民用与军用飞机制造商，是全球航空航天业的领袖公司。其先后制造了B707、B717、B727、B737、B747、B757、B767、B777、B787等系列型号飞机，逐步确立了全球主要的商用飞机制造商的地位，见表3-3。其中，B737是在全世界被广泛使用的中短程窄体民航客机。B747一经问世就长期占据世界最大的远程宽体民航客机的头把交椅，直到2005年才被A380取代。

表3-3　波音公司生产的主要民航客机系列汇总

系列名称	主要型号
B737	B737-100、B737-200、B737-300、B737-400、B737-500、B737-600、B737-700、B737-800、B737-900737、B737 MAX7、B737 MAX8、B737 MAX9和B737 MAX10
B747	B747-100、B747-200、B747-300、B747-400、B747LCF、B747-8
B757	B757-200、B757-300
B767	B767-100、B767-200、B767-200ER、B767-300、B767-300ER、B767-400
B777	B777-200、B777-200ER、B777-200LR、B777-300、B777-300ER、B777F
B787	B787-8、B787-9、B787-10

B747设计特点

B747的机翼采用悬臂式下单翼，铝合金双梁破损安全结构（图3-19）。外侧低速副翼、内侧高速副翼，三缝后缘襟翼，每侧机翼上表面有铝质蜂窝结构扰流片，每侧机翼前缘有前缘襟翼，机翼前缘靠翼根处有3段克鲁格襟翼。尾翼为悬臂式铝合金双路传力破损安全结构，全动水平尾翼。动力装置为4台涡轮风扇喷气式发动机。由发动机带动4台交流发电机为飞机供电，辅助动力装置带发电机。4套独立液压系统，还有一备用交流电液压泵。起落架为五支柱液压收放起落架。两轮前起落架向前收起，4个四轮小车式主起落架，其中2个并列在机身下靠机翼前缘处，另两个装在机翼根部下面。B747机身是普通半硬壳式结构，由铝合金蒙皮、纵向加强件和圆形隔框组成。破损安全结构采用铆接、螺接和胶接工艺。B747采用两层客舱的布局方案，驾驶室置于上层前方，之后是较短的上层客舱。驾驶舱带两个观察员座椅。公务舱在上层客舱，头等舱在主客舱前部，中部可设公务舱，经济舱在后部。

图3-19 中国香港国泰航空的B747客机

（2）欧洲空中客车公司 欧洲空中客车公司（Airbus）是欧洲一家飞机制造公司（图3-20），1970年于法国成立。参与创立国家包括德国、法国、西班牙与英国。欧洲空中客车公司由欧洲最大的军火供应制造商——欧洲航空防务航天公司（100%股份）拥有。

欧洲空中客车公司作为一个欧洲航空公司的联合企业，其创建的初衷是为了同波音和麦道竞争。在20世纪60年代欧洲飞机制造商之间的竞争和美国一样激烈，于是在20世纪60年代中期关于欧洲合作方法的试验性谈判便开始了。

欧洲空中客车公司是除波音公司之外最大的民航客机制造企业。2005年1月，欧洲空中客车公司正式推出世界上最大的客机——A380型"空中客车"，它标志着欧洲国家在与世界航空制

图3-20 欧洲空中客车公司企业标志

造业头号强国——美国的竞争中取得了又一胜利,使欧洲在世界飞机制造业中独占鳌头的地位进一步得到了确立。"空中客车"是欧洲经济一体化的产物,它的成功对世界其他地区的经济区域化发展具有借鉴意义。空中客车公司生产的主要民航客机系列汇总表见表3-4。

表3-4 空中客车公司生产的主要民航客机系列汇总表

系列名称	主要型号
A320	A320、A321、A319、A318
A330	A330-200、A330-300、A330 MRTT、轻量版空中客车A330-300
A340	A340-200、A340-300、A340-400、A340-500、A340-600
A350	A350-800、A350-900、A350-1000
A380	A380-800、A380-800F、A380plus、A380-700、A380-800C、A380-800R、A380-800S、A380-900R、A380-900S

延伸阅读

空中客车A380

空中客车A380(Airbus A380)是欧洲空中客车公司制造的全球最大的宽体客机(图3-21),有"空中巨无霸"之称。空中客车A380在单机旅客运力上有优势,在典型三舱等(头等舱—商务舱—经济舱)布局下可承载525名乘客。空中客车A380飞机被欧洲空中客车公司视为其21世纪的"旗舰"产品。A380在投入服务后,打破B747在远程超大型宽体客机领域统领30多年的纪录,结束了B747在市场上30多年的垄断地位,成为载客量最大的民用客机。2019年2月14日,欧洲空中客车公司表示将从2021年起,正式停止交付A380客机。

图3-21 A380布局简化示意图

（3）中国商飞　中国商用飞机有限责任公司（简称中国商飞，Commercial Aircraft Corporation of China Ltd，COMAC）于2008年5月11日在中国上海成立，是我国实施国家大型飞机重大专项中大型客机项目的主体，也是统筹干线飞机和支线飞机发展、实现我国民用飞机产业化的主要载体（图3-22）。其主要从事民用飞机及相关产品的设计、研制、生产、改装、试飞、销售、维修、服务、技术开发和技术咨询业务；与民用飞机生产、销售相关的租赁和金融服务；经营本公司或代理所属单位进出口业务；承接飞机零部件的加工生产业务；从事业务范围内的投融资、外贸流通经营、国际合作、对外工程承包和对外技术、劳务合作等业务以及经国家批准或允许的其他业务。

图3-22　中国商飞企业标志

中国商飞的主要产品包括ARJ21和C919。

① ARJ21　ARJ21是70～90座级的中、短航程新支线涡扇飞机，是中国首架拥有自主知识产权的涡扇支线飞机，适应以中国西部高温高原机场起降和复杂航路越障为目标的营运要求。

② C919　C919为国产中短程干线客机，基本型布局为168座，标准航程为4075千米，增大航程为5555千米，经济寿命达9万飞行小时，与空中客车A320、波音737属同级别飞机。C919项目于2008年11月启动，2017年5月5日成功首飞，2020年11月27日正式进入局方审定试飞阶段。C919客机的发展目标是为8～10年后的民用航空市场提供安全、舒适、节能、环保、具有竞争力的中短程单通道商用运输机。在市场定位上，以中国国内为切入点，同时兼顾国外市场，提供多等级、多种航程的产品。

（4）巴西航空工业公司　巴西航空工业公司（Embraer S.A.）是巴西的一家航空工业集团（图3-23），成立于1969年，业务范围主要包括商用飞机、公务飞机和军用飞机的设计制造，以及航空服务。现为全球最大的120座级以下商用喷气飞机制造商，占世界支线飞机市场约45%份额。该公司现已跻身于世界四大民用飞机制造商之列，成为世界支线喷气客机的最大生产商。

巴西航空工业公司商用喷气飞机分为两大系列。

图3-23　巴西航空工业公司企业标志

① ERJ145喷气系列　共四款，分别为50座的ERJ145、50座的ERJ145远程型、44座的ERJ140和37座的ERJ135。目前有1100架基于ERJ145平台生产的飞机交付使用，累计飞行时间超过1600万小时。

② E-喷气飞机系列　共四款，分别为70～80座的E～170、78～88座的E-175、98～114座的E-190和108～122座的E-195。公司在全球共收到1551架E-喷气飞机系列飞机的订单，其中超过650架飞机在39个国家56家航空公司投入运营，累计飞行440万小时。

（5）加拿大庞巴迪宇航公司　加拿大庞巴迪宇航公司（Bombardier Aerospace）于1970年成立（图3-24）。按员工人数统计，它是世界上第三大飞机制造商（仅次于美国波音公司及欧洲空中客车公司）；按年度付运量统计，它是全球第四大商业飞机制造商（仅次于美国波音公司、欧洲空中客车公司、巴西航空工业公司）。

加拿大庞巴迪宇航公司是一家总部位于加拿大魁北克省蒙特利尔的国际性交通运输设备制造商，主要产品有支线飞机、公

图3-24　加拿大庞巴迪宇航公司企业标志

务喷气飞机、铁路及高速铁路机车、城市轨道交通设备等。庞巴迪宇航公司（Bombardier Aerospace）隶属于庞巴迪公司（Bombardier Inc.），公司总部位于加拿大蒙特利尔国际机场附近的森特维尔。庞巴迪宇航公司拥有四家飞机制造企业，即位于加拿大魁北克省圣洛朗的加空公司、位于加拿大安大略省唐思维尤镇的德·哈维兰公司、位于美国亚利桑那州图盖的盖茨利尔喷气机公司和位于北爱尔兰贝尔法斯特的肖特兄弟公司。

CRJ系列是由庞巴迪宇航公司提供的民用支线喷气飞机，包括50座的CRJ-100/200、70座的CRJ-700、90座的CRJ-900。

章节自测

1. 选择题

（1）中华人民共和国民用航空器的国籍标志是（　　）。
A.B　　　　B.C　　　　C.N　　　　D.P

（2）下列属于轻于空气的航空器的是（　　）。
A.风筝　　　B.滑翔机　　C.飞艇　　　D.飞机

（3）下列不属于飞机机体构成部分的是（　　）。
A.机身　　　B.尾翼　　　C.仪表设备　　D.起落架

（4）机身的主要功能是（　　）。
A.提供升力　　B.装载功能　　C.支撑作用　　D.控制飞行方向

（5）尾翼的主要功能是（　　）。
A.提供升力　　B.固定连接作用　　C.提供动力　　D.控制平衡

（6）（　　）是世界上最大的民用与军用飞机制造商，是全球航空航天业的领袖公司。
A.美国波音公司　　　　　　B.欧洲空中客车公司
C.巴西航空工业公司　　　　D.加拿大庞巴迪宇航公司

2. 填空题

（1）_____是指由动力装置产生前进的推力或拉力，由机身的固定机翼产生升力，在大气层内飞行的重于空气的航空器。

（2）_____是飞机飞行克服重力的升力的基本来源。

（3）飞机的性能提高在很大程度上取决于动力装置的性能，因此_____被称为飞机的心脏。

（4）飞机燃油系统的功用是_____，并保证在规定的任何状态（如各种飞行高度、飞行姿态）下，均能按发动机所要求压力和流量向发动机持续不间断地供油。

（5）飞机灯光照明系统分为_____、_____和_____。

3. 简答题

（1）简述飞机机体及其各主要功能。
（2）简述飞机的主要系统。
（3）简述民用航空器的定义及分类。
（4）简述飞机座舱环境控制系统的主要设备。

第4章

飞行基本原理

哈德孙河紧急迫降

2009年1月15日下午3时26分，全美航空1549号班机在纽约拉瓜迪亚机场起飞，由机长沙林博格（Chesley Sullenberger Ⅲ）负责执行。但起飞一分钟左右，机长向机场塔台报告，飞机两具引擎遭遇鸟击而失效，导致飞机飞行平衡受到影响，要求立即折返机场。机场方面随即指示1549号班机立即折返，但沙林博格机长发现不能掉头折返机场，于是准备安排客机飞往新泽西的泰特伯勒机场作紧急降落，其后机长又发现当时飞机的高度及下降速度，无法让客机安全降落于泰特伯勒机场。于是，机长决定避开人烟稠密地区，冒险让客机紧急降落在贯穿纽约市的哈德孙河上。拉瓜迪亚塔台在机长告知即将降落哈德孙河23秒后与班机失去联系。

飞机飞进哈德孙河河道上空，并以滑翔方式缓缓下降。飞机机尾首先触水，其后以机腹接触水面滑行，飞机左侧的一号引擎于水面滑行期间脱落沉入河底。最后，飞机于曼克顿附近停止滑行，机身大致保持完整。

 学习目标

> **知识目标**
> - 熟悉大气层的构成。
> - 理解不同的气象条件对飞行安全的影响。

- 熟悉飞机的飞行过程。
- 理解流体连续性定理和伯努利定理。
- 理解飞机的平衡、稳定性和操纵性等飞行控制的基本原理。

能力目标
- 能运用所学知识分析天气对民航飞行安全的影响。
- 能运用所学知识分析飞机飞行的基本原理。

素质目标
- 培养安全的工作态度,深化民航安全的重要性。
- 培养思辨能力,树立科学工作的意识。

4.1 大气与飞行

不论是轻于空气的飞行器还是重于空气的飞行器,都要在大气层中飞行。大气层包围着地球并随地球旋转,从地面以上随着高度的增加,大气密度、压力、温度和声速也在不断变化。大气这些物理性质的变化,首先直接影响飞行器的空气动力性能,在50~100千米的高度上,空气升力就基本消失,而空气阻力的极限在3200千米以上。其次,气象是与大气运动直接相关的十分复杂的现象,在高度32千米以下与飞行有着密切的联系。再者,飞行器发动机的工作状况也受大气的影响,特别是空气密度随着高度的增加而减小,发动机功率会相应减小并产生其他方面的变化。最后,飞行高度越高,周围环境与地面的差异也越大,对人体的影响也就越大。为了保证飞行器中乘员的生命安全及正常的生存条件,有必要创造一个适合人体需要的舱内环境。基于上述原因,在研究空气动力学和飞行器时,要先对空气的基本性质和大气的状况有所了解。

4.1.1 大气飞行环境概述

(1)空气的基本性质 大气是一种混合物,由干洁空气、水蒸气和尘埃颗粒组成。干洁空气的主要成分是氮气和氧气。若按照体积计算,大气中的氮气约占78%,氧气约占21%,其余的1%是氩气、二氧化碳、氖气等其他气体(图4-1)。

水蒸气来源于地表江河湖海水分的蒸发和植物的蒸腾作用。水蒸气的密度小于干洁空气的密度,所以往往空气的湿度越大,空气密度越小,对飞机产生的空气动力和发动机的功率影响较大。同时,水蒸气又是成云致雨的物质基础,在气象中扮演了重要的角色。

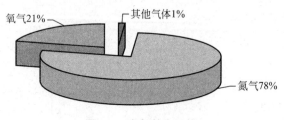

图4-1 大气基本组成

(2)大气飞行环境 包围着地球的空

气层叫作大气。根据不同气象条件和气温变化等特征,可以把大气分成若干层。如以气温变化为基础,则可将整个大气分为对流层、平流层(同温层)、中间层、热层和散逸层等五层(图4-2)。

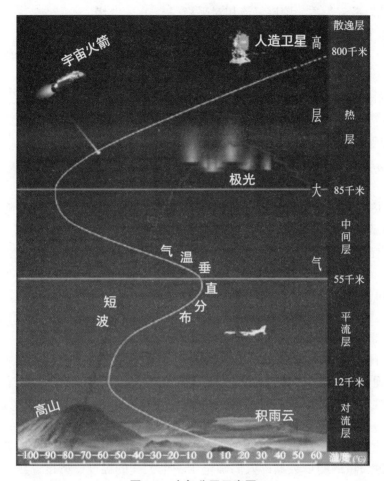

图4-2 大气分层示意图

① 对流层 对流层是大气层的最底层,平均厚度为10多千米;低纬度地区相对较厚,一般为17~18千米;高纬度地区相对较薄,为8~9千米。它虽然是各层中最薄的一层,但却集中了整个大气质量的3/4,大气中的水汽和杂质都集中于这一层。对流层有以下三个明显的特征。

a.气温随高度增加而降低 在对流层中,大气的热能主要来自地面的长波辐射,离地表越近,得到的热能越多;反之,远离地表则得到的热能越少。所以,出现气温随高度增加而递减的现象。

b.有强烈的对流运动 由于气温随高度递减,造成对流,对流是指空气的垂直升降运动。正是由于空气的抬升,才造成大气中的云、雨、雪、雷、电等危险天气的产生。

c.冷、暖、干、湿的水平分布不均 这种分布不均造成空气的水平运动,使得不同地区之间进行能量和水分的交换。由下到上,气流和天气现象的分布也有明显的差异。

② 平流层 平流层位于对流层之上,距地球表面10~55千米,它与对流层比较有明显

不同。

a.随高度的增加气温变化不同。距离地球表面30千米以下温度随高度增加而降低，30千米处温度在-55℃左右，往上温度随高度增加而略微升高。

b.大气运动以平流为主，该层气流相对平稳。

c.含水汽和杂质极少，云、雨现象几乎绝迹。

③ 中间层　中间层是位于平流层之上，距地球表面55～85千米之间的大气层，空气比较稀薄。

a.气温随高度增加而迅速降低。该层内因臭氧含量低，同时，能被氮气、氧气等直接吸收的太阳短波辐射已经大部分被上层大气所吸收，所以温度垂直递减率很大。

b.对流运动强盛。该层大气运动以垂直对流为主。

c.发生电离现象。该层距地球表面60～90千米的高度，空气分子吸收太阳紫外辐射后可发生电离。

④ 热层　热层位于中间层之上，距地球表面85～800千米。该层气温随高度增加而增加，在300千米高度时，气温可达1000℃以上。热层中部分大气受太阳短波辐射处于高度电离状态，形成电离层。电离层的存在，对反射无形电波具有重要意义。

⑤ 散逸层　散逸层位于热层之上，由带电粒子组成，距离地球表面800千米以上。该层温度很高，可达数千摄氏度，大气极其稀薄。散逸层是大气层的最外层，是大气层向星际空间过渡的区域，外面没有什么明显的边界。

（3）国际标准大气

飞机的飞行性能与大气状态的主要参数——气温、气压和密度有密切关系。但是，这些参数随着地理位置、季节、每天的时刻、高度和气象条件的不同而变化着。因而，随着大气状态的改变，飞机的空气动力和飞行性能也要发生改变。为了比较飞机的飞行性能，就必须有统一的大气状态作为衡量的标准。在设计飞机、发动机和仪表时，要按标准大气的物理参数来计算性能；在试验和试飞时，也要把结果按标准大气进行换算，才能互相比较。因此，通过大量的测量数据，人们确定了一个大气的温度、密度、压力、声速等参数的平均铅垂分布。按照以上规定测算出来的大气参数沿高度的变化，列成表格，称为国际标准大气简表，如表4-1所示。

表4-1　国际标准大气简表

高度/米	气压/毫米汞柱[①]	气温t/摄氏度	空气的相对密度Δh　$\Delta h=\rho_h/\rho_0$	空气密度/（千克/米³）	声速a/（米/秒）
-1000	854.6	+21.50	1.0996	1.3456	345
0	760.0	+15.00	1.0000	1.2250	341
1000	674.1	+8.50	0.9073	1.1113	337
2000	596.1	+2.00	0.8215	1.0065	333
3000	525.7	-4.50	0.7420	0.9094	329

续表

高度 /米	气压 /毫米汞柱[①]	气温 t /摄氏度	空气的相对密度 Δh $\Delta h = \rho_h/\rho_0$	空气密度 /（千克/米^3）	声速 a /（米/秒）
4000	462.2	-11.00	0.6685	0.8183	325
5000	405.0	-17.50	0.6007	0.7360	321
6000	353.8	-24.00	0.5383	0.6586	317
7000	307.8	-30.50	0.4810	0.5890	313
8000	266.9	-37.00	0.4282	0.5243	309
9000	230.5	-43.50	0.3804	0.4479	304
10000	198.3	-50.00	0.3366	0.4126	300
11000	169.6	-56.50	0.2968	0.3636	296
12000	144.8	-56.50	0.2535	0.3116	296
13000	123.7	-56.50	0.2165	0.26556	296
14000	105.6	-56.50	0.1849	0.2264	296
15000	90.4	-56.50	0.1579	0.1940	296
16000	77.1	-56.50	0.1349	0.1656	296
17000	65.8	-56.50	0.1153	0.1411	296
18000	56.2	-56.50	0.0984	0.1029	296
20000	41.0	-56.50	0.0720	0.0882	296
21000	35.02	-56.50	0.0614	0.07526	296
22000	29.90	-56.50	0.0523	0.06409	296
23000	25.54	-56.50	0.0447	0.05478	296
24000	21.81	-56.50	0.0382	0.04684	296
25000	18.63	-56.50	0.0326	0.03998	296
26000	15.94	-53.50	0.0275	0.03371	297
27000	13.69	-50.60	0.0233	0.02878	299
28000	11.79	-47.60	0.0198	0.022430	301
29000	10.16	-44.60	0.0168	0.02058	303
30000	8.77	-41.60	0.0144	0.01764	305

[①] 1毫米汞柱=133.3帕。

国际标准规定，以海平面的高度为零。在海平面，空气的标准状态如下。

气压　760毫米汞柱；气温　15℃；声速　341米/秒；空气密度　1.2250千克/米^3。

中国国家标准总局于1980年颁布了"中华人民共和国国家标准大气"（30千米以下部分）。应当注意，各地的实际大气参数与标准大气存在差别。

4.1.2　飞行高度确定

飞机的飞行高度是根据气压来确定的，因而出现了以什么地方的气压确定高度的问题。实际上，在飞行的不同阶段，会使用不同的气压标准来确定高度。

（1）场压高度（QFE）　飞机在起飞和降落时，必须知道飞机和机场之间的相对高度，以确保高度表指示出与机场地面及地面障碍物之间的垂直距离，这时以机场当地海拔高度的气压高度为0，这样在高度表上表示出来的高度就是上空的相对高度。各机场都有指定的位置，飞机起飞前在这里根据当地的气压数据把高度表调0，对于降落的飞机，则在下降到一定高度时由塔台通报气压数据，驾驶员把高度表调至场压高度。

（2）海平面气压高度（QNH）　飞机在爬升和下降阶段都要知道它的真实海拔高度，以便通过航图确定和下面地形之间的高度间距，这时按照气象部门给出的海平面的气压数据作为高度的基准面，高度表上得出的是飞机的实际海拔高度，也叫绝对高度。想要得到飞机与下方地面之间的真实高度，就用海平面气压高度减去由航图上查到的这一位置的标高。

（3）标准气压高度（ISA）　以国际标准大气的基准面（15℃，760毫米汞柱气压）得到的高度称为标准气压高度，用于飞机的巡航阶段。这是为了使空中飞行的各航空器有统一的高度标准，从而避免因高度基准不同导致的垂直间隔不够而出现事故。标准气压平面是人为拟定的平面，它的优点是不受大气环境变化的影响，从而避免了因各地气压不同而带来的高度表数据的偏差，保证了飞行安全。

从上面的各种高度可以看出，以气压做标准的各种高度不管在什么地方，都是同时存在的，只要气压不变，它们的高度值也不变。但在不同的地区要使用不同基准的高度，因而驾驶员要在飞行过程中根据情况及航管的要求使用不同的气压高度。

4.1.3　大气与飞行安全

飞机在大气中飞行，大气总是在不停地运动。特别在对流层的中下部，各种天气现象频繁出现。它们往往对航行和飞机起降产生不利影响，轻则延误航班，重则造成事故。气象人员要及时、准确地提供航空天气实况、航站预报、航线预报和区域预报，以供航行管制人员、飞行人员参考。同时，还需要地面服务人员的密切配合、协调。飞机的安全、正点，要靠全体工作人员的努力。因此，地面服务人员也应对影响飞行的天气有所了解。必要时，还应做好对旅客的解释工作。

（1）飞机积冰　飞机积冰是指飞机机身表面某些部位产生冰层积聚的现象。飞机积冰是当飞机在云中飞行或在降水中飞行时，云中的过冷水滴或降水中的过冷雨滴受到飞机机体撞击后冻结而成的，也可以由水气在机体表面凝华而成。冬季露天停放的飞机可能会形成机体积冰或结霜。

在一定高度处，云体中会存在温度低于0℃却仍未冻结的过冷水滴，这种水滴的热力状态不稳定，在受到振动后立即冻结成冰。当机体表面温度低于0℃的飞机在含有过冷水滴的云中飞行时，过冷水滴受到撞击就会在机体表面形成冻结，出现飞机积冰。所以，飞机积冰首先从飞机外凸处和迎风部位开始，如机翼前缘、尾翼、螺旋桨桨叶、发动机进气道前缘、空速管、天线等。

积冰出现在飞机表面，但冰的类型是不同的：有光滑透明、结构坚实的明冰，除冰设备也很难使之脱落，对飞行安全危害较大；有由粒状冰晶组成的雾凇，表面较为粗糙，结构较松脆，易于清除，对飞行安全危害较小；有表面粗糙不平，结构较为坚固的毛冰，色泽如白瓷；有寒冷水气在飞机表面直接凝华而成的霜，虽然很薄，但如果在风挡处结霜，会对目视飞行造成影响。

（2）低空风切变　风向和风速在特定方向上的变化叫风切变。风向和风速在水平方向的变化叫作水平风切变，在垂直方向的变化叫作垂直风切变。在不同高度处都可能出现风切变，高度在500米以下出现的低空风切变对飞机起飞、降落飞行安全的影响很大，曾多次导致严重事故。由于飞机降落是高度不断降低、速度不断减小的过程，而起飞反之，所以降落阶段往往受到低空风切变的危害更大。

在航空中，根据飞机运动与风矢量之间的关系，将低空风切变分为顺风切变、逆风切变、侧风切变和垂直风切变。

低空风切变——机场瘟神

飞行员把低空风切变视若"机场瘟神"，在历史上，低空风切变确实"罪行累累"。在民航发展的初期，由于条件的限制，人们无法获取空中风切变的实际有效数据，也无法了解风切变对飞行的具体危害。

1982年7月9日，泛美航空759号班机坠毁于新奥尔良郊区肯纳，机上137名乘客和8名机组人员无一幸免，同时还造成机场上8人死亡和14人重伤。当年夏天，美国大气研究中心和芝加哥大学的近百名科学家在美国丹佛国际机场周围实施的一项名叫"联合机场天气研究计划"的科研活动，着重对严重影响飞机起飞和降落过程的下击暴流、阵风锋、风切变等天气现象进行探测研究。

1985年8月2日，达美航空191号航班在达拉斯-沃斯堡国际机场因风切变失事，造成了机上130多人全部死亡的惨剧。

2001年，美国航空公司587喷气式飞机在空中突然失速，冲进纽约一个居民区，造成265人死亡。

2009年3月23日，联邦快递80号班机在日本成田国际机场降落时，因风切变坠毁，2名驾驶员遇难。

在中国，低空风切变造成的事故也让人忧心。

1991年4月25日，中国南方航空公司B757型B-2801号飞机在昆明机场降落过程中，因遭遇低空风切变，导致飞机重着陆，飞机严重损坏，造成三等飞行事故。

2000年6月22日，武汉航空公司Y7/B3479号飞机自恩施飞往汉口时，因遭遇雷雨天气，飞机在汉口机场第一次降落不成功，复飞拉升，于14:54失去联系，16:00左右发现该机在武汉市汉阳区永丰乡四台村附近坠毁，机组4人、乘客38人全部遇难。事后经过调查，事故原因与低空风切变关系极大。

据统计，2007年1月～2009年12月，民航厦门气象部门共接到75起飞机遭遇低空风切变报告，其中50起为机载风切变设备告警，16起为轻度风切变，8起为中度风切变，1起为强风切变，总共造成14个航班复飞。

（3）飞机颠簸　飞机在飞行中遇到扰动气流，就会产生颤振、上下抛掷、左右摇晃、飞行员操纵困难、仪表不准等现象，这就是飞机颠簸。大气中空气的不规则的旋涡运动是造成飞机颠簸的直接原因，空气中气温在水平方向上分布不均、空气流过粗糙不平的地表或绕流障碍物、风切变、飞机飞行时产生的尾涡都会对飞行造成不同强度的颠簸。

颠簸对飞行安全的影响可以分为以下三个方面。

其一，颠簸使飞机操纵困难，甚至使飞行员失去对飞机的控制。颠簸使飞机的飞行状态和空气动力性能发生较明显的不规则的变化，从而失去飞机的稳定性。某些仪表的误差在颠簸中被加大，甚至失常，飞行员因此失去对飞机飞行状态的判断，造成操纵困难。

其二，强烈颠簸会损害飞机结构，使飞机部件受到损害，严重时造成无法估量的损失。在颠簸状态中飞行，飞机的阻力增大，加大飞机燃料的消耗，航程和飞行时间相应减少。高空飞行时，强烈颠簸甚至会减少飞机发动机的进气量，进而造成燃烧室熄火、发动机空中停车。

其三，颠簸还会造成飞行人员和乘客的紧张和疲劳，强烈颠簸会使飞机的高度在几秒内突然上升或下降数十米至数百米，严重危及飞行安全。

飞机颠簸大事记

2008年7月4日，上海航空股份有限公司（简称上航）由上海飞往北京的FM9105航班因北京雷雨天气备降天津滨海机场。在备降过程中，下降至3300米左右时，突然遭遇强颠簸，造成8名乘务员和14名乘客受伤。

2011年8月18日，四川航空股份有限公司（简称川航）3U8637航班从重庆飞往九寨沟途中，突遇强气流致飞机发生颠簸，2名旅客与2名正在工作中的乘务员受到轻微擦伤，飞机返航降落至重庆机场。

2011年9月，一架港龙航空客机从中国香港起飞前往泰国普吉岛时，途中遇上气流。当时机组发出系好安全带指示。飞机受气流冲击如坐过山车般急升急坠，3名空姐由于照顾旅客，撞伤手脚和背部。

> 2012年1月，澳大利亚航空公司一架空中客车A380飞机在执行从伦敦途经新加坡飞往悉尼航班任务的途中发生剧烈颠簸，导致7名乘客受伤。
> 2012年5月，中国南方航空集团有限公司（简称南航）一架由广州飞往上海的B777客机，在起飞约半小时后遭遇"晴空颠簸"，导致11人受伤。

（4）雷暴　雷暴一般是由对流旺盛的积雨云组成，同时伴有阵雨、大风、闪电、雷鸣，有时还出现冰雹、龙卷风等中小尺度对流天气系统。

在雷暴活动区飞行比较危险，可能会遭遇到非常恶劣的飞行环境，例如强烈的颠簸、积冰、闪电、阵雨、恶劣能见度、冰雹、低空风切变等。在飞行过程中，应尽量避免进入雷暴云中，可以选择从雷暴云两侧绕过，在云上或云下通过。目前很多飞机上都配备了气象雷达，可以通过彩色显示屏观察飞机飞行方向区域中的降雨区、冰雹区等强对流天气区域，在显示屏上，大雨用红色来表示，雷暴中的湍流区和冰雹区用紫色来表示。因此，飞行员可以有效地通过机载气象雷达来回避雷暴，选择更为安全的航路进行飞行。

4.2　飞机的飞行过程

飞机要完成一次飞行任务要经过滑行与起飞、爬升、巡航、下降、进近和着陆几个阶段（图4-3）。

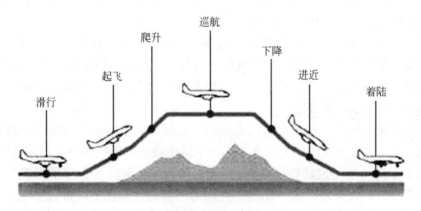

图4-3　飞行过程

（1）滑行与起飞阶段

① 滑行　飞机停放时放置轮挡。飞机在地面停放后，在机轮下都放置轮挡，防止飞机运动，当飞机启动发动机准备运动时，地面人员撤去轮挡。从这个时候起计算飞机的运行时间，称为轮挡时间，计算的耗油量称为轮挡油耗。飞机由机坪启动，经滑行道到达跑道端准备起飞。在滑行阶段，飞机要按照地面的交通要求来运行，滑行阶段是飞机重量最大的时刻，也是驾驶员做起飞前各种准备和检查的时刻。

② 起飞　由飞机在跑道端松开刹车开始，到飞机离开地面达到规定的高度（一般规定为450米）。这一段时间是驾驶员最为繁忙、操作最复杂的阶段，也是飞行事故最多的阶段之一。飞机以最大功率在跑道上滑跑，开始时速度不大，方向舵不起作用，驾驶员控制前

轮方向来保持飞机的直线运动。当飞机速度超过每小时80千米时，驾驶员改成用驾驶杆控制方向舵来保持飞机的方向，飞机达到决断速度v_1之前，驾驶员手不离油门杆，v_1是在飞机设计制造时经计算决定的，它表示当达到这个速度之后，飞机的刹车能力不能保证飞机在跑道长度内中止运动，如果这时中断起飞，必然会冲出跑道造成事故。因而在速度低于v_1时，驾驶员可以随时切断油门中止起飞，当大于v_1时，驾驶员不能中断起飞，只能继续加速，不管有什么故障在飞机起飞后再决定如何处理。飞机继续加速，当机翼的升力较飞机重力略大时，驾驶员拉杆向后，飞机绕横轴转动，抬起机头，前轮离地，这时的速度称为抬前轮速度，这时飞机升空离开地面，起飞的第一个阶段——滑跑阶段完成。第二个阶段是加速爬升阶段，它的第一段是飞机离开地面50英尺[中国规定安全高度为25米，英、美等国规定为15.24米（50英尺）或10.7米（35英尺）]并达到起飞安全速度，这表示飞机已经脱离了地面的制约，可以安全地继续升高。从这点开始，飞机继续爬升达到规定高度，起飞阶段结束。从跑道端到完成起飞过程飞机经过的水平距离称为起飞距离，起飞距离越短越好，这个距离的长短取决于发动机的推力的大小、增升装置（襟翼、缝翼）的性能，同时也和海拔高度及地面温度有关。

（2）爬升阶段　由起飞阶段终止高度到爬升至巡航高度的阶段称为爬升阶段。达到巡航高度有两种方式：一种是连续爬升，以固定的爬升角度持续爬升到预定高度，这种方式的好处是爬升时间短，对地面噪声影响小，但发动机所需功率大，燃料消耗大；另一种是阶梯式爬升，飞机升到一定高度后平飞增加速度，然后再爬升到第二高度再平飞，经几次平飞、爬升后达到预定高度。由于飞机的升力随速度增高而增加，同时飞行中不断消耗燃料，飞机重量减轻，这样爬升可以节约很多燃料。

（3）巡航阶段　飞机飞行的大部分时间都处于这一阶段，在这一阶段飞机保持一个适合的飞行高度，保持水平匀速飞行状态做稳定飞行。这时的飞行速度选择在最经济的速度，称为巡航速度，飞行的高度称为巡航高度。如果没有太大的天气变化，飞机几乎不需要操纵，这一阶段的飞行事故率最低。

（4）下降阶段　在降落前半小时或更短的飞行距离时，驾驶员开始逐渐降低高度到达机场的空域上空。根据飞机的动力状态不同，下降阶段分为零拉力下降（闭油门）、正拉力下降和负拉力下降（使用发动机反推）。在正常飞行中，下降过程都采用正拉力下降的方式，但飞行员要时刻做好发动机停车后丧失动力的准备，即在下降过程中可能被迫选择零拉力下降。采用负拉力下降的情况很少见。

下降与上升的状态不同，为了保证飞机下降状态的平稳与安全，通常选择下降角和下降率最小、下降时前进的水平距离最长的下降方式。

（5）进近和着陆阶段　进近又称进场，是指飞机在距机场一定距离上，从指定的定位信标上空，在地面管制员的引导和指挥下按规定路线减速，下降高度，对准跑道的过程。

通常，当高度到600米以下，飞机放下襟翼，放下起落架，对准跑道后从离地高度50英尺（15.24米）开始到接地，直到飞机的速度为零，安全停止，称为着陆。一般情况下，着陆距离是指从飞机最后进近到50英尺（15.24米）高度开始到飞机在跑道上接地的水平距离。

在着陆过程中，当飞机下降到离地7～8米时，驾驶员使飞机拉平，与地面平行地接地，这一段称为平飘。飞机的两个主轮平衡落地，这时前轮仍然离地，以一定迎角滑跑一段距离以增加阻力，然后驾驶员前推驾驶杆使前轮着地，这时飞机开始使用刹车和反推装置或反桨使飞机尽快降低速度，然后滑出跑道，进入滑行道，驶向机坪。

4.3 飞行原理

飞机飞行时机翼上产生的升力，支持飞机在空中持续飞行。升力是空气动力的一部分，空气动力是物体在空中因与空气相对运动而在物体上产生的力。

4.3.1 流体定理

飞机是重于空气的飞行器，当飞机在空中飞行时，就会有作用于飞机的空气动力，飞机就是靠空气动力升空飞行的。在了解飞机升力和阻力的产生原因之前，需认识空气流动的特性，即空气流动的基本规律。流动的空气就是气流（一种流体），这里引入两个流体定理：连续性定理和伯努利定理。

（1）连续性定理　质量守恒定律是自然界的基本定律之一。它说明物质既不会消失，也不会凭空增加。质量守恒定律如果应用于流体的流动上，就可以得出这样的结论：当流体连续不断而稳定地流过一个粗细不等的管道时，由于管道中任何一部分的流体都不能中断或挤压起来，因此在同一时间，流进任一切面的流体的质量和从另一切面流出的流体质量是相等的。

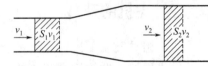

根据流线的性质，当流体以稳定的流速在管道中流动时，在管道细（剖面面积小）的地方，就流得快一些，在管道粗（剖面面积大）的地方，就流得慢一些，

图4-4　流速与管道剖面的关系

即流体流速的快慢与管道剖面（管道截面面积）的大小成反比。流体流动速度的快慢，可用流管中流线的疏密程度表示：流线密的地方，表示流管细，流体流速快；反之就慢。也可用压强表示：流速大、静压强小；流速小、静压强大（图4-4）。

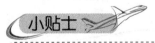

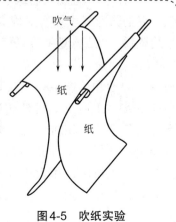

吹纸实验

当向两张纸中间吹气，两张纸不是彼此分开，而是互相靠拢（图4-5），说明两张纸中间的空气流速加快，压力降低。两张纸中间的空气压力小于纸表的大气压力，于是在压力差作用下，两张纸靠拢。

图4-5　吹纸实验

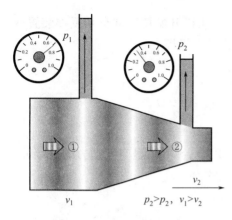

图4-6 流速与压强的关系

（2）伯努利定理 伯努利定理是描述流体在流动过程中压力和流速之间的关系，它是研究气流特性和在飞行器上产生空气动力的物理原因及其变化的基本定理之一。

大气的流动速度与压强之间的关系，可用实验进行说明（图4-6）。试验管管径是前宽后窄，它与压力计的各玻璃细管相连通。当大气静止时，在试验管的各个截面上的大气压强相同，都等于大气压强，所以在玻璃管道中的压强指示剂的液面高度相同；但当大气稳定地、连续地流过试验管道时，情况就不太一样了。观察测压管中指示剂的液面高度发现：液面的高度发生变化，管道直径小的地方指示剂液面比管道直径大的地方指示剂液面低。这一事实说明，流速大的地方气体压强小；流速小的地方气体压强大。流体压强随流速变化的这一关系称为伯努利定理。

流体连续性定理和伯努利定理是空气动力学中两个最基本的定理，说明了流管截面积、气流速度和压力三者之间的关系。即流管变细的地方，流速大，压力小；反之，流管变粗的地方，流速小，压力大。

4.3.2 飞机的升力

（1）相对气流 相对气流是空气相对于物体的流动，相对气流的方向与物体运动方向相反，飞机的相对气流是空气相对于飞机的运动，因此，飞机的相对气流方向与飞行速度相反。只要相对气流速度相同，产生的空气动力也就相同。

（2）翼剖面形状 飞机上的大部分升力是由飞机大翼产生的。为了简化问题，可以使用翼型来代表机翼研究它的升力。翼型就是把机翼沿平行机身纵轴方向切下的剖面。机翼的翼型是流线型的，上表面弯度大，下表面弯度小或是平面。

翼剖面最前端的一点叫前缘，最后端的一点叫后缘，翼型前缘与后缘之间的连线称为翼弦。翼剖面形式主要有对称翼型、双凸翼型、平凸翼型、凹凸翼型和S形翼型（图4-7）。

（3）迎角 相对气流方向与翼弦之间的夹角称为迎角（图4-8）。相对气流方向指向翼弦下方为正迎角；相对气流方向指向翼弦上方为负迎角；相对气流方向与翼弦平行为零迎角。飞行中飞行员可通过前后移动驾驶杆来改变飞机的迎角大小或正负，飞行中经常使用的是正迎角，飞行状态不同，迎角的大小一般也不同。在水平飞行时，飞行员可

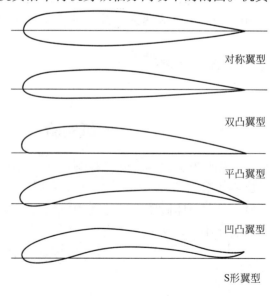

图4-7 各种翼剖面形式

以根据机头的高低来判断迎角的大小：机头高，迎角大；机头低，迎角小。

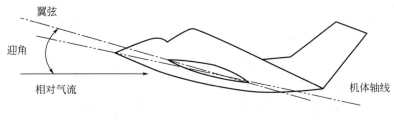

图4-8 迎角

临界迎角是当升力系数最大时对应的迎角。临界迎角是一个非常重要的空气动力性能参数，它决定飞机的失速特性。超过临界迎角，升力系数突然下降，飞机进入失速而不能保持正常的飞行状态。

有利迎角（最小阻力迎角）是升阻比最大时对应的迎角。以有利迎角平飞，飞机的阻力最小。升阻比是同迎角下飞机升力系数与阻力系数之比。

（4）机翼上的升力　飞机能飞起来靠的是机翼产生的升力。沿着飞机机身纵轴平行的方向剖机翼一刀，所剖开来的剖面形状通常也称"翼剖面"。最常见的翼剖面就是前端圆钝、后端尖锐、上边较弯、下边较平，上下不对称，很像一条去掉尾巴的鱼的形状。这样飞机向前滑行时，根据连续性定理和伯努利定理，气流经过上翼面，气流受挤流速加快，压力减小；而流过下翼面时气流受阻力影响流速缓慢，压力大。于是，这个压力差便形成了一种向上的升力（图4-9）。当这个升力大于飞机的重量时，飞机就飞起来了。

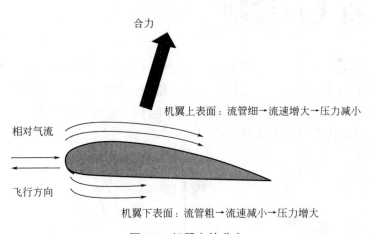

图4-9 机翼上的升力

机翼升力的产生

机翼的形状十分特殊，上表面是凸面，下表面是平面。当空气流过机翼时，气流流经上、下翼面便产生压力差，从而产生升力。（扫码获取视频，学习更多内容）

4.3.3 飞机的作用力

飞机的主要作用力有四个：升力、重力、推力和阻力（图4-10）。升力克服重力，推力克服阻力，使飞机能在空中飞行。

升力主要源于机翼，与机翼面积和仰角及飞行速度正相关。

重力由飞机重量大小决定。

阻力和升力一样属于空气动力范畴，都是由飞机和空气的相对运动形成的，且同时产生，包括摩擦阻力、压差阻力、诱导阻力、干扰阻力等。

推力由发动机提供，理想状态是推力尽可能大，重力尽可能小。

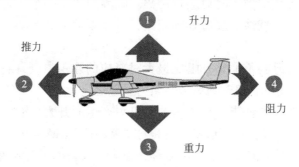

图4-10　飞机上的作用力

4.4　飞机飞行控制

（1）飞机的平衡　飞机在空中的运动和在地面上车辆的运动不同，分析飞机的运动状态应从三个轴线上着手，分别研究飞机沿着每个轴线方向的运动和围绕着三个轴线的转动。这样的三个轴线被称为飞机的机体坐标轴系（图4-11），轴线间彼此相互垂直，共同通过飞机的重心，并以重心作为飞机的原点。

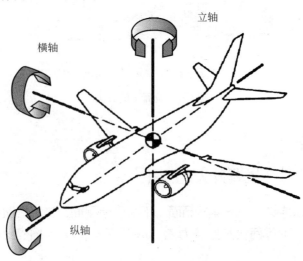

图4-11　飞机的机体坐标轴系

机体坐标轴系中的三个轴线分别为纵轴、立轴和横轴。其中纵轴通过飞机重心，在飞机的左右对称面内，机头方向为正方向，飞机能围绕纵轴所做的运动叫作滚转运动；立轴通过飞机重心，在飞机的左右对称面内，与纵轴垂直，座舱上方为正方向，飞机围绕立轴所做的运动叫作偏航运动；横轴通过飞机重心，垂直于由立轴和纵轴组成的飞机左右对称面，指向右翼方向为正，飞机围绕横轴所做的运动叫作俯仰运动。

飞机的平衡主要表现为作用在飞机上的外力平衡和力矩平衡。

飞机的外力处于平衡状态时，飞机的运动表现为匀速直线运动，例如飞机在平飞时，作用在飞机上的各种力即处于平衡状态，升力平衡重力，推力平衡阻力。如果这种平衡被打破，飞机就无法继续保持平衡。若飞机的升力大于重力，推力等于阻力，飞机便会改变平飞状态转而进入上升飞行，而此时飞机的姿态变化，阻力增加，推力便无法继续平衡阻力，导致飞行速度下降。

飞机在稳定上升和稳定下降时，也处于外力平衡的状态。在上升时，飞机的重力可按照上升角 $\theta_上$ 被分解为两个分力。升力用于平衡重力的一个分力 $W\cos\theta_上$，使飞机轨迹保持直线；另一个分力 $W\sin\theta_上$ 和阻力作用方向相同，充当飞机上升时的一部分阻力，所以在上升时只有增加发动机的推力，才可以平衡阻力，保持匀速飞行的状态（图4-12）。在下降时，飞机的重力按照下降角度 $\theta_下$ 被分解为两个分力。飞机升力平衡重力的一个分力 $W\cos\theta_下$，使飞机轨迹保持直线；另一个分力 $W\sin\theta_下$ 与飞机推力方向相同，与推力共同克服飞机阻力，保持飞机匀速飞行（图4-13）。作用在飞机上的力矩平衡时，飞机的姿态将保持不变。飞机上的力矩是由飞机上的外力相对于飞机的重心产生的。例如机翼上的升力对飞机重心构成使飞机做低头运动的下俯力矩，而飞机平尾上产生的负升力（相对气流作用在平尾上的迎角为负，产生的升力方向向下，称为负升力，机翼上的升力方向向上，称为正升力）对飞机重心构成使飞机抬头的上仰力矩（图4-14）。若这两种力矩大小相等、方向相反，则飞机将出现俯仰平衡的状态，即飞机不会围绕横轴转动；反之，如果飞机的俯仰平衡状态被打破，飞机将会围绕横轴发生转动，迎角随之变化。如果飞机的方向平衡被打破，飞机将会围绕立轴发生转动，出现侧滑角的变化。如果飞机的横侧平衡被打破，飞机将会围绕纵轴发生转动，出现坡度的变化。

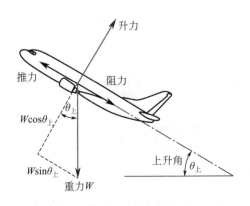

图4-12 飞机稳定上升时的作用力

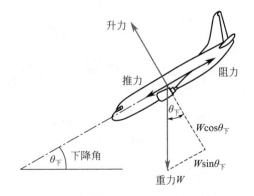

图4-13 飞机稳定下降时的作用力

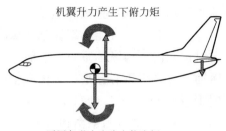

图 4-14　机翼和尾翼上产生的俯仰力矩

影响飞机平衡状态的因素有很多。如发动机的推力作用线不通过飞机重心，那么在加减油门变化发动机推力时就会对重心构成俯仰力矩；使用襟翼增加升力的同时，将升力作用点后移，增加机翼产生的下俯力矩；一边机翼变形导致两翼阻力不相等，出现额外的偏航力矩，改变飞机的侧滑角。

（2）飞机的稳定性　在飞行中，飞机的飞行状态经常会受到各种各样的扰动影响（如阵风、发动机工作不均衡、舵面的偶然偏转等），在扰动的影响下，飞机将偏离原来的飞行状态。飞机若能自动地将偏离修复，恢复到原有的平衡状态，而不需要人为修正，则称飞机是稳定的，或飞机具有稳定性。稳定性通常也被称为安定性。

飞机的稳定性是飞机本身具备的一种特性，但飞机在一定条件下具备稳定性，在另一些条件下，飞机的稳定性可能被减弱，甚至由稳定变为不稳定。飞机的稳定性和操纵性之间也有着密切的联系。一般来说，大型飞机和民用客机的稳定性要求相对较高。

若飞机的平衡被外力或力矩破坏，改变了迎角、侧滑角或坡度，飞机能够自动地恢复到原本的平衡状态，飞机即是稳定的；若干扰之后，飞机在新的位置处保持平衡，则飞机是中立稳定的；若干扰之后，飞机不但不能恢复平衡，而且继续偏离原来状态，则是不稳定的。

① 飞机的俯仰稳定性　飞机绕横轴的稳定性叫作俯仰稳定性，也称纵向稳定性。如图4-15所示，在平衡飞行状态中，飞机受到阵风等扰动的影响，使得飞机机头瞬间上抬，俯仰平衡状态被破坏，机翼和平尾等处的迎角均变大。平尾处迎角增加，升力随之提高，对飞机构成额外的下俯力矩，飞机便会在此力矩作用下产生回到原有迎角的趋势。在经过一段时间的摆动之后，飞机最终自动恢复到原飞行迎角。

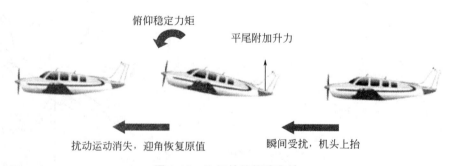

图 4-15　飞机的俯仰稳定性

② 飞机的方向稳定性　飞机围绕立轴的稳定性叫作方向稳定性。在有些情况下，飞机的纵轴和飞行方向不一致，这样的飞行状态被称为侧滑，纵轴和飞行方向（即相对气流方

向）间的夹角叫作侧滑角。侧滑状态与汽车漂移时的情况类似，是机头指向（或车头指向）和运动方向不一致的状态（图4-16）。

飞机的方向稳定性主要在垂尾上产生。在飞机受到扰动后，方向平衡被破坏，飞机的侧滑角发生变化。若飞机受扰产生左侧滑，相对气流直接作用在垂尾的左侧，产生向右的侧力。该侧力作用对前方的飞机重心构成使飞机机头向左偏航的方向稳定力矩（图4-17）。在稳定力矩的作用下，经过一段时间的左右摆动，飞机机头又重新与相对气流方向重合，侧滑消失。垂尾面积对方向稳定性的影响较为可观，所以为了增强飞机的方向稳定性，有些机型的垂尾做得很大，有些飞机还具有双垂尾。另外，在飞机机身下方安装腹鳍、机身上方安装背鳍都有增加垂尾面积的效果，可以增强飞机的方向稳定性。

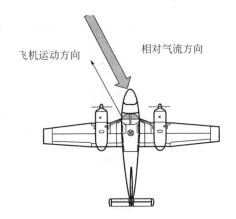

图4-16 飞机侧滑时的飞行状态

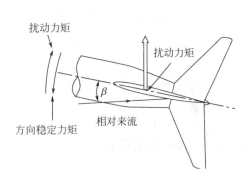

图4-17 方向稳定性在垂尾发生

③ 飞机的横侧稳定性　飞机围绕纵轴的稳定性叫作横侧稳定性。横侧稳定性能够帮助飞机在受到扰动后自动修复坡度的变化。横侧稳定力矩主要是在机翼的上反角、后掠翼和高垂尾处产生的。

飞机在受到扰动影响后出现了坡度的变化，导致两侧机翼高度不同。飞机受扰产生左坡度，升力作用线便向左倾斜，与飞机重力形成侧向合力。在此侧力的影响下，飞机出现左侧滑（图4-18）。

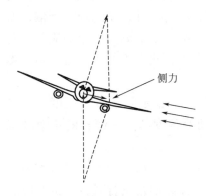

图4-18 坡度变化导致飞机出现侧滑

图4-19 飞机的上反角产生横侧稳定力矩

在具有上反角机翼的飞机产生左坡度而出现左侧滑后，两翼的迎角值会发生相应的变化。左侧机翼的迎角大于右侧机翼的迎角，使得左侧机翼升力大于右侧机翼的升力，两翼升力差对飞机重心构成横侧稳定力矩，使飞机自动恢复到原有坡度。

流过后掠机翼的相对气流在垂直于机翼前缘方向的分速度称为有效分速，后掠翼上形成升力、阻力的多少直接受到有效分速大小的影响，而不是相对气流的速度。在后掠翼飞机产生左坡度而出现左侧滑后，两翼各自气流的有效分速将会出现一定的差异。左侧机翼的有效分速大于右侧机翼，使得左侧机翼的升力大于右侧机翼，同样，在升力差的影响下形成横侧稳定力矩，使飞机自动恢复到原有坡度（图4-19）。

另外，机翼的上单翼结构布局和高垂直尾翼都会在飞机受扰产生坡度后，形成横侧稳定力矩。

（3）飞机的操纵性　飞机的操纵性是指飞机在飞行员操作升降舵、方向舵和副翼时改变其飞行状态的性能。具体包括飞机的俯仰操纵性、飞机的方向操纵性和飞机的横侧操纵性。

① 飞机的俯仰操纵性　飞机的俯仰操纵性是指飞行员操纵驾驶盘偏转升降舵后，飞机绕横轴转动而改变其迎角等飞行状态的特性。以直线飞行中增加迎角为例，飞行员向后拉驾驶杆，使得平尾升降舵向上偏转一个角度，在升降舵上产生一个向下的附加气动力，该气动力对前方的飞机重心构成使机头上仰的俯仰操纵力矩，飞机迎角随之变大。反之，向前推驾驶杆，飞机迎角减小。

直线飞行中，驾驶杆前后的每一个位置（或升降舵偏角）对应着一个迎角。驾驶杆位置越靠后，升降舵上偏角越大，对应的迎角也越大。反之，驾驶杆位置越靠前，升降舵下偏角越大，对应的迎角也越小。

② 飞机的方向操纵性　飞机的方向操纵性是指飞行员操纵方向舵以后，飞机绕立轴偏转而改变其侧滑角等飞行状态的特性。飞行员踩左踏板使方向舵向左偏转一个角度，在垂尾上产生一个向右的侧力，对前方的重心构成一个迫使机头左偏的方向操纵力矩。在机头左偏的过程中，飞机便出现了右侧滑。

在方向操纵中，直线飞行时的每一个脚蹬位置对应着一个侧滑角，蹬左舵，飞机产生右侧滑；蹬右舵，飞机产生左侧滑。

③ 飞机的横侧操纵性　飞机的横侧操纵性是指飞行员操纵副翼以后，飞机绕纵轴转动而改变其滚转角速度、坡度等飞行状态的特性。飞行员向右压驾驶杆，左侧副翼下偏，增加这一侧机翼的弯度，左侧机翼升力增大；右侧副翼上偏，破坏了上翼面气流的流动，右侧机翼升力减小。两翼的升力差对飞机重心构成横侧操纵力矩，使飞机加速向右滚转，飞机坡度进而发生改变。

在横侧操纵中，驾驶杆左右摆动的每个位置都对应着一个稳定的滚转角速度。压左杆，飞机左滚转；压右杆，飞机右滚转。驾驶杆左右摆动的角度越大，滚转的角速度就越大。

飞机的操纵性并不是一成不变的，它受到很多因素的制约，包括由于人员移动和燃油消耗导致重心位置的前后移动、飞行速度和高度的变化等。在大迎角飞行时，飞机的横侧操纵性会变差，甚至会出现横侧反操纵的现象。

? 章节自测

1. 选择题

（1）飞机在（　　）时，处于平衡状态。
　　A. 升力与重力相等　　　　　　B. 各种合力为零
　　C. 阻力与推力相等　　　　　　D. 升力与阻力相等

（2）在飞机的机体轴系中，空中飞机俯仰平衡的是（　　）。
　　A. 横轴　　　　B. 纵轴　　　　C. 立轴　　　　D. 横滚轴

（3）大气层中（　　）具有冷、暖、干、湿的分布不均的特征。
　　A. 对流层　　　B. 平流层　　　C. 热层　　　　D. 中间层

（4）飞机获得的升力主要来源于（　　）。
　　A. 尾翼　　　　B. 发动机　　　C. 机翼　　　　D. 辅助动力装置

（5）流体在管道中以稳定的流速流动时，当管道由细变粗，（　　）
　　A. 流速变快　　　　　　　　　B. 流速变慢
　　C. 流速不变　　　　　　　　　D. 流速可能变快，也可能变慢

（6）飞机围绕立轴的转动称为（　　）。
　　A. 滚转（横滚）　B. 方向偏转　C. 俯仰运动　　D. 无转动

（7）飞机达到预定高度后，按照预定航线，保持水平等速飞行状态称为（　　）。
　　A. 爬升阶段　　B. 起飞阶段　　C. 巡航阶段　　D. 下降阶段

2. 填空题

（1）在航空中，根据飞机运动相对于风矢量之间的关系，将低空风切变分为_____、_____、_____、_____。

（2）综合气流连续性定理和伯努利定理，可以得出结论：流管细的地方，流速_____，压力_____；流管粗的地方，流速_____，压力_____。

（3）飞机的稳定性具体包括飞机的_____、_____、_____。

（4）飞机受到的作用力包括升力、_____、_____和重力。

（5）以气温变化为基础，则可将整个大气分为_____、_____、_____、_____、_____。

（6）现代民航客机爬升有两种方式，即_____和_____。

3. 简答题

（1）简要分析飞机飞行的基本原理。
（2）简要分析飞机的平衡性与稳定性和操纵性之间的关系。
（3）简要说明飞机的飞行过程。
（4）简要分析适合飞机飞行的大气环境。

第 5 章

空中交通管理

"英雄机长"刘传建

2018年5月14日,四川航空公司3U8633航班在成都区域巡航阶段,驾驶舱右座前挡风玻璃破裂脱落,在飞机出现故障后,机长十分沉着冷静地与空中交通管制人员(ATC)进行联系,申请下降高度和返航,随后机组和ATC失去联系……之后ATC启用紧急频道121.5兆赫,和空中其他机组一起呼叫3U8633航班。

而在驾驶舱失压、气温迅速降到零下40多摄氏度(监测显示,当时飞机飞行高度为32000英尺,气温应该为零下40摄氏度左右)、仪器多数失灵的情况下,机长刘传建凭着过硬的飞行技术和良好的心理素质,在民航各保障单位密切配合下,机组正确处置,飞机于2018年5月14日7:46安全备降成都双流机场,所有乘客平安落地,有序下机并得到妥善安排。

 学习目标

> 知识目标
> - 理解空中交通管理的任务及机构组成。
> - 理解空中飞行的间隔标准。
> - 理解机场管制服务、进近管制、区域管制、程序管制和雷达管制的基本规定。
> - 理解航图、航行资料和航空气象服务。
> - 理解空域规划管理、空中交通流量管理、新航行系统的组成和特点。

> **能力目标**
> - 能运用所学知识分析空中交通管制、空域规划和空中交通流量管理对民航运输的重大意义。
>
> **素质目标**
> - 树立民航安全第一的高度意识。
> - 树立统筹全局的发展理念。

5.1 空中交通管理概述

5.1.1 民航空中交通管理的构成及其任务

民航空中交通管理（图5-1）是空中交通服务（Air Traffic Service，ATS）、空中交通流量管理（Air Traffic Flow Management，ATFM）和空域管理（Air Space Management，ASM）的总称，是国家实施空域管理，保障飞行安全，实现航空高效运输的有序运行，乃至捍卫国家空域权益的核心系统。

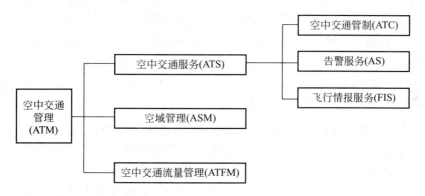

图5-1 空中交通管理的构成

中国民用航空局在相应规章中对这三个部分的基本任务做了明确的规定。

① 空中交通服务（包括空中交通管制服务、飞行情报服务和告警服务）的任务是防止航空器与航空器相撞及在机动区内航空器与障碍物相撞，维护和加快空中交通的有序流动；通过提供及时、准确、完整的民用航空活动所需的航空情报来保障空中航行的安全、正常和效率。此外，当航空器出现紧急情况时，向有关组织发出需要搜寻援救航空器的通知，并根据需要协助该组织或协调该项工作的进行。

② 空中交通流量管理的任务是在空中交通流量接近或达到空中交通管制可用能力时，适时地进行调整，保证空中交通流量最佳地流入或通过相应区域，尽可能提高机场、空域可用容量的利用率。

③ 空域管理的任务是依据既定空域结构条件，实现对空域的充分利用，尽可能满足经营人对空域的需求。

由上可见，空中交通服务的着眼点是对现有的民航飞行活动予以引导和管理，流量管理则是保障空中交通的通畅和高效率，而空域管理的管理重点是如何有效利用空域。虽然空中交通管理的三个部分管理范畴不同，但无论是哪一部分，它的功能都是确保飞行活动，乃至整个航空系统安全和高效地运行。

空中交通管理的职责和任务

空中交通管理（ATM）是指利用通信、导航、监视以及航空情报、气象服务等运行保障系统对空中交通和航路、航线地带和民用机场区域进行动态和一体化管理的总称。（扫码获取视频，学习更多内容）

5.1.2 空中交通管制体制和运行组织结构

就全国来说，空中交通管理实行"统一管制、分别指挥"的体制，即在国务院、中央军委空中交通管制委员会的领导下，由空军负责实施全国的飞行管制，军用飞机由空军和海军航空兵实施指挥，民用飞行和外航飞行由民航实施指挥。就民航内部来说，空管系统实行"分级管理"的体制，即中国民用航空局空中交通管理局（以下简称民航局空管局）、地区空管局、空管分局（站）三级管理（图5-2）。民航局空管局领导管理民航七大地区空管局及其下属的民航各空管单位，驻省会城市（直辖市）民航空管单位简称空中交通管理分局（空管分局），其余民航空管单位均简称为空中交通管理站（空管站）。民航局空管局是民航局管理全国空中交通服务，民用航空通信、导航、监视、航空气象、航行情报的职能机构。民航各级管制部门按照民航管制区域的划分，对在本区域内飞行的航空器实施管制。

空中交通管制单位包括空中交通服务报告室、塔台管制室、进近管制室、区域管制室、民航局空管局总调度室等。

（1）空中交通服务报告室　空中交通服务报告室负责审理进离本机场的航空器飞行预报，申报飞行计划，办理航空器离场手续，向有关单位和管制室通报飞行预报和动态。

（2）塔台管制室　塔台管制室负责提供塔台管制区域内航空器的开车、滑行、起飞、着陆和与其有关的机动飞行的管制服务。管制范围包括起落航线与最后进近定位点以后的空间及机场活动区。

（3）进近管制室　进近管制室负责数个或一个机场的航空器进、离场的管制工作。

（4）区域管制室　区域管制室负责向本

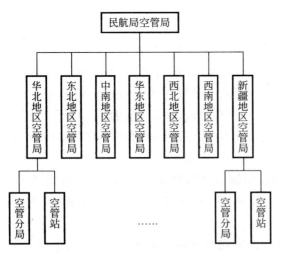

图5-2　民航空管系统组织结构

管制区内受管制的航空器提供空中交通管制服务，负责管制并向有关单位通报飞行申请和动态。

（5）民航局空管局总调度室　民航局空管局总调度室负责监督、检查全国范围内跨地区高空干线、国际航线的飞行以及外国航空器在中国境内的飞行，控制全国的飞行流量，组织承办和掌握专机飞行，处理特殊情况下的飞行。

5.1.3　飞行间隔标准

飞行间隔是指为了防止飞行冲突，保证飞行安全，提高飞行空间和时间利用率所规定的航空器之间应当保持的最小安全距离。飞行间隔包括垂直间隔和水平间隔。水平间隔分为纵向间隔和横向间隔。

机长必须按照规定的飞行间隔飞行，需要改变时，应当经飞行管制部门许可。

（1）垂直间隔　垂直间隔用高度层区分，称为高度层间隔。

① 巡航高度层　航空器进入航线和在航线飞行时，应当按照以下所配备的巡航高度飞行。

a.真航线角在0～179度范围内的，高度为900～8100米，每隔600米为一个高度层；高度为8900～12500米，每隔600米为一个高度层；高度在12500米以上，每隔1200米为一个高度层。

b.真航线角在180～359度范围内的，高度为600～8400米，每隔600米为一个高度层；高度为9200～12200米，每隔600米为一个高度层；高度在13100米以上，每隔1200米为一个高度层。

c.飞行高度层应当根据标准大气压条件下假定海平面计算。真航线角应当从航线起点和转弯点量取。

② 选择巡航高度层应考虑的因素

a.航路、航线飞行或者转场飞行的航空器，在航路中心线、航线两侧各25千米以内的最高标高不超过100米，大气压力不低于1000百帕（750毫米汞柱）的，允许在600米的高度层内飞行；当最高标高超过100米，大气压力低于1000百帕的，飞行最低的高度层必须相应提高，保证飞行的真实高度不低于安全高度。

b.飞行高度层应当根据飞行任务的性质、航空器性能、飞行区域以及航线的地形、天气和飞行情况等配备。

c.在同一条航路、航线有数架航空器同时飞行并且互有影响的，应当分别将每架航空器配备在不同的高度层内；不能配备在不同高度层的，可以允许数架航空器在同一条航路、航线、同一高度层内飞行，但是各架航空器之间应当保持规定的纵向间隔。

③ 非巡航高度层

a.等待空域的飞行高度层配备　等待空域的最低高度层，距离地面最高障碍物的真实高度不得小于600米。8400米以下，每隔300米为一个等待高度层；8400～8900米，每隔500米为一个等待高度层；8900～12500米，每隔300米为一个等待高度层；12500米以上，每隔600米为一个等待高度层。

b.飞行的安全高度　飞行的安全高度是避免航空器与地面障碍物相撞的最低飞行高度。

航路、航线飞行或者转场飞行的安全高度，在高原和山区应当高出航路中心线、航线两侧各25千米以内最高标高600米；在其他地区应当高出航路中心线、航线两侧各25千米以内最高标高400米。航空器上一般装有无线电高度表和气压高度表，无线电高度表用于确定航空器距离地面的实际高度，气压高度表用于确定航空器距离海平面的距离。

（2）水平间隔 水平间隔包括纵向间隔和侧向间隔。

① 纵向间隔 纵向间隔的大小和使用的导航系统的精度有关。使用测距台时，航空器之间的最低纵向间隔标准应当符合如下规定。

在同一巡航高度层的航空器同航迹飞行，同时使用航路上的同一测距台测距时，航空器间最低间隔标准为60千米；前机真空速大于后机40千米/小时，航空器间最低间隔标准为40千米。

在同一巡航高度层的航空器在交叉航迹上飞行，同时使用位于航迹交叉点的测距台测距时，航空器间最低间隔标准为60千米；前机真空速大于后机速度40千米/小时，航空器间最低间隔标准为40千米。

航空器同时使用航路上的同一测距台测距，并且用同一时间的测距台读数建立间隔，当无垂直间隔时，其中一架航空器保持其高度层，另一架航空器在同一航迹上升或者下降，改变高度穿越被占用的高度层时，航空器之间的距离间隔不小于40千米。

逆向飞行的航空器同时使用航路上的同一测距台，经测距台定位，证实两架航空器确已相遇且相距20千米以上，可以允许航空器上升、下降或穿越另一航空器占用的高度。

② 侧向间隔 仪表飞行航空器的最低侧向间隔标准应当符合如下规定。

a.航空器穿越航路，应当经管制员同意。管制员应当将允许穿越的条件（航段、时间、高度）和飞行情报通知有关航空器；在穿越航路中心线时，保持在该高度上其他航空器不少于如下的时间间隔：穿越处无导航设备时，为15分钟；穿越处有导航设备且工作正常时，已飞越导航设备的航空器为10分钟，未飞越导航设备的航空器为15分钟。

b.航空器使用导航设备汇集或者分散飞行，相互穿越或者占用同一高度时，与导航设备的距离间隔规定如下：汇集飞行时，距离导航设备应当不小于100千米；分散飞行时，距离导航设备不小于50千米。

c.对于速度450千米/小时以下的航空器，航迹夹角小于90度时，过台后飞行时间不少于5分钟；航迹夹角不小于90度时，过台后飞行时间不小于3分钟。

d.航空器可以在不同的规定航路（航线）上顺向或逆向飞行，互不交叉穿越，但这些航路（航线）的宽度和保护空域不得互相重叠。

e.航空器可以在不同的定位点上空等待飞行，但这些等待航线空域和保护空域不得互相重叠。

5.2 空中交通服务

5.2.1 空中交通管制服务

空中交通管制是指利用通信、导航技术和监控手段对飞机飞行活动进行监视和控制，保证飞行安全和有秩序。飞行空中交通管制的目的是防止航空器与航空器相撞及在机动区内航空器与障碍物相撞，维护和加快空中交通的有序流动。由此确定了空中交通管制的任务包括以下几个方面。

① 为每架航空器提供其他航空器的即时信息和预定动态，即它们将要运动的方向和变化的情报。

② 根据收到的信息确定各架航空器彼此之间的相对位置。

③ 发出管制许可、使用许可和情报防止在其管制下的航空器相撞，加速和保障空中交通流动通畅。

④ 用管制许可来保证在控制空域内高效率的空中交通流动和各航班之间的足够间隔，从而保证飞行安全。

⑤ 从航空器的动态资料和发给航空器管制放行许可的记录来分析空中交通状况，从而对管制的方法和间隔的使用进行改进，提高空中交通的流量。

5.2.1.1 空中交通管制的分类

空中交通管制系统，按照管制范围的不同分为三个部分，即机场管制、进近管制和区域管制。

（1）机场管制　机场管制服务由机场管制塔台提供，因此管制员也称为塔台管制员。他们在塔台的高层，靠目视来管理飞机在机场上空和地面的运动。近年来，机场地面监视雷达的使用极大地提高了管制员的工作质量和效率。

为防止航空器在机场里的运行中相撞，机场管制服务的范围包括：

① 确保航空器在机场交通管制区的空中飞行；

② 确保航空器的起飞和降落的安全；

③ 确保航空器在机坪上的安全、顺序运动；

④ 防止飞机在运动中与地面车辆和地面障碍物的碰撞。

从上述任务来看，前两项是空中的，后两项是地面的，因而较大的机场塔台把任务分为两部分，分别由机场地面交通管制员和空中交通管制员负责。

① 机场地面交通管制员　主要任务是控制在跑道之外的机场地面上，包括滑行道、机坪上的所有航空器的运动。通常情况下，在繁忙机场的机坪上可能同时有几架飞机在运动，还有各种车辆、行人的移动。地面交通管制员负责给出飞机的发动机启动许可、进入滑行道的许可。而到达的飞机，当飞机滑出跑道进入滑行道后，由地面交通管制员安排飞机运行至停机坪或航站楼。

② 机场空中交通管制员　主要任务是负责飞机进入跑道上的运动和按目视飞行规则在机场控制的起落航线上飞行的交通管制。具体方式：给出起飞或着陆的许可和引导在起落航线上飞行的起飞和着陆的飞机，并安排飞机的起降顺序，安排合理的飞机放行间隔，以保证飞行安全。特别是在一条跑道既用于起飞又用于着陆的情况下，机场空中交通管制员要很好地安排起飞和着陆飞机之间的时间档次。

在不太繁忙的机场，通常只有一个塔台管制员负责整个机场从天空到地面的全部航空器的运动。

飞机在机场起飞和降落要按一定的航线飞行，这种飞行航线叫作起落航线。在目视气象条件下，飞机按照这种航线飞行，由塔台管制员控制。

（2）进近管制　进近管制是指对按仪表飞行规则飞行的航空器的起飞和着陆的管制。进近管制是塔台管制和航路管制的中间环节，这个阶段是事故的多发时段。因此，进近管制必须做好和塔台管制与航路管制的衔接，必要时还要分担他们的部分工作。进近管制要向航空器提供进近管制服务、飞行情报服务和防撞告警。由于进近管制的对象是按仪表飞行的飞机，因而进近管制员是依靠无线电通信和雷达设备来监控飞机的，不需要看到飞机。进近管制室一般设置在机场塔台下部，便于和塔台管制进行协调。

进近管制的范围称为进近管制区，它下接机场管制区，上接航路管制区。由于交接的需要，这几个区域之间可以是部分重叠的，范围大约在机场90千米半径之内、高度5000米以下。在这个区域内，飞机起飞离场进入航线，或是由下降离开航线转入进近，直至落地。进近管制要负责飞机的离场进入航线和进近着陆。

（3）区域管制　区域管制也称为航路管制。航空器在航线上的飞行由区域管制中心提供空中交通管制服务，每一个区域管制中心负责一定区域上空的航路、航线网的空中交通的管理。区域管制所提供的服务主要是6000米以上的在大范围内运行的航空器，这些航空器绝大多数是喷气式飞机。中国划分了21个高空管制区，目前正在按照行政大区建设10个大的高空管制中心，每个高空管制中心负责在整个区域内的空中交通管制。

区域管制员的任务是：根据飞机的飞行计划，批准飞机在其管区内的飞行，保证飞行的间隔，然后把飞机移交到相邻空域，或把到达目的地的飞机移交给进近管制。在繁忙的空域，区域管制中心把空域分成几个扇面，每个扇面只负责特定部分空域或特定的几条航路上的管制。区域管制员依靠空地通信、地面通信和远程雷达设备来确定飞机的位置，按照规定的程序调度飞机，保持飞行的间隔和顺序。区域管制中心一般都设在大城市附近，以便于保障繁忙的通信网络和复杂设备的使用。

5.2.1.2　空中交通管制方式

空中交通管制方式分为程序管制和雷达管制。

（1）程序管制　在雷达引入空中交通管制之前，管制主要是使用无线电通信按照规定的程序来完成的，因此称为程序管制。在雷达引入之后，管制员的感知能力和范围都有了提高，在间隔距离上、情报的传递上都有了很大的改进，但在管制的基本程序上并没有太大的变化，因而程序管制仍是整个空中交通管制的基础。

前面讲到的飞行规则、间隔标准以及通信的频率和语音的规定都是程序管制的基本依据，但在具体组织飞行时，程序管制员的基本信息和手段主要来自飞行计划和飞行进程单。

① 飞行计划　飞行计划是由航空器使用者（航空公司或驾驶员）在飞行前提交给空中交通服务当局的关于该次飞行的详细说明，主要用于空中交通服务单位根据批准的计划，对航空器提供管制、情报等服务，或万一出现航空器事故时，作为搜索和救援的基本依据。

飞行计划是国际通用的飞行文件，国际民航组织规定了统一的格式。其内容包括飞行规则[VFR（目视飞行规则）或IFR（仪表飞行规则）]、飞机的编号、飞机型号、真空速、起飞机场、起飞时间、巡航高度、速度、航路、目的机场、预计飞行时间、起飞油量、机长姓名等。

此外，有时还要求填写航空器的颜色和救生设备等作为补充内容。

飞行计划一般需要提前一天提交给起飞机场的空中交通管制部门，紧急情况下可在起飞前1小时交付。空中交通管制部门在考虑了空中交通的总体情况并对计划进行审核后，批准计划或与提交的人员协商做出修改后批准。在飞机起飞后，飞行计划由始发机场通过航空电信网发至各飞行情报中心、相关的区域管制中心和目的地机场的管制单位。飞机在飞行中，由于天气或事故改变飞行计划，要立即通知空管单位。飞机到达目的机场后，要立即向机场空管当局做出到达报告。这次飞行计划随之结束。

② 飞行进程单　各个管制单位收到飞行计划后，填写飞行进程单（图5-3），用于实行和记录程序管制的过程。

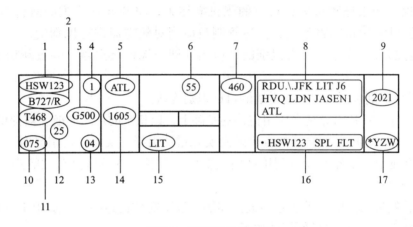

图5-3　飞行进程单样本

1—飞机呼号；2—飞机及设备型号；3—实际速度；4—原始飞行计划修正次数；5—事先定位，表示飞机原来的位置；6—飞机穿越此行程的协同定位预计所需时间；7—飞机飞行高度，用英尺来测量，将此数字乘以100即可得到高度；8—飞行路线，路线必须标出起飞机场和目标机场，在进入您的空域管制区前可以简写；9—分配给每架飞机的单独塔台代码；10—计算机生成的此管制区内识别号码；11—记录到档案的实际空速；12—扇区号，表示飞机在哪个扇区里面飞行；13—行程单数量，这趟飞行的行程单在这个中心的打印数量；14—飞机越过事先定位的时间；15—此行程的协同定位；16—备注栏（唯一可以添加信息的地方）；17—邻近的空中交通管制区的协同符号

在程序管制中，始发机场的塔台管制员的一项主要工作就是接收飞行进程单，并根据进程单给出飞行许可，然后按实际飞行情况填写进程单，再把这些情报发送出去。

以前，发送是依靠打电话和手抄写，现在则由飞行数据转发打印机自动将这些情报发送出去。区域管制中心根据飞行计划和驾驶员的报告位置及有关信息填写自己的飞行进程单，如发现间隔过小，要采取措施调配间隔。当飞机到达和离去时，填写飞行进程单后并转发出去。每个飞行班次都有一个飞行进程单，管制单位根据飞机到达的前后和飞行的路线，把它们排列起来，然后逐架给出许可，从而保证间隔和飞行顺序。

（2）雷达管制　雷达管制是依照空中交通管制规则中的条款和雷达的类型及性能，对飞行中的航空器进行雷达跟踪监督，随时掌握航空器的航迹位置和有关飞行数据，并主动引导航空器运行。雷达管制包括对一、二次雷达的识别确认，雷达引导，雷达管制最低间隔及雷达的管制移交等。

雷达管制员根据雷达显示，可以了解本管制空域雷达波覆盖范围内所有航空器的精确位置，因此能够大大减小航空器之间的间隔，而且还可以为驾驶员提供导航引导、仪表着陆引导等空中交通管制服务，提高了空中交通管制的安全性、有序性和高效性。

目前在民航管制中使用的雷达种类为一次监视雷达和二次监视雷达。

一次监视雷达发射的一小部分无线电脉冲被目标反射回来并由该雷达收回加以处理和显示，在显示器上只显示一个亮点而无其他数据。二次监视雷达是一种把已测到的目标与一种以应答机形式相配合的设备协调起来的雷达系统，能在显示器上显示出标牌、符号、编号、航班号、高度和运行轨迹等及特殊编号。

① 目标的识别　雷达识别是将某一特定的雷达目标或雷达位置符号与某特定航空器相关联的过程。如果把和目标相对应的飞机搞错了，将会导致严重的航行事故。所以，在向航空器提供雷达管制服务前，雷达管制员应当对航空器进行识别确认，并保持该识别直至雷达管制服务终止。失去识别的，应当立即通知该航空器，并重新识别或终止雷达服务。

雷达的目标识别包括一、二次雷达的目标识别确认。

② 雷达引导　雷达引导是在使用雷达的基础上，以特定的形式向航空器提供航行引导。雷达管制员应当通过指定航空器的应飞航向实施雷达引导。实施雷达引导时，应当引导航空器尽可能沿便于航空器驾驶员利用地面设备检查自身位置及恢复自主航路的路线飞行，避开已知危险天气。

③ 雷达管制最低间隔　雷达管制最低间隔（以下简称雷达间隔）适用于所有被雷达识别的航空器之间。雷达间隔最低标准如下。

a.进近管制不得小于6千米，区域管制不得小于10千米。

b.在相邻管制区使用雷达间隔时，雷达管制的航空器与管制区边界线之间的间隔在未经协调前，进近管制不得小于3千米，区域管制不得小于5千米。

c.在相邻管制区使用非雷达间隔时，雷达管制的航空器与管制区边界线之间的间隔在未经协调前，进近管制不得小于6千米，区域管制不得小于10千米。

比较上面的数据，可以看出雷达管制大大减小了间隔距离，使机场跑道空域和航路的利用率大大提高，对于民航运输的发展有着巨大的促进作用。

④ 雷达的管制移交　当一架飞机进入一个管制员的控制范围或扇面并被识别之后，在这个范围内管制员要负责这架飞机的安全间隔和管制引导。当飞机要飞出这个范围或扇面时，本范围或扇面管制员要把这架飞机的屏幕上识别符号和管制权移交给下一个管制员。这种移交要按照一定的程序进行，而且在飞机越过两个控制范围的边界前要得到下一个范围管制员的同意，然后做出移交决定。在飞机越过边界前，驾驶员要和下一个范围的管制员建立通信联系，并在飞机越过边界时完成移交。对于接收飞机的管制员来说，要在屏幕上辨认出这架飞机，在判定没有相撞危险时同意飞机进入他的管制范围，但在飞机越过边界之前不能指令飞机改变航行参数。因为，在飞机越过边界那一刻之前飞机仍旧要服从前一个管制员的指令。所以，目标的移交是按照严格的程序并在两个管制员意见一致时协调

进行的，这样就可以避免潜在的混乱或事故。在繁忙的机场或空域，由于空中飞机很多，空域被划分成很多扇面，每个扇面由一个管制员负责，这时目标的移交会大量发生，因而目标的识别和移交是雷达管制中的基本程序。

（3）雷达管制与程序管制的区别　与程序管制相比，雷达管制是空中交通管制的巨大进步。雷达管制使用了精确的监视雷达设备。程序管制和雷达管制最明显的区别在于两种管制手段允许的航空器之间最小水平间隔不同。例如，在区域管制范围内，程序管制要求同航线同高度航空器之间最小水平间隔10分钟（对于大中型飞机来说，相当于150千米左右的距离），雷达监控条件下的程序管制间隔只需75千米，而雷达管制间隔仅仅需要20千米。允许的最小间隔越小，单位空域的有效利用率越大，飞行架次容量越大，越有利于保持空中航路指挥顺畅，更有利于提高飞行安全率和航班正常率。

目前，国外空中交通管制发达的国家已经全面实现了雷达管制，而中国民航正逐步在主干航路实现雷达管制。

乌柏林根空难

俄罗斯巴士基尔航空第2937次班机（BTC2937）是一架图-154M型客机，原计划由俄罗斯首都莫斯科飞往西班牙的巴塞罗纳。DHL快递公司第611次航班（DHX611）是一架B757-200SF型货机，原航线是从巴林国际机场经意大利的贝加莫国际机场飞往比利时的布鲁塞尔。两架飞机于（UTC+8）2002年7月1日晚上21:35在德国南部康士坦茨湖畔邻瑞士的城市乌伯林根上空发生相撞。

瑞士方事故调查团认定空中交通管制系统的处置失当以及俄罗斯巴什基尔航空第2937次班机机长在危急时刻的处置是导致此次灾难发生的主要原因。

事发当日值班的丹麦籍空管员彼得·尼尔森事后遇刺身亡，行凶者是一名俄罗斯北奥塞梯人建筑师维塔利·卡罗耶夫，他在此次空难中失去了妻子和两个孩子。此次空难称为乌伯林根空难。

事发当日，两架班机同在约11000米的高度以互相冲突的航道飞行，尽管两机已经进入德国领空，但此地区空域由位于瑞士苏黎世的空管公司"瑞士航空导航服务公司"（Skyguide）负责。当晚瑞士航空导航服务公司空管中心只有空管员彼得·尼尔森一人值班，他同时在两个控制台上进行调度操作，直到空难发生前1分钟他才发现两架班机的航线冲突，随后，他首先同BTC2937次班机取得了联系，通知飞行员降低高度300米以避免同DHX611次班机相撞。

俄方机组依照指挥开始下降高度，但几秒后，飞机的空中防撞系统（TCAS）提示他们将飞机拉高。几乎在同一时刻，另一方DHX611次班机上的空中防撞系统提示机组下降飞机高度。如果两架航班上的飞行员都按各自的防撞系统提示操作，即可避免这场灾难。DHX611次航班遵照防撞系统的提示下降了高度，由于他们将注意力都集中在雷达屏幕上的BTC2937航班，而没有及时将自身状况通知空管员。在碰撞发生前8秒，

611次航班的垂降速度已经低于碰撞范围，依照空管员的要求达到了每分钟730米。而此时另一方的俄国飞行员则是按照空管员的指示也在继续下降高度，并第二次将他们的磁方位向同一方向又更改了10°。

随后，尼尔森再次提示BTC2937次班机下降高度，由于事发当晚空管中心的主雷达正在维修中，这意味着空管员必须在很慢的系统速度下指挥往来航班，而这也导致了尼尔森向BTC2937机组提供的DHX611次班机的方位信息出现错误。就这样，俄航班遵照空管员的指示而忽视了来自防撞系统的警告，继续下降高度。但是，随着机上防撞系统指示有飞机越来越接近及不断提示要爬升，机组人员已开始质疑空管员的指示。两机在相撞前3.8秒终于可以互相目视对方，尽管俄方机组员已立即爬升飞行高度，但毕竟为时已晚。

终于，两架班机在10068米左右高空相撞，DHX611次航班的垂直尾翼从BTC2937次航班机身左下方划过，图-154客机随即爆炸并解体为两段，DHX611次班机则失去控制并勉强飞行了7千米，2分钟后坠毁在一个山腰附近，其一部引擎在坠机前爆炸并脱离机翼，两架航班上共计71名乘客及机组人员全数遇难。

5.2.2 告警服务

告警服务的任务是向有关组织发出需要搜寻救援航空器的通知，并根据需要协助该组织或协调该项工作的进行。

中国民用航空局负责统一指导全国范围的搜寻民用航空器的工作；各省、自治区和直辖市人民政府负责本行政区内陆地搜寻救援民用航空器的工作，民用航空器地区管理局予以协助；国家海上搜寻救援组织负责海上搜寻民用航空器的工作，有关部门予以配合。各级交通管制单位对其管制下的一切航空器都有提供告警服务的责任；对已非管制飞行的航空器也应当尽力提供此项服务，以便使遇到紧急情况的航空器能够得到及时的搜寻救援。

关于搜寻救援工作，国际民航公约附件12制定了国际标准和建议措施。规定飞行中遇到严重威胁航空器和航空器上工作人员生命安全的情况时，机长应当立即发出规定遇险信号，同时打开识别器的遇险信号开关。装有应答机的航空器，应将其位置设定为"A7700"。情况许可时，还应当用搜寻救援频率121.5兆赫或243兆赫报告航空器位置、遇险性质和所需要的援救。海上飞行时，可以使用500兆赫或2182兆赫。

为了对遇到紧急情况的民用航空器能够及时提供告警服务，各级空中交通管制单位必须做好以下几个方面的预先准备工作。

① 备有和熟悉本地区搜寻救援民用航空器的方案。
② 了解和熟悉担任搜寻救援的单位，可以提供服务的方法。
③ 做好不同紧急情况的告警预案和必要的资料准备。
④ 民用航空地区管理局空中交通管制部门的调度室还应当与本地区有关省、自治区、直辖市的海上搜寻援救组织建立直接的通信联络。搜寻救援民用航空器的通信联络应当符合以下规定：

a.民用航空器空中交通管制单位和担任搜寻救援任务的民用航空器应当配备121.5兆赫

或243兆赫航空紧急频率的通信设备；

b. 担任海上搜寻救援任务的航空器，应当配备2182兆赫海上遇险频率的通信设备；

c. 担任搜寻救援任务的部分航空器，应当配备能够向遇险民用航空器发出航空器紧急示位标的归航设备，以及在156.8兆赫（调频）上同搜寻救援船舶联络的通信设备；

d. 当收到航空器紧急、遇险的情况报告或信号时，管制员应当迅速判明航空器紧急程度、遇险性质，按照相应的紧急情况等级提供服务。

5.2.3 飞行情报服务

为了保证飞行安全，民航当局要向驾驶员和有关航行的系统提供准确的飞行前和飞行中所需要的情报，这个任务称为飞行情报服务（Flight Information Service）。飞行情报服务的目的是向飞行中的航空器提供有益于安全和有效实施飞行的建议和情报的服务。

飞行情报服务由飞行情报中心提供。飞行情报部门是一个完整的系统，与空中交通管制部门协同工作。为了便于对在中国境内和经国际民航组织批准由我国管理的境外空域内飞行的航空器提供空中交通管制，全国共划分为沈阳、北京、上海、昆明、广州、武汉、兰州、乌鲁木齐、三亚、香港和台北十一个飞行情报区。在机场有飞行情报服务人员或航行情报室，各个大飞行情报区都设有飞行情报中心，定期或连续地向外发布飞行情报，中国民航局设有全国性的情报中心。飞行情报服务系统不控制空中交通，它只是一个提供信息的网络，它把各飞行情报单位联系起来，可以把整个航路上的各种信息提供给管制员和驾驶员，保证驾驶员在飞行情报区覆盖范围内任何一点都可以通过通信得到需要的飞行情报。飞行情报主要有航图、航行资料和气象预报。飞行量在年起降超过30000架次的机场，为了减轻空中交通管制甚高频陆空通信波道的通信负荷，一般都设立了机场自动终端情报服务系统，为进、离场航空器提供服务。机场自动终端情报服务通告的播发应当在一个单独的频率上进行。

（1）航图　航图是把各种和航行有关的地形、导航设施、机场标准、限制以及有关数据全部标出来的地图。它分为两大类：一类是标出地形和航行情况的航空地图；另一类是以无线电导航标志和局部的细致地形图为专门目的使用的特种航图。

① 航空地图　航空地图主要用于目视空中领航及制订飞行计划，按照所表示的范围分为世界航图、区域航图和航空计划地图。

② 特种航图　特种航图主要包括航路图、仪表进近图、机场图和机场障碍图等。

航路图是向机组提供有空中交通服务的航路的航行资料，图中包括航路上的所有无线电导航信息。航路图中的方位航迹以磁北为基准，并标出了航路上的所有报告点的位置，驾驶员在报告点上必须向管制员报告飞机的参数和位置。

仪表进近图主要为进近和仪表着陆使用，它的比例尺较大，详细标出了进近时的路线和导航设施的位置和频率，供飞机在机场区域按规定航线和高度安全有序地飞行，避免和其他航空器或障碍物相撞。

机场图和机场障碍图标明了机场附近的航行情况和限制以及障碍物的情况，使驾驶员对降落的机场有详细的了解。

（2）航行资料　航行资料主要包括航行资料汇编、航行通告、航线资料通告、飞行员资料手册等。

航行资料汇编是为了国际间交换的关于一个地区或国家航行方面的基本资料和数据，为国际航线所用。它按要求提供：民航当局认可的机场气象、空中规则、导航设施、服务程序，在飞行中可以得到的服务和设施的基本情况，发布国的民航程序和各种建议及规定的判别。

航行通告是航行情报服务的最重要的航行资料之一。它及时向飞行有关人员通知航行设施服务和程序的建立及状况变化，以及航路上出现的危险情况，是飞行员及有关人员应及时了解的资料。

航线资料通告分为定期航行资料通告和航行资料通告，公布导航程序、系统的变化预测以及关系到飞行安全的有关方面的情况。

飞行员资料手册主要包括关于ATC的程序和飞行基本数据、机场手册（各机场的进近、离场程序；航行情报中心和气象服务电话号码等）、操作数据和有关的航行通告、航图和补充材料。

（3）气象预报　气象预报是对某特定的区域或部分空域，在特定时间或时段的预期的气象情况的叙述。

鉴于气象对航空活动的重要影响，各国的民航当局和气象部门都及时地为航行部门、空中交通管制部门及驾驶员提供准确的气象信息以保证飞行安全。我国的航空气象服务是由专门的民航气象机构完成的，它由航空气象观测站、机场气象台和区域气象预报中心组成。气象观测站设在机场和主要航路点上，它的任务是观察和记录天气实况。机场气象台的任务是编制机场和航路天气预报，收集有关航行的气象报告，并和有关方面及地方气象台交换气象情报，向飞行机组和其他航务人员讲解天气形势，并提供各种气象文件。区域气象预报中心的任务是提供区域内重要天气预报图和特定高度上的高风的情况。此外，驾驶员要按规定向航空气象部门报告天气情况，这也是航空气象情报网的重要组成部分。

气象报告主要包括机场气象观测报告、机场预报、起飞预报、高空风预报、航路预报、天气图、雪情通告等。

空中交通管制单位向航空器和其他有关空中交通管制单位通报的气象情报均以气象部门所提供的资料为准。但塔台管制室也可通报由航空器报告的气象情报和观察到的气象情报。气象部门所提供的气象情报与塔台管制室观察到的气象实况有差异时，塔台管制室应当将该情况通知气象部门。接到飞行中的航空器关于颠簸、结冰、风切变、雷雨等重要气象情报时，空中交通管制单位应当及时向在相关空域内飞行的其他航空器和有关气象部门通报。向气象部门通报航空器所通报气象情报时，应当一并通报该航空器的机型、位置、高度、观测时间。接到重要气象情报和特殊天气报告后，如果本区内飞行的航空器将受到该天气影响，空中交通管制单位应当在除紧急频率外的频率上通播。

（4）雷达情报服务　在雷达管制中，雷达显示器上的信息可用于向被识别的航空器提供下列情报。

① 任何观察到的航空器与已经识别的航空器在一冲突航径上的情报和有关采取避让行动的建议。

② 重要天气情报以及指挥航空器绕航避开恶劣天气的建议。

③ 协助航空器领航的情报。

当雷达管制员观察到被识别的航空器与不明航空器有冲突，可能导致相撞危险时，应当向其管制下的航空器通报不明航空器情报。如航空器驾驶员提出请求，应当向其提供有关避让的建议。冲突危险不存在时，应当及时通知航空器。如果二次雷达高度未经证实，应当通知航空器驾驶员有相撞危险，并说明该高度信息未经证实。如高度已经证实，该情报应当清楚地发给航空器驾驶员。有关航空器将要穿越危险天气的情报，应当提前足够时间向航空器发布，以便航空器驾驶员采取措施。

使用雷达提供飞行情报服务，不解除航空器驾驶员的任何责任，航空器驾驶员仍有最后的决定权。

5.3 空域管理与空中交通流量管理

空域是指航空器在大气空间中的活动范围。空域是国家的重要资源，由国家实行统一管理。

5.3.1 空域管理

民用航空飞行的航线和区域遍布全国。为了在广阔的空间对航空运输飞行的飞机能提供及时有效的管制服务、飞行情报服务和告警服务，防止飞机空中相撞和与地面障碍物相撞，保证飞行安全，促使空中交通有秩序地运行，必须进行空域管理。

空域管理的主要内容包括空域划分和空域规划。

（1）空域划分　俗话说"海阔凭鱼跃，天高任鸟飞。"在一般人眼里，飞机在空中可以随心所欲地飞行。其实不然，空域其实是宝贵的国家资源，为了规范航空器在其中的飞行行为，让飞行更加安全、顺畅、空域使用更加有效，避免空域资源的虚耗和浪费，人为地将空域进行了划分。按照《民用航空使用空域办法》中对空域分类的描述，我国的空域分为飞行情报区、管制区、限制区、危险区、禁区。

① 飞行情报区　飞行情报区是为了提供飞行情报服务和告警服务而划定范围的空间，我国现有飞行情报区（除台北、香港外）有沈阳、北京、上海、广州、昆明、武汉、兰州、乌鲁木齐、三亚9个，为在中国境内和经国际民航组织批准由我国管理的境外空域内飞行的航空器提供飞行情报服务。

② 管制区　管制空域是一个划定的空间，在其中飞行的航空器要接受空中交通管制服务，根据所划空域内航路结构和通信导航能力、监视能力，我国将管制空域分为高空管制区、中低空管制区、进近（终端）管制区和塔台管制区，也称为A、B、C、D类空域。

a.A类空域为高空管制空域。在6600米（含）以上的空间，划分为若干个高空管制空域，在此空域内必须按照仪表飞行规则（IFR）飞行。

b.B类空域为中低空管制空域。在6600米（不含）以下最低高度层以上的空间，划分为若干个中低空管制空域。在此空域内可以按照仪表飞行规则（IFR）飞行，也可以在符合条件以及获得批准的条件下按照目视飞行规则（VFR）飞行。

c. C类空域为进近（终端）管制空域。通常是指在一个或几个机场附近的航路汇合处划设的便于进场和离场航空器飞行的管制空域。它是中低空管制空域与塔台管制空域之间的连接部分。其垂直范围通常在6000米（含）以下最低高度层以上；水平范围通常为半径50千米或走廊进出口以内的除机场塔台管制范围以外的空间。在此空域内可以按照IFR飞行，也可以在符合条件以及获得批准的条件下按照VFR飞行。

d. D类空域为塔台管制空域，通常包括起落航线、第一等待高度层（含）及其以下地球表面以上的空间和机场机动区。在此空域内可以按照IFR飞行，也可以在符合条件以及获得批准的条件下按照VFR飞行。

③ 限制区　限制区是限制、约束等级较危险区高，但比禁区低的一种空域，在该空域内飞行并非是绝对禁区，飞行员需要获得批准才能进入该区域。

④ 危险区　危险区是指在规定的时间内此空域中可能存在对飞行的危险活动，飞行员可以自行决定是否进入该空域。

⑤ 禁区　禁区内禁止一切飞行活动，分为永久性和临时性禁区。如两会期间北京上空划分的禁飞区。

（2）空域规划　空域规划是指对某一给定空域通过对未来空中交通量需求的预测，根据空中交通流的流向、大小与分布，对区域范围、航路/航线的布局、位置点、高度、飞行方向、通信/导航/监视设施类型和布局等进行设计和规划，并加以实施和修正的全过程。其目的是：增大空中交通容量；理顺空中交通流量；有效地利用空域资源；减轻空中交通管制员的工作负荷；提高飞行安全水平。

空域规划包括航路规划、进离场方法和飞行程序的制定。通过航路规划，将统一航线按不同高度加以划分，主要的航线设置为单向航路，可以大大提高航线上的飞行流量。进离场属于复杂的进近管制阶段；进离场程序的制定除受机场净空、空中走廊的限制之外，还要受周边机场使用空域的影响；机场作为空中交通的起点和终点，其上空是航空器运行最密集的区域，航空器在这一空域中相撞的概率是最高的，因此是空中交通管制的重点和难点。

5.3.2　空中交通流量管理

空中交通流量管理（ATFM）是指有助于空中交通安全、有序和快捷地流通，以确保最大限度地利用空中交通管制服务的容量并符合有关空中交通服务当局公布的标准和容量而设置的服务。

空中交通流量管理的目的主要是在需要和预期需要超过空中交通管制（ATC）系统的可用容量期间内，为空中交通安全、有序和流量的加速提供服务，确保最大限度地利用ATC容量，保证空中交通最佳地流向或通过这些区域，为飞机运营者提供及时、精确的信息以规划和实施一种经济的空中运输，以尽可能准确地预报飞行情报而减少延误。

（1）空中交通流量的特点

① 增长快速　近年来，我国的空中交通流量增长很快，对军航、民航空管系统都造成了极大的压力，空中交通流量的状况取决于航线条数及长短、机场和飞机数量、起降架次等。

② 分布不均衡　空中交通流量增长速度快，分布很不均衡，其流量主要集中在少数政治、经济、旅游中心城市的机场，尤其我国东部较发达地区。

（2）空中交通流量管理的分类　根据实施管理的时间不同，流量管理分为先期流量管理、飞行前流量管理和实时流量管理。

① 先期流量管理　先期流量管理又称战略流量管理，是指对全国和地区航线结构的合理调整、制定班期时刻表和飞行前对非定期航班的飞行时刻进行协调。其目的是防止航空器在某一地区或机场过于集中和出现超负荷流量，危及飞行安全，影响航班正常。主要特点是在实施之日的几个月至几天前进行调整。在制定班期时刻表时，对定期和非定期航班的飞行时刻加以控制，避开空中交通网络的拥挤区域。其手段主要是统一安排各航空公司的航班时刻表，合理分布各条航线、各个时间段的交通流量，避免繁忙航路上高峰时刻的拥挤现象。

② 飞行前流量管理　飞行前流量管理又称战术流量管理，是指当发生天气恶劣、通信导航雷达设施故障、预计扇区或区域流量超负荷等情况时，采取改变航线、改变航空器开车、起飞时刻等方法，疏导空中交通，维持正常飞行秩序。主要特点是在飞机起飞前24小时之内，调整其起飞时刻，使其按照规定的管制间隔有秩序地飞行。其手段主要是通过改变飞机的起飞（如采用地面等待策略，调节飞机流量）、降落时刻，改航等方法，保证交通流量和飞机间隔。

③ 实时流量管理　实时流量管理又称动态流量管理，是指当飞行中发现或者按照飞行预报将要在某一段航路、某一区域或某一机场出现飞行流量超过限额时，采取改变航段，增开扇区，限制起飞、着陆时刻，限制进入管制区时刻或者限制通过某一导航设备上空的时刻，安排航空器空中等待，调整航空器速度等方法，控制航空器按照规定间隔有秩序地运行。主要特点是在飞机飞行过程中采取措施，使其按照规定的管制间隔有秩序地飞行。其手段主要是通过对飞行中的飞机实施调速、等待、限制到达(进入)、改航等方法，保持飞机间的间隔。

根据实施管理的地点不同（空间划分），流量管理分为终端区流量管理、机场流量管理和航路流量管理。

① 终端区流量管理　终端区流量管理考虑的对象是在一定距离范围内一个或多个具有单条跑道或多条跑道的机场，根据跑道的接收率在可调空域范围内对进近飞机进行排队。主要涉及到达终端区、进近飞行和到达机场三个阶段。终端区流量管理主要研究终端区飞机到达流的排序规划问题，在不违反飞行安全间隔的情况下，为保证空中交通流的快速、有序流动，合理安排飞机着陆次序，根据不同的原则给出相应的算法。

② 机场流量管理　机场流量管理是在最大限度地利用现有资源的原则下，充分利用机场的容量。尽可能减少预测到的空中和地面的延迟等待，同时，尽可能将预测到的空中盘旋等待推前到该航班起飞前，从而将必要的空中延迟转化为地面等待。

③ 航路流量管理　航路流量管理保证交汇点处、航路、扇区不会在某些时段发生严重拥挤，到达这一目标的前提是对飞机起飞之前流量的整体分布进行统筹规划，立足全局，所采取的每项措施都必须考虑它对其他区域载荷造成的影响，否则，会造成顾此失彼的后果。

（3）空中交通流量管理的原则　实施空中交通流量管理的原则是：以先期流量管理和飞行前流量管理为主，实时流量管理为辅。

① 调整航线结构由地区管理局提出建议，由民航局空中交通管理局协调有关单位后实施。

② 协调定期航班时刻，由航空器经营人提出，经地区管理局审核后，由民航局空中交通管理局批准。协调非定期航班时刻，按照有关规定执行。

③ 因航线天气恶劣需要改变预定飞行航线时，由有关航空器经营人或民航局飞行流量管理单位提出申请，经民航局协调有关单位后，通知有关地区管理局飞行流量管理单位和空中交通管制单位。

④ 限制起飞、着陆时刻和空中等待的程序。根据飞行流量管理的需要确定，区域管制室有权限制本管制区内各机场的起飞或进入移交点时刻，有权就即将由上一区域管制室或进近（塔台管制室）管制区飞进本管制区的航空器提出限制条件，有权增开扇区。进近管制室（塔台管制室）有权就即将由区域管制室管制区飞进本管制区的航空器提出限制条件，有权增开扇区。塔台管制室有权限制即将由区域（进近）管制室管制进入本管制区的航空器在本场着陆的时刻。塔台管制室有权限制航空器的开车和起飞时刻。

（4）空中交通流量管理的方式

① 各航空公司在制定班期时刻表报民航局批准前，事先应征得有关管制室的同意。

② 妥善安排非定期航班的飞行时刻。协调定期航班时刻，由航空器经营人提出，经地区管理局审核后，由民航局空中交通管理局批准。协调非定期航班时刻，按照有关规定执行。

③ 限制航空器开车、滑行、起飞时刻。

④ 限制航空器进入管制区或者通过某一导航设备上空的时刻。

⑤ 限制航空器到达着陆站的时刻。

⑥ 安排航空器在航线某一等待航线上或者着陆机场等待空域上进行等待飞行。

⑦ 改变航空器飞行航线。

⑧ 调整航空器飞行速度。

（5）空中交通流量管理的程序　管制员在飞行前实施流量控制，应当向有关管制室发出流量控制电报。有关管制室根据本机场进、离场飞行预报和其他管制室发来的流量控制电报，通知有关航空公司调整飞行预报。管制员在实施管制工作中进行实时流量控制，应当明确通知航空器控制流量的时间、空域和情况。如果对未进入本管制区的航空器需要进行流量控制，航空器所在的管制室可以按照其要求采取相应措施，机长应当遵照执行。

5.4 空中交通管制设施和新航行系统

5.4.1 空中交通管制设施

空中交通管制设施是指空中交通管制系统中常用的设施设备，主要包括航空无线电导航系统、雷达系统和通信系统等。

（1）无线电导航系统　无线电导航是借助于飞机上的无线电设备接收和处理无线电波来获得飞机导航参量的一种导航方法，它采用无线电导航设备和地面导航台对飞机进行定位和导航。

无线电导航的特殊优点：不受时间和天气的限制，精度高，可达到几米的定位精度，定位时间短，甚至可以连续地、适时地定位；设备简单、可靠；可以在复杂气象条件下或夜间导引飞机着陆。正是因为无线电导航有着其他类导航无可比拟的优点，几十年来，特别是近30年来，无线电导航得到惊人的发展。但是无线电导航存在着一个机理性的狭隘，即它必须要发射和接收无线电波，因而易被发现和受到干扰，其地面设施也易遭到破坏。

① 仪表着陆系统　仪表着陆系统（Instrument Landing System，ILS）是目前应用最为广泛的飞机精密进近和着陆引导系统，它能够形象地指示飞机与着陆航道和下滑道的相关位置，能在低天气标准或飞行员看不到任何目视参考的天气下，引导飞机着陆，所以人们就把仪表着陆系统称为盲降。

盲降的作用在天气恶劣、能见度低的情况下显得尤为突出。它可以在飞行员肉眼难以发现跑道或标志时，给飞机提供一个可靠的进近着陆通道，以便让飞行员掌握位置、方位、下降高度，从而安全着陆。由于精密度不同，盲降给飞机提供的进路标准也不一样，可以分为Ⅰ类、Ⅱ类、Ⅲ类标准。从建立盲降到最后着陆阶段，若飞机低于盲降提供的下滑线，盲降系统就会发出告警。

仪表着陆系统是飞机进近和着陆引导的国际标准系统，它是1947年由国际民用航空组织（ICAO）确认的国际标准着陆设备。全世界的仪表着陆系统都采用ICAO的技术性能要求，因此任何配备盲降的飞机在全世界装有盲降设备的机场都能得到统一的技术服务。

仪表着陆系统由安装在跑道规定位置上的108～118兆赫的航向信标、329.15～335兆赫的下滑信标、2或3个75兆赫的指点信标和相应的机载设备组成。在低能见度的情况下，能将飞机引导到跑道入口处30米的高度上，对保证飞机安全着陆具有重要的作用。但是，ILS在使用过程中有许多本身无法克服的缺点，限制了它的使用。

② 微波着陆系统　微波着陆系统（MLS）是为克服ILS存在的问题而提出来的，它主要提高了工作频率（5031～5090.7兆赫）；采用时间基准扫描束（TRSB）提高了精度；减小了天线尺寸；减少了地面建筑物反射信号的影响，可选频道多达200个，引导范围大。国际民航组织已制定了从ILS过渡到MLS的具体计划，并将逐步替代现行的ILS。

③ 全向信标导航系统　全向信标（VHF Omni-directional Range，VOR）导航系统能够给飞行器提供方向信息，由于其工作频段为108.00～117.95兆赫的甚高频段，故而得名。由机载甚高频全向信标接收机、显示器和地面甚高频全向方位导航台组成。

地面VOR发射机发送的信号有两个：一个是相位固定的基准信号；另一个信号的相位随着围绕信标台的圆周角度是连续变化的，也就是说各个角度发射的信号的相位都是不同的。向360°（指向磁北极）发射的信号与基准信号是同向的（相位差为0），而向180°（指向磁南极）发射的信号与基准信号相位差180°。飞行器上的VOR接收机根据所收到的两个信号的相位差就可以计算出自身处于信标台向哪一个角度发射的信号上，得出飞机相对于导航台的方位角。VOR通常与测距仪（DME）同址安装，在提供给飞行器方向信息的同时，还能提供飞行器到导航台的距离信息，这样飞行器的位置就可以唯一地确定下来。

④ 卫星导航系统　卫星导航系统（GPS）是把导航台设置在人造卫星上的一种导航系统。它由导航卫星、地面监控部分和用户接收机三部分组成。用户接收机的主要功能是捕获到按卫星截止角所选择的待测卫星，并跟踪这些卫星的运行。当接收机捕获到跟踪的卫星信号后，就可以测量出接收天线至卫星的伪距离和距离的变化率，解调出卫星轨道参数等数据。根据这些数据，接收机中的微处理计算机就可按定位解算方法进行定位计算，计算出飞行器的位置以及飞行速度等信息。

GPS是一种卫星导航系统，它实质上也是一种无线电导航系统。但因为吸取了现代最新科技成果，不但为载体导航和定位提供了最有效的手段，同时还具有精确按时功能。因此，该系统就具有取代目前正在使用中的各类无线电导航系统的潜力，对无线电导航系统以至于整个导航系统未来的发展计划及整体布局均产生重大影响。基于此，美国把发展GPS作为实现无线电导航现代化的核心，并逐渐取代和淘汰目前使用的一些航空无线电导航系统。国际民航组织也决定，将GPS或其他卫星导航系统作为制订21世纪空中导航系统政策的里程碑。可以肯定地说，GPS将成为21世纪的重要导航。

全球四大定位系统

全球定位系统(Global Positioning System，GPS)是一种以人造地球卫星为基础的高精度无线电导航的定位系统，它在全球任何地方以及近地空间都能够提供准确的地理位置、车行速度及精确的时间信息。

① 美国GPS　美国的全球定位系统（GPS）是20世纪70年代由美国陆、海、空三军联合研制的新型空间卫星导航定位系统。它包括绕地球运行的27颗卫星（24颗运行、3颗备用），它们均匀地分布在6个轨道上。其主要目的是为陆、海、空三大领域提供实时、全天候和全球性的导航服务，并用于情报收集、核爆监测和应急通信等一些军事目的。

② 欧洲"伽利略"　欧盟Galileo系统是世界上第一个基于民用的全球卫星导航定位系统，主要由三大部分组成：空间星座部分、地面监控与服务设施部分以及用户设备部分。

③ 俄罗斯"格洛纳斯"　俄罗斯GLONASS最早开发于苏联时期。1993年，俄罗斯开始独自建立本国的全球卫星导航系统，原计划2007年年底之前开始运营，2009年年底之前将服务范围拓展到全球，但由于资金等各种原因，系统仍在持续进行阶段。GLONASS至少需要18颗卫星才能为俄罗斯全境提供定位和导航服务，如果要提供全球服务，则需要24颗卫星在轨工作，另有6颗卫星在轨备用。

④ 中国"北斗"　北斗卫星导航系统由空间端、地面端和用户端三部分组成。空间端包括3颗静止轨道卫星和30颗非静止轨道卫星。北斗卫星导航系统可在全球范围内全天候、全天时为各类用户提供高精度、高可靠的定位、导航、授时服务，并兼具短报文通信能力。北斗卫星导航系统的建设目标是建成独立自主、开放兼容、技术先

进、稳定可靠及覆盖全球的卫星导航系统。北斗卫星导航系统提供开放服务（Open Service）和授权服务（Authorization Service）两种服务，其中开放服务是向全球用户免费提供定位、测速和授时服务，定位精度10米，测速精度0.2米/秒，授时精度50纳秒；授权服务是为有高精度、高可靠卫星导航需求的用户提供定位、测速、授时和通信服务以及系统完好性信息。北斗导航终端与GPS、Galileo和GLONASS相比，优势在于短信服务和导航结合，增加了通信功能；全天候快速定位，极少的通信盲区，精度与GPS相当，而在增强区域即亚太地区，精度甚至会超过GPS；向全世界提供的服务都是免费的，在提供无源导航定位和授时等服务时，用户数量没有限制，且与GPS兼容；自主系统，高强度加密设计，安全、可靠、稳定，适合关键部门应用。

（2）雷达系统　雷达是一种通过辐射无线电波，并检测是否存在目标的反射回波以及回波的特性，从而获取目标的距离、相对速度、角方位甚至大小和形状信息的探测装置。由于它能在近至几米、远达数千米的范围内探测目标，并能较佳地定位精度，因此在军事和民用两方面都得到应用与发展。

在空中交通管理方面的雷达有一次雷达和二次雷达。雷达发射电波后靠接收目标反射回波，由此得出目标的距离和方位信息的称为一次雷达；如果回波是来自目标上的发射机转发的辐射电波则称为二次雷达。

空中交通管理系统中使用的一次雷达，按管理区的使用划分，一般可分为航路（道）监视雷达、机场监视雷达和精密进近雷达。这些一次雷达的优点是：可以在雷达荧光屏显示器上用光点提供飞机的方位和距离，不管飞机上是否装有应答机，都能正确地显示，故其成为空中交通管理不可缺少的设备。一次雷达的缺点是不能识别飞机的代码和高度，且反射回波较弱，易受固定目标的干扰。为了克服一次雷达的不足，发展了二次雷达。

二次雷达首先在军用机上使用，一般称为敌我识别器。用此系统时，仅有装备特殊应答设备的飞机才能给地面雷达站回答信号。这个系统后来发展到民用机上，就是装在飞机上的空中交通管理应答机。二次雷达是相对一次雷达而言的。地面询问雷达发射一定模式的询问信号，装在飞机上的应答机收到这个模式的询问信号后，经过信号处理、译码，然后由应答机发回编码的回答信号。地面雷达收到这个回答信号后，也经过信号处理，把装有应答机的飞机代码、高度、方位和距离显示在显示器上。二次雷达在国内简称为航管雷达。

（3）通信系统　航空通信是民航事业的重要组成部分，是空中交通部门实施空中交通管制的重要手段。民航通信业务是通过有线方式的有限电传、有线电话和无线方式的无线电话、无线电报等方式进行的。航空通信系统涉及航空通信网络、机载通信系统和数据链路通信。

① 航空通信网络　从通信的组织与实施角度来分，航空通信网络可分为航空固定业务和航空移动业务。航空固定业务是为保证民航航空飞行的安全、正常、高效和经济运转，在规定的地面固定电台之间进行的通信业务，该业务由航空固定电信网（AFTN）来完成。航空移动业务是航空器电台与地面对空台之间或者航空器电台之间的无线电通

信业务，按照通信方式可分为甚高频/高频（VHF/HF）语音通信和数据通信、卫星通信两部分。

② 机载通信系统　机载通信系统用于飞机和地面电台或与其他飞机之间进行通信联络，以及在飞机内机组人员之间进行通话、向旅客传送话音等。它包括高频、甚高频、选择呼叫、客舱广播、话音记录器、内话等设备。高频系统主要用于飞机与地面电台或与其他飞机进行调幅和单边带通信联络；甚高频系统主要用于飞机与地面电台的通信联络；选择呼叫系统供地面人员向某一指定的飞机进行呼叫，音频信号是通过选用的高频通信系统或甚高频通信系统传输到飞机上的；话音记录器是记录飞机在着陆30分钟前机组在耳机内的音频和驾驶舱内的音频；内话系统是将飞机上的各型无线电设备集中到用户盒（音频选择盒）便于在飞行中使用。

③ 数据链路通信　在空地通信网络系统应用数据链，能够实现人-人（管制员和飞行员）、机-机（ADS和ATM，无人工干涉）和人-机（机上信息注入数据库）间的数字传递。数据链是数字通信的应用，数字通信较之模拟通信有许多不可比拟的优点，如自适应选频技术、跳频、自动纠错等。数据链类型分为高频（HF）、甚高频（VHF）和二次监视雷达（SSR）的S模式。

HF是进行远距离通信的基本频段，主要因为它的传输是由电离层反射完成的。HF数据链用于跨极、越洋飞行，以覆盖卫星、VHF无法涵盖的地区。HF数据系统的机载设备比卫星系统更加经济实惠。HF数据链主要用于长距离飞行的大型客机。

VHF是采用语音调制的标准空中交通管制频段，是民航当局为话音通信准备的，如空中交通管制（ATC）、位置报告等，主要是做较短途的传送，通常传输最大距离约为370千米。

二次监视雷达（SSR）的S模式在对空中交通进行非相关监视的同时提供空-地数据链路，它比VHF数据链速率高，被用于终端和其他交通密集区。

5.4.2　新航行系统

（1）新航行系统的产生　航空运输量的急剧增加，使已有空中交通管制系统仅靠增加人力和物力已经不能满足需求。而且，现行航行系统存在一些缺点，例如精度低、可靠性差以及难以实现全球统一运行等。ICAO基于对未来商务交通量增长和应用需求的预测，为解决现行航行系统在未来航空运输中的安全、容量和效率不足问题，1983年提出在飞机、空间和地面设施三个环境中利用由卫星和数字信息提供的先进通信（C）、导航（N）和监视（S）技术。由于当时有些系统设备仍在研制中，尚不具备所需运行条件，ICAO将该建议称为未来航行系统（FANS）方案。

随着各种可用CNS技术的日臻成熟，人们愈加注重由新系统产生的效益，同时认识到在实现全球安全有效航空运输目标上，空中交通管理（ATM）是使CNS互相关联、综合利用的关键。ATM的运行水平成为体现先进CNS系统技术的焦点。基于这一发展新航行系统的思想，1993~1994年，ICAO将FANS更名为CNS/ATM系统。有关系统实施规划、推荐标准和建议措施等指导性材料的制定进一步加速了新航行系统的实施。1998年，ICAO全体大会再次修订了全球CNS/ATM实施规划，其内容包括技术、运营、经济、财政、法律、组织等多个领域，为各地区实施新航行系统提供了更具体的指导。CNS/ATM系统在航空中的应用将对全球航空运输的安全性、有效性、灵活性带来巨大的变革。新航行系统使民用航空进入了新发展时代。

（2）新航行系统的构成　新航行系统由通信、导航、监视和空中交通管理四部分组成（表5-1），其中通信、导航和监视系统是基础设施，空中交通管理是管理体制、配套设施及其应用软件的组合。

表5-1　新航行系统的组成

组成部分	现行航行系统	新航行系统
通信	VHF话音 HF话音	VHF话音/数据 AMSS话音/数据 SSR S模式数据链 ATNHF话音/数据 RCP
导航	NDB VOR/DME ILS INS/IRS 气压高度	RNP/RNAV GNSS DG NSS INS/IRS MLS 气压高度
监视	PSR SSR A/C模式 话音位置报告	ADS SSR A/C模式 SSR S模式 RMP
空中交通管理	ATC FIS AWS	ASM ATS ATFM A/C RATMP

（3）新航行系统的特点　与现行航行系统相比，新航行系统主要表现出以下特点。

① 新航行系统是一个完整的系统　新航行系统由通信、导航、监视和空中交通管理组成。实际应用中，虽然存在独立的可用技术和设备性能规定，但从完成安全、有效飞行任务总目标意义上认识，其中的通信、导航和监视系统以硬件设备和应用开发为主，空中交通管理则以数据综合处理和规程管理运行为主。通信、导航、监视和空中交通管理之间相辅相成，在科学的管理方法指导下，高性能的硬件设备能为实现ATM目标提供辅助的手段，为空中交通高效率运行提供潜能。不论是现在ATC的目标，还是今后全球ATM的目标，都是依赖于当时可用技术和设备能力提出来的。新航行系统将各种可靠的手段（通信导航监视等）和方法（程序法规等）有机地综合在一起，将来自各信源的信息加工处理和利用，实现一致的和无缝隙的全球空中交通管理。在实施空中交通管理过程中，将各分系统的高性能都体现在ATM的效益上，使空中交通在任何情形下都有条不紊。

② 新航行系统是一个全球一体化的系统　新航行系统满足国际承认和相互运行的要求，对空域用户以边界透明方式确保相邻系统和程序能够相互衔接。适合于广泛用户和各种水平的机载电子设备。随着新航行系统不断完善而产生的所需总系统性能（RtSP）概念，将对总系统在安全性、规范性、有效性、空域共享和人文因素方面做出规定。RtSP成为发展新航行系统过程中普遍应用的系列标准，指导各国、各地区如何实施新航行系统，保证取得协调一致的运行效果，使空中交通管理和空域利用达到最佳水平，从而实现全球一体化ATM的目标。

③ 新航行系统是一个以滚动方式发展的系统　总观ICAO开始提出的FANS方案和其后一再讨论制订的CNS/ATM实施方案，在新航行系统组成中，一方面，分系统成分发生了一些变化；另一方面，ICAO还先后增加了所需性能的概念。具体有所需导航性能（RNP）、所需通信性能（RCP）、所需监视性能（RMP）、所需空中交通管理性能（RATMP）和在这些性能综合条件下的所需总系统性能（RtSP）。由此可见，ICAO的工作方式已经从在新系统中使用和不使用什么设备的选择上转向注重制订所需性能标准上来。根据对已经颁布的RNP规定的理解和应用结果，RNP概念的应用实现了ICAO的预期目的。所需性能概念体现了ICAO发展航行系统的战略思想，即面对今后交通持续增长和新技术的不断涌现，在完善各种性能要求，并在所需性能指导下，为各国、各地区提供广泛的新技术应用空间和发展余地。在标准化的管理模式下，新航行系统会不断地吸纳新技术、新应用，并使其向更趋于理想模式的方向发展。应该说，今天的新航行系统仍然方兴未艾。

④ 技术方面　新航行系统主要依赖的新技术可以表示为卫星技术+数据链+计算机网络+自动化。其中，卫星技术和数据链技术从根本上克服了陆基航行系统固有的而又无法解决的一些缺陷，如覆盖能力有限、信号质量差等。计算机网络和自动化技术是实现信息处理快捷、精确，减轻人员工作负荷的重要手段。

（4）新航行系统对空管体系的变革

① 陆基航行系统向星基航行系统转变　与现行陆基导航系统相比，全球导航卫星系统具有高精度、多功能、全球性等优点，解决了航路设计受限于地面设施的问题，也为远距或跨洋飞行提供了实时定位导航的手段。当基本卫星导航系统与可靠的增强系统结合后，可将其用于全部飞行阶段。

② 国家空管系统向全球一体化空管体系转变　新航行系统中的功能系统具有的全球覆盖特点，机载和地面设备之间相互联系和数据交换功能的兼容性保证了总系统能一致有效地工作。无论在境内还是跨国空域运行，全球一体化的航行系统以无缝隙的空域管理为用户提供连贯和一致性的服务。

③ 空中交通管制向自动化方式转变　空中交通管制将以渐进方式引进自动化系统。在初期，利用计算机和有关软件协助管制员完成部分任务。应当明确，实现自动化的空中交通管制方式并不等于完全取代管制员。实际应用中，受各种随机因素和不可预见事件的影响，飞机不可能也不总是按其预期结果运行。因此，自动化的空中交通管制方式仍然需要发挥管制员特有的能力和灵活性特点。

章节自测

1. 填空题

（1）民航空中交通管理是_____、_____、_____的总称。

（2）就我国来说，空中交通管理实行"_____、_____"的体制。

（3）空中交通管制单位包括_____、_____、_____、_____、_____等。

（4）空中交通管制系统，按照管制范围的不同分为三个部分，即_____、_____、_____。

（5）空域规划包括_____、_____、_____的制定。

（6）新航行系统由_____、_____、_____、_____四部分组成。

2. 判断题

（1）进近管制室负责向本管制区内受管制的航空器提供空中交通管制服务，负责管制并向有关单位通报飞行申请和动态。（　）

（2）我国的A类空域是指中低空管制区。（　）

（3）告警服务的主要任务是向有关组织发出需要搜寻救援航空器的通知。（　）

（4）飞机间隔分为纵向间隔和横向间隔。（　）

（5）程序管制和雷达管制所允许的航空器之间最小水平间隔相同。（　）

（6）ILS是微波着陆系统的英文简称。（　）

（7）空中交通流量管理的目标之一是实现削峰填谷。（　）

3. 简答题

（1）简述空中交通管制的概念及分类。

（2）比较程序管制和雷达管制的特点。

（3）简述空域规划的概念及空域规划的目的。

（4）简述我国的空域划分。

第 6 章

民用航空器适航管理与维修管理

中国第一位航空修理厂厂长

厉汝燕（1888～1944年），字翼之，男，浙江定海人，清宣统元年（1909年）毕业于英国伦敦纳生布敦工业学校。他立志从事航空事业，多次吁请清政府重视航空。清宣统二年（1910年），经清军咨府批准，厉汝燕进入英国布里斯托尔飞机制造厂，并在该厂飞行学校学习飞机制造及驾驶技术，毕业后通过了英国皇家航空俱乐部考试，获得第148号飞机师证书。1911年年底，厉汝燕受革命军政府委托，在奥地利选购两架"鸽"式单翼机并带回国，被委任为上海军政府航空队队长。1912年4月13、14日，为庆祝辛亥革命成功，厉汝燕驾驶"鸽"式单翼机在上海江湾跑马场进行飞行表演并散发传单，随后被编入新组建的南京陆军交通团飞行营。1913年3月，袁世凯将飞行营调至北京南苑归陆军第3师建制，厉汝燕任随营飞行训练班飞行主任兼修理厂厂长，1913年9月任南苑航空学校主任教官。1914年3月10、11日，他与另外两名飞行员完成了北京至保定之间的航线飞行任务，这是中国国内最早的航线飞行。厉汝燕于1918年10月任南苑航空学校校长，1929年任国民政府中央军校航空班副主任。在从事飞行工作的同时，他曾设计制成一架水上飞机，成为中国早期的飞机设计师，著有《航空学大意》和《世界航空之进化》等书。

学习目标

知识目标
- 理解民用航空器适航管理的定义和作用,并能说出适航管理的内容和特点。
- 理解民用航空器维修理论的定义、主要方式和作用。

能力目标
- 能运用所学知识分析民用航空器适航和维修管理对民航运输的重要意义。

素质目标
- 培养刻苦的工作态度,弘扬"工匠"精神。
- 培养安全的责任意识,深化民航安全的重要性。

6.1 民用航空器适航管理

6.1.1 适航管理的定义和作用

(1)适航的定义 适航性(简称适航)是指航空器的设计特性。在民用航空出现的初期,为保证航空器和乘客的安全,对航空器提出了一种性能和品质上的要求,并涵盖了具体的要求和管理措施,从而保证飞行安全。

随着航空技术的发展,适航性的重要性更加显现,适航性的要求越来越广泛。适航性包括以下三方面的内容。

① 航空器的整体和其中任一部件或系统关系到运行安全的因素都是适航性要包含的内容。

② 航空器运行的外界环境和内在性质决定了适航性的使用范围。因此,适航性需要界定航空器在什么样的界限之内是有效可行的,超出这个范围运行是禁止的。这些限制包括在何种天气、机场、航管条件下运行以及在操纵上对高度、速度、重量等各方面的限制。

③ 适航性是指航空器在整个寿命中,其整体及各部件和系统在预定的运行环境和使用条件下保证安全运行的品质。适航性的管理时间是从航空器的制造开始一直持续到航空器的整个使用寿命期。适航性涉及航空器的设计、制造、使用及维修等方面。

(2)适航管理和适航标准

① 适航管理定义 针对民用航空器的制造、使用和维修的安全问题,政府提出了适航管理,它是控制航空产品的适航水平(即安全水平)的系统工程。

航空器的型号设计应符合相应的适航标准,并获得适航当局批准;航空器由取得适航当局批准的企业制造,经过审查符合型号设计;航空器由持有合格证件的人员按照适航当局批准的大纲进行维修，贯彻执行了适航当局颁发的相应适航指令；航空器在上述检查、维修中没有发现重大故障，不需要进行大的维修或调整。

② 适航管理特点　它是代表国家对本国民航进行监督管理的政府机构，负责颁布各种条例和标准，并对其进行行政管理；管理民用航空运输事务，与军机属于不同的范畴；管辖范围广，包括航空器、机场、学校、保卫等的管理工作；它有行政管理的特点，更多的是技术性很强的技术管理。

③ 适航管理标准　由国家适航部门建立起的适航标准是一种法律界定，它是为保证民用航空器的适航性而制定的最低安全标准，也是一种国家的技术标准。

我国所采用的适航标准是《中国民用航空规章》（CCAR）的一个重要组成部分。适航标准是根据大量的科学分析和多年的经验教训，以及运行中出现的实际问题和各种情况而制定的。因此，可以说适航标准是一个实践性和科学性相结合的文件，它是随着科学技术的发展和实践经验的积累不断地完善和改进的。

制定适航标准，首先要考虑安全需要，但在考虑安全的前提下，必须考虑适航标准的经济影响，要把保证安全的经济负担降至最低，从而达到最大的效益。最低是指保证安全要求的同时，经济代价最小。

④ 适航管理内容　适航部门的任务主要有以下内容：
a. 制定和修改适航标准、审定监督规则；
b. 审定民用航空器的设计型号是否合格；
c. 审定航空器制造厂的生产，发放生产许可证；
d. 检查注册的民用航空器的适航性，发放航空器适航证；
e. 对航空器的使用者提出要求和使用限制，从而监督他们保证航空器在适航条件下使用；
f. 审查民用航空器的维修单位，发放维修许可证，监督检查维修的质量保证；
g. 考核维修民用航空器的人员，发放执照，保证维修人员的技术水平。

⑤ 适航管理作用　适航管理是保证航空安全的重要因素之一，是保证民用航空器安全运行的基本条件。航空器是航空活动的物质基础，其本身不安全，航空的安全就无法保证。

适航管理从航空器的设计制造开始一直持续到其使用全过程，因而涉及航空活动的每个环节，遍及航空活动的全过程，所以适航性时时刻刻影响着航空安全。

随着适航管理的不断改进，航空安全性不断提高，同时，由于采取了合理措施，航空器在保证安全的前提下降低了维修和使用成本，航空事业取得了更大的发展。

6.1.2　适航管理机构

（1）有关适航的国际规定　民用航空从一开始就具有国际性，适航管理的顶层机构代表国家。1946年，根据《芝加哥公约》成立了国际民航组织，即国际民用航空组织及其协调机构。而航空器的制造和使用也具有极强的国际性，适航性的要求和标准对每个国家而言，技术和安全基础基本相同，但由于国情和经济发展的差异，在政治和经济方面的考虑会有所不同。

在《国际民用航空公约》中，对航空器的国际适航性，以及各个国家建立的适航机构职责、国际合作都有相应的规定，并对航空器的国籍做了详细和明确的规定和建议。根据国际适航标准，各国可依据本国的情况制定适航法规。如美国联邦航空局（FAA）是运输部下属，负责制定民用航空的政策、审查、颁发各种证照的民用航空管理的机构；法国民航总局（DGAC）是运输部下属的民航管理当局，但适航审定委托民航组织——法国船舶与航空器分级注册局（VERITAS）负责。

（2）我国适航管理的国际任务　我国是国际民航组织的创始成员国之一，适航机构是中国民用航空局（CAAC），它是部委管理的国家局，该机构根据国际民航组织的有关规定进行工作。

① 制定能得到国际普遍承认的适航标准　广泛订立国际间双边和多边适航协定，严格审核国外制造的或租赁使用的航空器及航空产品。

② 民用航空器的国籍管理　由于需对民用航空器的国籍进行登记及管理，故民用航空器在国际上顺利运行也是国家行使主权的一部分。

（3）我国的适航管理机构　我国自1987年理顺体制，经过十几年的改革、充实和完善，建立起了与世界上绝大部分国家大体相同的民航适航机构。

我国的适航组织体系分为以下3级。

① 立法决策层　它是国家统管适航的领导机构，由民用航空局下的适航司完成这一任务。

② 执法监督层　各地区管理局中的适航处负责检查该地区贯彻适航法规的执行情况，对违法者实施查处。

③ 委任基础层。由适航主管机构负责委任代表，帮助在基层开展和监督适航工作，从而使适航工作深入基层，建立广泛的基础。

6.1.3　适航管理的文件和证件体系

适航管理必须根据国家的法规条例来实施，这些法规条例和实施的具体规定称为适航文件。

适航证件是指由适航文件所规定的认定航空制造的产品、航空维修的产品、组织和人员的标准及资格后，适航部门所颁发的各种证件。

（1）我国的适航法规和文件　适航文件分为两类：a.由国家主管机构颁发的法律、法规；b.由适航司为实行这些法律、法规制定的细则和解释。

① 有关的法律和法规　《中华人民共和国民用航空法》中对适航的任务、范围等做出了规定，这是由立法机构通过的法律；1987年，由国务院颁布的《中华人民共和国民用航空器适航管理条例》，简称《适航条例》，是我国实行适航管理的全面性政策法规；中国民用航空局发布的《中国民用航空规章》（CCAR）中涉及适航的各个部分。

② 对有关法律和法规的解释和实施细则　政府制定了法律和法规后，在实行中还需要由下级机构制定出具体的细则和管理程序，由适航司制定发布，构成适航文件的第二级部分，分为适航管理程序/咨询通告和适航管理文件。

（2）适航管理的证件体系　适航管理要对航空产品、机构和人员的标准或资格进行审定，并颁发相应的证件。持有合格证件的产品、机构和人员才能在民航中使用或从事相关工作，这是保证航空安全的基础。适航的证件可分为制造、使用和维修三大类。

① 有关制造方面的证件，主要包括型号合格证和生产许可证。
② 有关使用方面的证件，主要指适航证。
③ 有关维修方面的证件，主要包括维修许可证和航空人员维修执照。

6.1.4 初始适航性管理

民用航空器的适航管理按照制造和使用阶段，可划分为初始适航管理和持续适航管理。初始适航管理可分为设计、生产制造和适航性三方面的审核和发证。

（1）设计方面的适航管理　对设计的审定涉及航空器的各个方面，由专家组成审查组进行全面细致的审查，审查通过后，适航部门发放型号合格证，取得合格证的航空产品才能投入批量生产。

（2）生产制造方面的适航管理　主要审核生产制造厂或制造人承担生产某种航空产品的能力，审查通过后，适航部门发放生产许可证，生产者就能从事生产了。

（3）适航性方面的审查　适航性审查对象包括国内制造的航空器和从国外进口的航空器。在航空器使用前，必须要对其适航性进行审查，通过后才能颁发适航证，具有适航证的航空器才可以在规定范围中做合法的航行。审查的内容主要包括审查航空器的型号合格证、制造厂家执行适航指令的保证、注册状态以及直接关联航空安全的部件的检查记录等。

6.1.5 持续适航管理

（1）持续适航管理的目的和意义　持续适航管理是国际民航组织的要求，也是世界各国通行的管理手段。多年实践证明，持续适航管理对保证飞行安全、促进民航事业发展具有重大作用，也是民用航空健康发展的基本条件之一。

（2）持续适航管理的内容　持续适航管理要求适航部门、使用维修部门和设计制造部门相互配合共同完成。主要包括以下四方面内容。

① 审核和监督维修单位　维修单位经审查合格后，发放维修许可证，该单位取得维修民用航空器的资格。
② 鉴定与检查航空器持续适航性　航空器的适航性由营运人负责，所以适航性的检查包括对航空器和营运人两方面的检查。
③ 对维修人员的要求　维修人员必须持有执照才能上岗从事维修工作，只有得到完整的维修执照的人员才能从事针对具体机型的专业工作。
④ 收集和管理信息　收集的信息内容包括航空器使用中出现的各种不安全因素、暴露出的故障以及航空器在维修中发现的各类问题。通过分析这些信息，适航部门可以对各类航空器的安全性、适航性做出切合实际的判断，从而制定出正确的政策，采取适当的解决方法。

延伸阅读

民用航空器适航的"三大通行证"

为保证航空安全,根据《中华人民共和国民用航空法》和《中华人民共和国民用航空器适航管理条例》,任何单位或者个人设计民用航空器,应当向民航局申请并获得型号合格证(TC);制造民用航空器,需要经生产许可审定并获得生产许可证(PC);使用民用航空器,需要经单机适航检查并获得单机适航证(AC)。因此,民用航空器只有经民航局适航审定合格才能进入中国民用航空市场。

通行证一:型号合格证TC(Type Certificate)

型号合格证是适航当局根据适航规章颁发的,用以证明民用航空产品的设计符合相应适航规章的证件。这张通行证的作用在于对飞机的设计是否满足适航标准进行认可。

型号合格证包括以下内容:型号设计特征、使用限制、合格证数据单、有关适用条例及民航局对产品规定的任何其他条件或限制。

型号合格证是适航当局对飞机设计符合性的批准。设计符合性是指航空产品和零部件的设计符合规定的适航标准和要求。

《中华人民共和国民用航空法》第三十四条规定:设计民用航空器及其发动机、螺旋桨和民用航空器上设备,应当向国务院民用航空主管部门申请领取型号合格证书。经审查合格的,发给型号合格证书。

我国民用航空器型号合格证的审查和批准由民航局航空器适航审定司负责。

型号合格审定是中国民用航空局对民用航空产品(指民用航空器、航空发动机、螺旋桨)进行设计批准的过程。

通行证二:生产许可证PC(Production Certificate)

生产许可证是适航当局对飞机制造符合性的批准,制造符合性是指航空产品和零部件的制造、试验、安装等符合经批准的设计。

生产许可证是中国民航局经过审查申请人的质量控制资料、组织机构和生产设施后,认为申请人已经建立并能够保持符合相关规定的质量控制系统,且其生产的每一架民用航空产品均符合相应型号合格证或型号设计批准书、补充型号合格证或改装设计批准书的设计要求后,所颁发的生产体系认证证书。这张通行证的作用在于要求有一个符合标准的质量保证体系,制造企业能够按照批准的工程设计资料持续稳定地生产出安全可用的飞机。

相比于飞机型号合格认证,生产许可认证更能体现一家航空制造企业的生产组织、控制、质量管理和综合管理水平,从原材料控制、供应商管理,到生产环节的划分及控制、生产质量管控,再到飞机出厂测试、售后维修维护等,每一个细节都必须做到有章可循、有据可查,严格按照程序组织各个生产环节,确保小到零件、大到整机都可追溯、安全受控。

生产许可证取证目的是在局方的生产监管下,按照经局方批准的型号设计进行重复、高质量、稳定可靠的生产。这是项目从研制成功到批量生产的重要环节,也是实现商业成功的必经之路。

通行证三：单机适航证AC（Aircraft Certificate）

单机适航证是适航当局对每架飞机制造符合性的批准。每一架出厂的飞机都有这个证，表示这一架飞机可以安全运营。这张通行证的作用在于确认每架飞机都是按照批准的设计和经批准的质量体系制造的，它对于每一架飞机来说，就好比是新生婴儿的户口一般。

单机适航证基本有以下分类：一是标准适航证，用于已经由适航部门确认其符合经批准的设计并处于安全可用状态的航空器产品；二是出口适航证，用于已经由适航部门确认其符合经批准的设计并处于安全可用状态的出口航空器产品；三是特许飞行证，用于航空器为证明其符合经批准的设计的飞行试验，包括获取型号合格证之前的试验样机、产品飞机的生产试飞、修理后返回使用前飞机的飞行试验；四是试验适航证，一般由外国适航部门采用，对于航空产品，基本等同于我国的特许飞行证，但是也用于某些特殊类航空器的飞行批准。

上述飞机三证（TC、PC、AC）都是适航当局颁发给飞机制造商的，仅表明飞机的设计和制造符合初始适航要求，包括随飞机取证的设备/系统。但某些装机设备/系统，还必须由设备/系统供应商单独取得适航证后才有装机资格。例如，涡轮发动机必须按CCAR/FAR/CS 33、34取证，某些适航当局批准有TSO标准的设备也要取证。

适航管理

适航管理是以保障民用航空器的安全性为目标的技术管理，是政府适航部门在制定了各种最低安全标准的基础上，对民用航空器的设计、制造、使用和维修等环节进行科学统一的审查、鉴定、监督和管理。适航管理揭示和反映了民用航空器从设计、制造到使用、维修的客观规律，并施以符合其规律的一整套规范化的管理。（扫码获取视频，学习更多内容）

6.2 民用航空器维修管理

6.2.1 航空器维修定义

航空器维修的两个范畴为维修技术和维修组织管理，是反映航空维修工作客观规律的科学，是研究以最高的飞机使用可靠性、最低的消耗，为保障安全、正常地完成飞行任务提供有关航空维修技术、维修管理及维修设计等的应用工程学科。

6.2.2 维修的重要性和与外部的关系

(1) 航空器维修的重要性　航空器是高技术、高成本的产品,更重要的是它关系到安全问题,因而维修工作成为保证航空器安全运行的基础。航空器维修的重要性体现在以下三方面:

① 保障航空器飞行安全;

② 保障航班的正点率;

③ 降低经营成本。

(2) 航空器维修单位与外部的关系

① 与适航部门的关系　从技术角度来说,维修单位的运行要通过适航部门的审核,取得许可证后才具有维修资格,专业人员要有适航当局颁发的执照才能上岗。另外,通过维修单位在维修中遇到的情况和问题,适航部门可以更好地制定修改政策。

② 与制造厂商的关系　维修部门的任务是保证维修的零部件和航空器达到或保持原设计的标准,可以说维修的基本技术标准是从制造厂来的。在维修过程中出现的一些不能解决的问题,要返回制造厂去解决。

③ 与航材供应厂商的关系　航材的及时供应是保证维修工作如期完成的必要条件,因此维修单位必须要慎重选择航材供应商,寻求稳定可靠的航材供应渠道,充分保障维修质量。

6.2.3 维修的理论、方式和作用

(1) 维修理论

① 技术理论　包括故障研究;民用航空器及其装备的质量检查及监控;环境、工作负荷和机型老化对民用航空器及其装备影响的研究;维修规程(或方案)的研究。

② 管理理论　包括维修管理的决策分析;维修方式或工作类型研究;维修经济性的研究;维修组织的研究;维修工效的研究;维修信息系统的研究。

③ 设计理论　包括飞机维修性能的设计理论;可维修性;航空器及其装备使用厂家应及时向制造厂家提出可靠性、维修性的要求。

(2) 维修方式　在新的维修理论指导下,航空器的维修方式有了相应的改变,主要有以下三种。

① 定时维修(Hard Time,HT)　定时维修是传统的维修方式,是指对重要的第一类故障曲线的零部件,给予一定的使用期限,到期后给予更换、报废的方式,这类部件又被称为定寿件,它决定着检修的时期。

定时维修方式和以往的维修方式的最大区别在于,定寿零件数从原来的占总零件的90%以上,减少到10%左右,有的机种只占7%,包括发动机的涡轮盘、涡轮轴,操纵面的操纵件等。同时,由于飞机设计和材料的改进,定寿零件的翻修期限大大增加,有资料表明1975年以后的翻修期限比1960年增加了10倍以上。

② 视情维修(On Condition)　对重要的第二类故障曲线的零部件,通过对这些零部件使用情况的监测和观察,来决定维修或更换,这种维修方式叫作视情维修。视情维修首先

要对零件的技术状况做出判断，从而避免发生影响安全的事故。这要求对视情维修的零部件采用具体的检测手段、检测标准及检测时间。在设计方面也要考虑这些零部件如何在原位检查，以便能快速地更换。

视情维修尽管和定时维修一样是定期检测的，但它对零部件的处理是通过检测来决定零件是否继续使用，而不是全部报废更换到期的零件。这种维修方式不仅减少了工作量，缩短了工作时间，充分利用了零部件，还减少了在拆装过程中导致的事故率。

③ 状态监控（Condition Monitoring） 有一部分零部件对航空器的飞行安全并不造成直接影响，这些零部件即使发生故障，飞机仍然安全运行，因此可在零部件发生故障后及时加以排除。对这些零部件进行有效的监控，一旦发生故障立即发现并进行排除，这种维修方式称为状态监控。这种对零部件监控的体系预防故障的后果，使得整个维修工作出现了革命性的变化。

（3）维修作用

① 维修方式的综合运用改变了传统方法的单一方式和统一卸换的方式，维修质量因此大为提高，维修成本大为下降。

② 维修方式与新技术结合，维修的初期投资（购置检测设备和培训人员）增加，在保证质量的同时，使维修计划工作变得复杂且条理清晰。

③ 维修与设计紧密结合，设计时要考虑维修的方便和成本，如对视情维修要加开检查孔，对整机的仪表部分增加监控系统、机载自检测系统等，同时，维修中出现的问题及其解决方法会促进设计的修改或改装。

④ 航空器的整体可靠性和零部件的可靠性及两者间的联系是建立在大量的数据统计和分析基础上的，因而在新的体系中可靠性数据的积累、分析，信息的传递成为不可缺少的重要环节。

6.2.4 维修的生产管理

（1）维修单位的组织　维修部门在航空公司中是一个工作量大、任务繁多且相对独立的部门。一般情况下，大、中型航空公司的维修人员占整个公司人数的20%～25%。各航空公司的维修组织结构都有所不同，大体上可分为以下三类。

① 集中型组织结构　一些小型航空公司的任务量小，管理部门也少，通常采用集中型组织结构，分为三个部门（图6-1）。

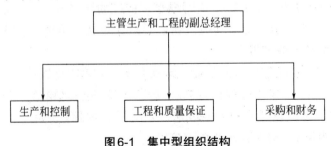

图6-1　集中型组织结构

② 功能型组织结构　传统的大航空公司一般采用功能型组织结构（图6-2），它与小公司组织方式的原则一致，但因为任务量更大，所以分工更细。

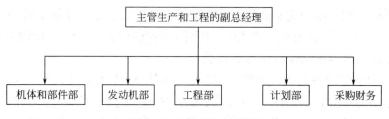

图6-2 功能型组织结构

③ 生产线型组织结构 为了与现代航空业的激烈竞争相适应，一些大型航空公司的维修部门围绕产品的生产过程来设置组织形式（图6-3）。这种形式的管理把权力分散到机体、发动机、部件三个生产部门，而每个生产部门相当于一个子企业，能够独立地处理自己的生产事务。

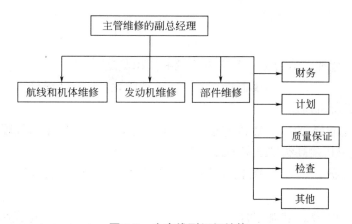

图6-3 生产线型组织结构

（2）维修管理的环节和过程
① 制订维修方案。
② 制订维修计划。
③ 采购航材进行生产。
④ 进行可靠性分析与评估。
⑤ 用可靠性分析的结果修订技术标准和维修方案。

以上五个环节构成了一个循环。在这个循环中，通过不断地实践、修改、再实践、再修改，维修工作得到不断完善。

（3）维修的分类 在航空器维修计划中，把维修工作分为航线维护及相应的初、高级维修。

① 航线维护
a.航前/过站检查，如绕机一周的目视检查和例行的勤务工作。
b.航后检查，一般在夜间进行，24小时内执行一次，除航前检查的工作外，还要排除出现的故障。

航线维护是在航站完成，一般只需要简单的检测仪器对零部件进行维护或拆换。现代飞机在设计中，很多零部件均设计成航线可拆换件（LRU），就是为了在有故障时可迅速拆换。

② 初级维护　初级维护是指低级的定期维护，这种检查要在维修基地进行，飞机要进入机库。机库首先要有足够的面积停放飞机，还要有相应的工作平台、机械设备和检修设备。

③ 高级维修　高级维修是指中检和D检。

中检的间隔时间以年来计算，维修内容包括结构检查、客舱更新，停场时间在10天以上。

D检是飞机最高级别的检修，间隔时间需在90000飞行小时以上。D检除涵盖前面级别的各种维修项目之外，还要对发动机进行大修、对系统结构进行深入检查及改装等。进行高级维修除机库外，还要有相应的车间，如发动机车间、无线电仪表车间、航材库、发动机试车台等。机库内还设有总装区，以保证维修零部件的放置和安装。D检后的飞机都要进行试飞，因此还应有试飞的部门和设施。

章节自测

1. 选择题

（1）初始适航管理可分为（　　）三方面的审核和发证。

　　A. 设计　　　　　B. 制造　　　　　C. 适航性　　　　D. 维修

（2）我国的适航机构是（　　）。

　　A. 交通运输部　　B. 国务院　　　　C. 空军　　　　　D. 中国民用航空局

（3）（　　）是飞机最高级别的检修。

　　A. 航线维护　　　B. 初级维护　　　C. 中检　　　　　D. D检

2. 填空题

（1）1987年，由国务院颁布的_____是我国实行适航管理的全面性政策法规。

（2）民用航空器的适航管理按照制造和使用阶段，可划分为_____和_____。

（3）我国的适航组织体系分为_____、_____、_____三级。

（4）在航空器维修计划中，把维修工作分为_____及相应的_____、_____维修。

（5）航空器主要有三种维修方式，即_____、_____、_____。

（6）_____是指由适航文件所规定的认定航空制造的产品、航空维修的产品、组织和人员的标准及资格后，适航部门所颁发的各种证件。

3. 简答题

（1）简述适航性的定义。

（2）简述适航管理的证件体系。

（3）简述持续适航管理的内容。

（4）简述航空维修的定义及作用。

第 3 篇

民用航空构成要素

第 7 章

民用机场

北京大兴国际机场打造"绿色机场"新标杆

2020年9月30日,北京大兴国际机场工程竣工环保自主验收在生态环境部"全国建设项目竣工环境保护验收信息系统"完成备案,标志着北京大兴国际机场成为全国首个在开航一年就完成整体竣工环境保护自主验收的大型枢纽机场。

北京大兴国际机场深入贯彻落实习近平生态文明思想和习近平总书记视察北京大兴国际机场的重要指示批示精神,通过理念、科技、管理创新,将绿色发展理念贯穿到北京大兴国际机场建设的全过程,将推进绿色机场建设作为实现"引领世界机场建设,打造全球机场标杆"的重要途径,在保障北京大兴国际机场运行安全的同时,创造了优美的生态环境,为打造世界一流绿色机场树起了中国标准。

 学习目标

知识目标
- 理解民用机场的分类及飞行区的划分。
- 理解我国民用机场的建设和发展情况。
- 识记国内外主要机场三字代码。

能力目标
- 运用所学知识分析民用机场在经济发展中的作用。

- 运用所学知识分析国内外机场分布情况。

素质目标
- 树立民航安全生产的意识。
- 树立统筹全局的发展理念。

7.1 民用机场定义和分类

7.1.1 民用机场定义

民航运输依赖飞机在空中飞行完成运输，但是飞机载运的旅客、货物、邮件等都来自地面，因此就需要一个场所提供民航运输的空中与地面的衔接服务，这个场所就是民用机场。

依据《中华人民共和国民用航空法》，民用机场是指专供民用航空器起飞、降落、滑行、停放以及进行其他活动使用的划定区域，包括附属的建筑物、装置和设施。

7.1.2 民用机场分类

民用机场的分类方式有很多种。

（1）根据功能分类　根据功能主要分为运输机场和通用航空机场。

① 运输机场是指主要为定期航班运输服务的机场，其规模较大、功能较全、使用较频繁，知名度也较大。

② 通用航空机场主要供专业飞行之用，使用场地较小，因此一般规模较小，功能单一，对场地的要求不高，设备也相对简陋。这里重点介绍运输机场的情况。

（2）根据航线业务范围分类　根据航线业务范围不同，机场可以分为国际机场、国内机场。

① 国际机场是指拥有国际航线并设有海关、边检、检验检疫等联检机构的机场。

② 国内机场是指专供国内航线使用的机场。在我国，地区机场是指大陆民航运输企业与香港、澳门、台湾地区之间定期或不定期的航班飞行使用，并设有相应联检机构的机场。

很多机场同时开设上述多种航线业务，通过不同的航站楼或不同的航站楼层加以区分。

（3）根据机场在民航运输系统中所起的作用分类　按机场在民航运输系统中所起的作用不同，机场可以分为枢纽机场、干线机场和支线机场。

① 枢纽机场是指作为全国航空运输网络和国际航线网络枢纽的机场。

② 干线机场是指以国内航线为主、建立跨省跨地区的国内航线的、可开辟少量国际航线的机场。

③ 支线机场是指经济较发达的中小城市或经济欠发达但地面交通不便的城市地方机场。

(4) 根据机场在所在城市的地位、性质分类　按机场在所在城市的地位、性质不同，机场可以分为Ⅰ类机场、Ⅱ类机场、Ⅲ类机场和Ⅳ类机场。

① Ⅰ类机场是指全国政治、经济、文化中心城市的机场，是全国航空运输网络和国际航线的枢纽，运输业务量特别大，除承担直达客货运输外，还具有中转功能，北京首都国际机场、上海浦东国际机场、广州白云国际机场等属于此类机场。

② Ⅱ类机场是指省会、自治区首府、直辖市和重要经济特区、开放城市和旅游城市或经济发达、人口密集城市的机场，可以全方位建立跨省、跨地区的国内航线，是区域或省区内航空运输的枢纽，有的可开辟少量国际航线，Ⅱ类机场也可称为国内干线机场。

③ Ⅲ类机场是指国内经济比较发达的中小城市，或一般的对外开放和旅游城市的机场，能与有关省区中心城市建立航线的机场，Ⅲ类机场也可称为次干线机场。

④ Ⅳ类机场是指支线机场及直升机场。

中国航空交通体系

中国航空交通体系由三大门户复合枢纽机场、八大区域性枢纽机场、十二大干线机场组成，这三个层次23座机场（城市）是现在以及未来中国航空运输体系的核心枢纽。其中：

三大门户复合枢纽机场（城市）包括北京、上海、广州。

八大区域性枢纽机场（城市）包括重庆、成都、武汉、郑州、沈阳、西安、昆明、乌鲁木齐。

十二大干线机场（城市）包括深圳、南京、杭州、青岛、大连、长沙、厦门、哈尔滨、南昌、南宁、兰州、呼和浩特。

7.2　民用机场功能区划分

按照不同区域活动主体不同，机场主要分为三部分，包括飞行区、航站区以及进出机场的地面运输区。机场飞行区为航空器地面活动的区域，飞行区分空中部分和地面部分，空中部分是指机场的空域，包括进场和离场的航路；地面部分包括跑道、滑行道、停机坪和登机门，以及一些为维修和空中交通管制服务的设施和场地，如机库、塔台、救援中心等。航站楼区包括航站楼建筑本身以及航站楼外的登机坪和旅客出入车道，它是地面交通和空中交通的结合部，是机场对旅客服务的中心地区。地面运输区是车辆和旅客的活动区域，严格地说，航站楼属于地面运输区，鉴于机场中很多的主要活动在航站楼中进行，因而将航站楼作为一个独立的部分。

7.2.1 机场飞行区

7.2.1.1 飞行区概况

（1）跑道

① 跑道定义　跑道是用于飞机起飞滑跑和着陆滑跑的超长条形区域（图7-1），大型机场跑道材质多是沥青或混凝土，是机场最核心的功能设施。跑道的方位和条数根据机场净空条件、风力负荷、航空器运行的类别和架次、与城市和相邻机场之间的关系、机场周围的地形和地貌、工程地质和水文地质情况、噪声等环境影响等各项因素综合分析确定，主跑道的方向一般和当地的主风向一致，这样就能保证飞机在逆风中起降，增加空速，使升力增加，飞机就能在较短的距离中完成起降动作。

图7-1　机场跑道　　　　　　　　图7-2　机场跑道命名方法

② 跑道识别号码　为了使驾驶员能准确地辨认跑道，每一条跑道都有一个编号，它就相当于跑道的名字一样。跑道号是按跑道的大致方向编的，所谓方向，是从驾驶员看过去的方向，也就是起飞或降落时前进的方向。跑道方向一般以跑道磁方向角度表示，由北顺时针转动为正。跑道方位识别号码由两位阿拉伯数字组成，将跑道着陆方向的磁方位值除以10，四舍五入后得到两位数字，同时将该数字置于跑道相反的一端，作为飞行人员和调度人员确定起降方向的标记。例如，天津滨海国际机场跑道的磁方向角为160°～340°，则南端跑道号为34，北端跑道号为16，由于两者的磁方向角相差180°，则跑道号相差18（图7-2）。跑道号都是两位数，如果只有一位数，则用0补齐。如果某机场有同方向的几条平行跑道，就再分别冠以L（左）、C（中）、R（右）等英文字母以示区别。

③ 跑道构形　跑道构形取决于跑道的数量和方位，跑道的数量主要取决于航空交通量的大小。在航空交通量小、常年风向相对集中时，只需单条跑道；在航空交通量大时，则需设置两条或多条跑道。跑道构形包括单条跑道、平行跑道、交叉跑道和开口V形跑道等基本构形（图7-3）。

单条跑道构形是最简单的一种构形。单条跑道的容量较小，但这种构形占地少，适用于中小型地方机场或飞行量不大的干线机场，是目前大多数机场的主要构形。

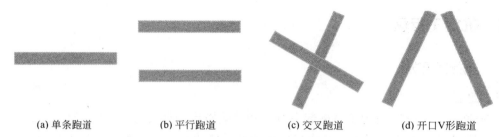

(a) 单条跑道　　　　(b) 平行跑道　　　　(c) 交叉跑道　　　　(d) 开口V形跑道

图7-3　机场跑道基本构形简化图

平行跑道构形根据跑道的数目及其间距不同，它们的容量不大相同，一般为两条平行跑道，国际上也有少数机场设置4条平行跑道。这种构形虽然占地较多，但跑道容量大，机场布局合理，很有发展前景。

交叉跑道构形是当常年风向使机场的使用要求必须由两条或两条以上跑道交叉布置时产生的，并把航站区布置在交叉点与两条跑道所夹的场地内。交叉跑道的容量通常取决于交叉点与跑道端的距离以及跑道的使用方式，交叉点离跑道起飞端和入口越远，容量越低；当交叉点接近起飞端和入口时，容量最大。

开口V形跑道构形是两条跑道不平行、不相交，散开布置。和交叉跑道一样，当一个方向来强风时，只能使用一条跑道；当风小时，两条跑道可以同时使用。航站区通常布置在两条跑道所夹的场地上，机场容量取决于飞机起飞着陆是否从V形顶端向外进行，当从顶端向外运行时，容量最大。

④ 跑道附属区　跑道的附属区主要包括跑道道肩、停止道、净空道、升降带和跑道端安全区等（图7-4）。

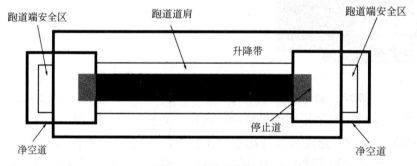

图7-4　跑道附属区

跑道道肩是跑道道面和邻接表面之间过渡用的区域，对称向外扩展，跑道及道肩总宽度大于或等于60米，结构强度小于道面。道肩的作用主要是在飞机滑出跑道时支撑飞机，以及支撑在道肩上行驶的车辆，同时可以减少地面泥土、沙石等进入发动机。

停止道是在可用起飞滑跑距离末端以外地面上一块划定的经过整备的长方形区域。停止道的作用是使飞机在放弃起飞时能在它上面停住，其宽度与相连接的跑道相同；强度要求能承受飞机，不致飞机结构损坏即可。

净空道是指跑道端的一区域，飞机可在该区上空进行一部分起始爬升，达到一个规定高度。净空道的起始点在可用起飞滑跑距离的末端，长度不超过可用起飞滑跑距离的一半，宽度从跑道中线延长线向两侧横向延伸至少75米，对于净空道上空可能对飞机造成危险的物体视为障碍物应予以移去。

升降带的位置在跑道入口前，除Ⅰ级非仪表跑道外，自跑道或停止道端向外延伸60米，宽度自跑道中心线横向延伸150米（3、4级）和75米（1、2级）。升降带的作用是减少飞机冲出跑道时遭受损坏的危险，使飞机起降过程中在其上空安全飞过。

跑道端安全区的位置是自升降带端延伸至少90米，宽度至少为跑道宽度的两倍。其作用主要是减少飞机过早接地或冲出跑道时遭受损坏的危险。

微课课堂

机场跑道基本参数

跑道为民航客机提供起飞、着陆、滑跑以及起飞滑跑前和着陆滑跑后的运转场地。因此，跑道必须要有足够的长度、宽度、强度、粗糙度、平整度和规定的坡度。（扫码获取视频，学习更多内容）

（2）滑行道　滑行道是机场的重要地面设施，是机场内供飞机滑行的规定通道。滑行道的主要功能是提供从跑道到候机楼区的通道，使已着陆的飞机迅速离开跑道，不与起飞滑跑的飞机相干扰，并尽量避免延误随即到来的飞机着陆。此外，滑行道还提供了飞机由候机楼区进入跑道的通道。滑行道可将功能不同的分区（飞行区、候机楼区、飞机停放区、维修区及供应区）联结起来，使机场最大限度地发挥其容量潜力并提高运行效率。

各滑行道组成了机场的滑行道系统。滑行道系统的各组成部分起着机场各种功能的过渡媒介的作用，是机场充分发挥功能所必需的。

滑行道系统包括以下几种。

① 平行滑行道。平行滑行道与跑道平行，是联系机坪与跑道两端交通的主要滑行道。交通量少的跑道可不设平行滑行道。

② 进出口滑行道。进出（进口或出口）滑行道又称联络滑行道（俗称联络道），是沿跑道的若干处设计的滑行道，旨在使着陆飞机尽快脱离跑道。

③ 快速出口滑行道（交通繁忙的机场设置）。快速出口滑行道可允许飞机以较高速度滑离跑道，从而减少了占用跑道的时间，提高跑道的容量。一般情况下，快速出口滑行道与跑道交叉角不应大于45°，也不应小于25°。快速出口滑行道在转出曲线之后必须要有一段直线距离，其长度应足够让转出飞机在进入（或穿越）任何交叉滑行道以前完全停住，以避免与在交叉滑行道上滑行的飞机发生碰撞（图7-5）。

④ 机位滑行通道。机位滑行通道是指从机坪滑行道通往飞机停机位的通道。

⑤ 机坪滑行道。机坪滑行道设置在机坪边缘，供飞机穿越机坪使用。

⑥ 旁通滑行道。当交通密度为高时，宜设置旁通滑行道。旁通滑行道设在跑道端附近，供起飞的航空器临时决定不起飞，从进口滑行道迅速滑回用，也可供跑道端进口滑行道堵塞时航空器进入跑道起飞用。

⑦ 绕行滑行道。当运行需要时，宜设置绕行滑行道，以减少飞机穿越跑道次数。绕行滑行道不应影响仪表着陆系统（ILS）信号及飞机运行，绕行滑行道上运行的飞机不应超过此时运行方式所需的障碍物限制面。绕行滑行道上运行的飞机不应干扰起飞和降落飞机驾驶员的判断，应根据运行需要，设置目视遮蔽物。

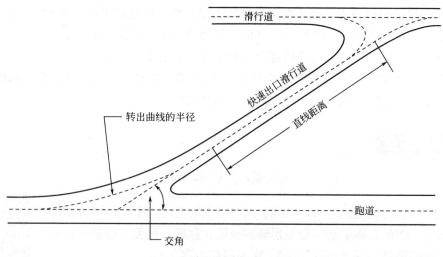

图7-5 快速出口滑行道

⑧ 滑行道桥。当滑行道必须跨越其他地面交通设施（道路、铁路、管沟等）或露天水面（河流、海湾等）时，则需要设置滑行道桥。滑行道桥应设置在滑行道的直线段上。滑行道道肩及滑行带等。滑行道道肩应能承受飞机气流吹蚀且无可能被吸入飞机发动机的松散物体。除机位滑行通道外，滑行道应设置滑行带，滑行带内不应有危害航空器滑行的障碍物。

（3）机坪 机坪是民用机场运输作业的核心区域，此区域供飞机停放、上下旅客、装卸货物以及对飞机进行各种地面服务（包括机务维修、上水、配餐、加电、清洁等）。机坪布局应根据机坪的类别、停放飞机的类型和数量、飞机停放方式、飞机间的净距、飞机进出机位方式等各项因素确定。

机坪根据使用的对象不同，可分为登机坪（站坪）和停机坪。飞机在登机坪进行卸装货物、加油，在停机坪过夜、维修和长时间停放。机坪上划定的供飞机停放的位置简称机位。

7.2.1.2 飞行区等级

飞行区等级常用来代表机场等级，飞行区等级并不直接与机场跑道长度、宽度等同，我国采用《民用机场飞行区技术标准》加以规范，采用飞行区等级指标Ⅰ和指标Ⅱ将有关飞行区机场特性的许多规定和飞机特性联系起来，从而对在该飞机场运行的飞机提供适合的设施。飞行区等级指标Ⅰ根据使用该飞行区的最大飞机的基准飞行场地长度确定，共分1、2、3、4四个等级；飞行区等级指标Ⅱ根据使用该飞行区的最大飞机翼展和主起落架外轮间距确定，共分A、B、C、D、E、F六个等级（表7-1）。

飞行区等级可以向下兼容，例如我国机场最常见的4E级飞行区常常用来起降国内航班最常见的4C级飞机（如A320、B737等），飞机一般使用跑道长度一半以下（约1500米）即可离地起飞或使用联络道快速脱离跑道。在天气与跑道长度允许的情况下偶尔可在低等级飞行区起降高等级飞机，例如我国大部分4E级机场均可以减载起降4F级的A380飞机，但这会造成跑道寿命缩短，并需要在起降后人工检查跑道道面。

增加跑道长度有利于在降落时气象条件不佳、刹车反推失效或错过最佳接地点的情况下避免冲出跑道,也有利于在紧急中断起飞的情况下利用剩余跑道长度减速刹车。增加跑道宽度有利于在滑跑偏离跑道中心线的情况下有较大修正余地,避免飞机冲出跑道。

表 7-1 飞行区等级标准内容

指标Ⅰ		指标Ⅱ		
数码	飞机基准飞行场地长度/米	字码	翼展/米	主起落架外轮外侧边间距/米
1	<800	A	<15	<4.5
2	[800,1200)	B	[15,24)	[4.5,6)
3	[1200,1800)	C	[24,36)	[6,9)
4	≥1800	D	[36,52)	[9,14)
		E	[52,65)	[9,14)
		F	[65,80)	[14,16)

注:飞机基准飞行场地长度是指某型飞机以最大批准起飞质量,在海平面、标准大气条件、无风和跑道纵坡为零的条件下起飞所需的最小场地长度。

7.2.2 机场航站区

航站区是机场的客货运输服务区,是为旅客、货物、邮件服务的。航站区是机场空侧与陆侧的交接面,是地面与空中两种不同交通方式进行转换的场所。航站区主要由三部分组成:

① 航站楼、货运站;
② 航站楼、货运站前的交通设施,如停车场、停车楼等;
③ 航站楼、货运站与飞机的联结地点——站坪。

机场航站区位置确定

在考虑确定航站区具体位置时,有诸多的影响因素。机场的跑道条数和方位是制约航站区定位的最重要因素。航站区-跑道构形,即两者的位置关系是否合理,将直接影响机场运营的安全性、经济性和效率。

在考虑航站区的位置时,应布置在从它到跑道起飞端之间的滑行距离最短的地方,并尽可能使着陆飞机的滑行距离也最短。即应尽量缩短到港飞机从跑道出口至机坪,离港飞机从站坪至跑道起飞端的滑行距离,尤其是离港飞机的滑行距离(因其载重较大),以提高机场运行效率,节约油料。在跑道条数较多、构形更为复杂时,要争取飞机在离开或驶向停机坪时避免跨越其他跑道,同时,尽可能避免飞机低空经过航站上空,以免发生事故而造成重大损失。

交通量不大的机场,一般只设一条跑道,航站区宜靠近跑道中部[图7-6(a)]。
如果机场有两条相互平行跑道[其中,入口平齐,见图7-6(b);相互错开,见图7-6(c)]且间距较大,一般将航站区布置在两条跑道之间。

若机场具有两条呈V字形的跑道,为缩短飞机的离港、到港的滑行距离,通常将航站区布置在两条跑道所夹的场地上[图7-6(d)]。

如机场的交通量较大,乃至必须采取3条或4条跑道时,航站区位置可以参考图7-6(e)和图7-6(f)。

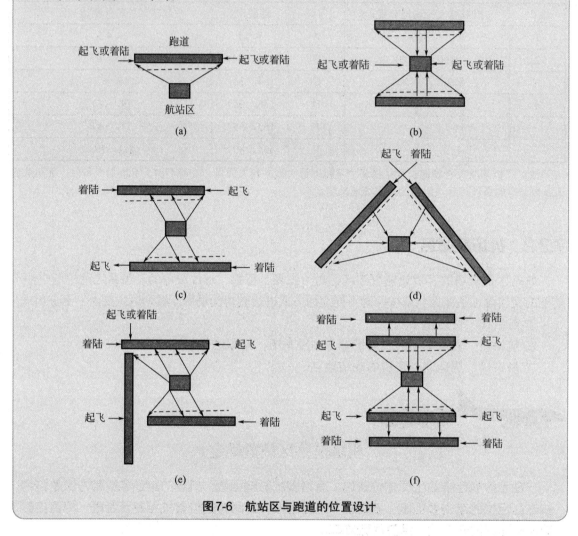

图7-6 航站区与跑道的位置设计

7.2.2.1 机场航站楼流程组织

航站楼作为机场的重要设施,其功能就是迎送到达(进港)和离开(出港)的旅客,为其提供购票、问询、值机、行李处理、安检、候机以及其他的附加、延伸服务。航站楼的建造必须符合如下要求:首先,对于航站楼来说,核心问题是使旅客感到方便、舒适,而且便于在机场旅客吞吐量增长时继续扩展;其次,航站楼的一面是对空的,就是要便于飞机停靠、上下旅客、装卸行李货物以及在地面进行的各种勤务,包括加燃料、检查飞机、加清水、抽污水、装各种供应品、清扫客舱等,航站楼的另一面是对地的,要便于旅客进出。

在组织航站楼内的各种流程时，第一，要避免不同类型流程交叉、掺混和干扰，严格将进、出港旅客分隔；出港旅客在（海关、出境、安检等）检查后与送行者及未被检查旅客分隔；到港旅客在（检疫、入境、海关等）检查前与迎接者及已被检查旅客分隔；国际航班旅客与国内航班旅客分隔；旅客流程与行李流程分隔；安全区（隔离区）与非安全区分隔等，以确保对走私、贩毒、劫机等非法活动的控制。第二，流程要简捷、通顺、有连续性，并借助各种标志、指示力求做到"流程自明"。第三，在旅客流程中，尽可能避免转换楼层或变化地面标高。第四，在人流集中的地方或耗时较长的控制点，应考虑提供足够的工作面积和旅客排队等候空间，以免发生拥挤或受其他人流的干扰。

7.2.2.2 机场航站楼布局

机场航站楼是旅客办理相关手续进入机场控制区等待登机的区域。航站楼除为旅客提供和乘机相关的服务之外，还提供多种延伸服务，如购物、餐饮、休闲、办公等。

机场航站楼根据不同的设计布局可以分为线型、指廊型、卫星型和转运车型（图7-7）。

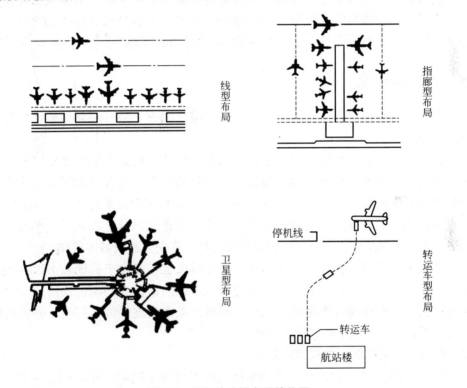

图7-7 机场航站楼布局简化图

（1）线型 这种形式是最简单的，航站楼空侧边不做任何变形，仍保持直线，飞机机头向内停靠在航站楼旁，沿航站楼一线排开，旅客通过登机廊桥上下飞机，即出了登机门直接上机。它的好处是简单、方便，但只能处理少量飞机，一旦交通流量很大，有些飞机就无法停靠到位，造成延误。目前，我国客运量较少的机场多采用这种登机坪布局形式。

（2）指廊型 为了延展航站楼空侧的长度，指廊型布局从航站楼空侧边向外伸出若干个指型廊道，廊道两侧安排机位。由航站楼伸出走廊，飞机停靠在走廊两旁的数量大大增加，是目前机场中使用比较多的一种布局形式，走廊上通常铺设活动的人行道，使旅客的步行距离减少。

指廊型布局的优点是进一步扩充机位时,航站楼主体可以不动,而只需扩建作为连接体的指廊。缺点是当指廊较长时,部分旅客步行距离加大;飞机在指廊间运动时不方便;指廊扩建后,由于航站楼主体未动,路侧车道边等不好延伸,有时给交通组织造成困难。

(3)卫星型　卫星型布局是在航站楼主体空侧一定范围内布置一座或多座卫星式建筑物,这些建筑物通过地下、地面或高架廊道与航站楼主体连接。卫星建筑物周围设有机位,飞机环绕在卫星建筑周围停放。

卫星型布局的优点是可通过卫星建筑的增加来延展航站楼空侧,而且一个卫星建筑上的多个机位与航站楼主体的距离几乎相同,便于在连接廊道中安装自动步道接送旅客,从而并未因卫星建筑距办票大厅较远而增加旅客步行距离。但卫星型的缺点是建成后不宜进行进一步扩建。

(4)转运车型　转运车型是指飞机停靠在机场的远机位,旅客需要通过摆渡车到达飞机附近。其好处是大大减少了建筑费用,有不受限制的扩展余地。大型飞机往往采用这种方式,因为近机位资源有限,没有办法停靠大型飞机。但它的劣势在于会增加停机坪上运行的车辆,增加相关服务人员,也增加旅客登机的时间,给旅客上下飞机带来不便。

7.2.3　地面运输区

地面运输区包括两个部分:第一部分是机场进出通道;第二部分是机场停车场和机场内部道路系统。

(1)机场进出通道　机场进出通道是指旅客为到达机场乘坐航班及航班到达后乘坐地面交通工具进出机场航站楼的道路。随着社会经济的不断发展和民用航空的大众化,民航机场逐渐成为城市的交通中心,且由于机场进出通道的使用者需要严格的时间要求,因而从城市进出机场的通道也演变为城市规划的一个重要组成部分,特别是大型城市,为了保证机场交通的通畅都修建了市区到机场的专用公路、高速公路或城市铁路。

一般情况下,只要是拥有机场的城市,为了解决旅客来往于机场和市区的问题,都要建立足够的公共交通系统,如有的机场开通了到市区的地铁或高架、铁路,而大部分机场都有足够的公共汽车线路以方便旅客出行。同时,考虑到航空货运问题,修建机场进出通道时也要注意机场到火车站和港口的路线。

(2)机场停车场和机场内部道路系统

① 机场停车场　机场停车场除考虑乘机的旅客自驾车辆需求外,还要考虑接送旅客的车辆、机场工作人员的车辆及观光者车辆和出租车辆的需求,因此机场的停车场必须有足够大的面积。当然,停车场面积太大也会带来不便,一般情况下,繁忙的机场按车辆使用的急需程度把停车场分为不同的区域,离航站楼最近的是出租车辆和接送旅客车辆的停车区,以减少旅客步行的距离;机场职工或航空公司职工使用的车辆则安排到停车场较远位置,有条件的机场可以安排职工专用停车场。

② 机场内部道路系统　机场要很好地安排和管理航站楼外的机场道路区域,这里各种车辆和工作人员混行,而且要装卸行李,特别是在航班高峰时期,容易出现混乱和事故。机场内部道路系统的另一个主要部分是安排货运的通路,使货物能够通畅地进出货运中心。

7.3 国内主要民用机场

（1）北京首都国际机场　北京首都国际机场（Beijing Capital International Airport，IATA：PEK）是4F级国际机场，是中国三大门户复合枢纽之一、环渤海地区国际航空货运枢纽群成员之一、世界超大型机场之一。截至2017年7月，北京首都国际机场拥有T1、T2、T3（图7-8）三座航站楼，面积共计141万平方米；跑道共有3条，其中两条4F级跑道、一条4E级跑道；机位共314个。1978~2018年，北京首都国际机场年旅客吞吐量由103万人次增长到1亿100万人次，位居亚洲第1位、全球第2位。2019年，北京首都国际机场旅客吞吐量10001.3万人次，同比下降1.0%；货邮吞吐量195.53万吨，同比下降5.7%；飞机起降59.4万架次，同比下降3.2%；分别位居中国第1位、第2位、第1位。

图7-8　北京首都国际机场T3航站楼

图7-9　北京大兴国际机场航站楼

（2）北京大兴国际机场　北京大兴国际机场（Beijing Daxing International Airport，IATA：PKX）位于中国北京市大兴区和河北省廊坊市交界处，它是4F级国际机场、世界级航空枢纽之一，也是国家发展新动力源之一。北京大兴国际机场于2014年12月26日开工建设，2018年9月14日定名"北京大兴国际机场"；2019年9月25日，北京大兴国际机场正式通航；2019年10月27日，北京大兴国际机场航空口岸正式对外开放，实行外国人144小时过境免签、24小时过境免办边检手续政策。截至2019年，北京大兴国际机场有一座航站楼（图7-9），面积达70万平方米；跑道有4条，东一、北一和西一跑道宽60米，长分别为3400米、3800米和3800米，西二跑道长3800米、宽45米；机位共268个。2019年，北京大兴国际机场完成旅客吞吐量313.5074万人次，排名全国第53位；货邮吞吐量7362.3吨，排名全国第70位；飞机起降21048架次，排名全国第88位。

（3）上海浦东国际机场　上海浦东国际机场（Shanghai Pudong International Airport，IATA：PVG）是4F级民用机场，是中国三大门户复合枢纽之一，也是长三角地区国际航空货运枢纽群成员之一、华东机场群成员之一，还是华东区域第一大枢纽机场、门户机场。上海浦东国际机场有T1、T2（图7-10）两座航站楼和三个货运区，总面积82.4万平方米，机位有218个，其中有135个客机位。拥有4条跑道，分别为2条3800米、1条3400米、1条4000米跑道。2019年，上海浦东国际机场年旅客吞吐量7615.34万人次，年货邮吞吐量363.56万吨，年起降航班511846架次。

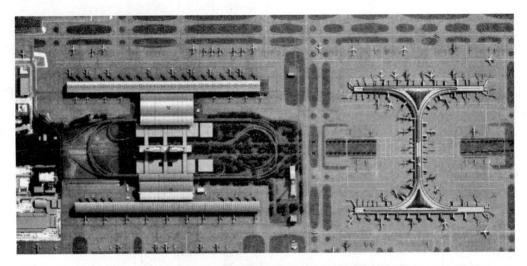

图7-10　上海浦东国际机场T1、T2航站楼

（4）上海虹桥国际机场　上海虹桥国际机场（Shanghai Hongqiao International Airport，IATA：SHA）是4E级民用国际机场，是中国三大门户复合枢纽之一、国际定期航班机场之一，也是对外开放的一类航空口岸和国际航班备降机场。截至2019年，上海虹桥国际机场建筑面积51万平方米；航站楼面积44.46万平方米（图7-11），拥有2条跑道，分别长3400米、3300米；共有89个机位。

图7-11　上海虹桥国际机场T2航站楼

2017年，上海虹桥国际机场旅客吞吐量4188.41万人次，同比增长3.5%；货邮吞吐量40.75万吨，同比下降5%；飞机起降26.36万架次，同比增长0.6%；分别位居中国第7位、第9位、第10位。2019年旅客、货邮吞吐量分别位居全国第8位。

（5）广州白云国际机场　广州白云国际机场（Guangzhou Baiyun International Airport，IATA：CAN）是4F级民用国际机场，是中国三大门户复合枢纽之一、世界排名前50位主要机场之一。截至2019年，广州白云国际机场拥有两座航站楼，分别为T1（中国国内及国际港澳台）、T2（中国国内及国际港澳台），面积共140.37万平方米（图7-12）；跑道共有3条，长度分别为3800米、3800米、3600米；标准机位有269个，含固定运营基地（Fixed Base

Operator，FBO），可保障年旅客吞吐量8000万人次、货邮吞吐量250万吨、飞机起降62万架次。

2018年，广州白云国际机场旅客吞吐量6972.04万人次，同比增长5.9%；货邮吞吐量189.05万吨，同比增长6.2%；飞机起降47.73万架次，同比增长2.6%，均位居中国第3位。2018年旅客吞吐量在世界机场中排名维持在第13位。2019年旅客、货邮吞吐量分别位居全国第3位。

图7-12 广州白云国际机场航站楼

2020年9月27日，三期扩建工程开工，主体工程包括2条新建跑道、42万平方米的T3航站楼和超过190个机位的机坪。

（6）成都双流国际机场　成都双流国际机场（Chengdu Shuangliu International Airport，IATA：CTU）飞行区等级是4F级，是中国八大区域枢纽机场之一，也是中国内陆地区的航空枢纽和客货集散地之一。截至2019年，机场有T1、T2（图7-13）两座航站楼，候机面积50万平方米，可满足年旅客吞吐量5000万人次需求；建有3座航空货运站；共有2条平行跑道、3个飞机停放区，总面积941.27万平方米；共设置228个机位。

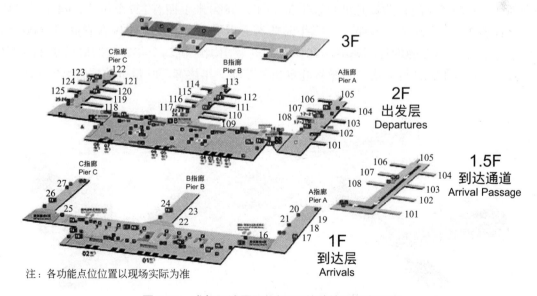

图7-13 成都双流国际机场T2航站楼平面布局图

（7）深圳宝安国际机场　深圳宝安国际机场（Shenzhen Bao'an International Airport，IATA：SZX）是4F级民用运输机场，是世界百强机场之一、国际枢纽机场之一、中国十二大干线机场之一，也是中国四大航空货运中心及快件集散中心之一。截至2019年，机场共有飞行区面积770万平方米，航站楼面积45.1万平方米（A航站楼、B航站楼和T3航站楼，见图7-14），机场货仓面积166万平方米；T3航站楼占地19.5万平方米（2013年11月28日，新3号航站楼正式启用，A、B航站楼跑道正式关闭），共有199个（廊桥机位62个）机位；跑道共有2条，其中第二跑道长3800米、宽60米。2018年5月，深圳宝安国际机场获"世界十大美丽机场"桂冠。2019年旅客吞吐量全国排名第5位，货邮吞吐量全国排名第4位。

图7-14　深圳宝安国际机场T3航站楼

（8）西安咸阳国际机场　西安咸阳国际机场（Xi'an Xianyang International Airport，IATA：XIY）是4F级民用国际机场，是中国八大区域枢纽机场之一、国际定期航班机场之一、世界前百位主要机场之一。2014年6月，西安咸阳国际机场成为西北第1个、中国第8个实行72小时过境免签政策的航空口岸。截至2019年，西安咸阳国际机场拥有3座航站楼，分别为T1航站楼、T2（国内）航站楼和T3（国内及国际）航站楼（图7-15），面积共35万平方米；共有两条跑道，跑道长度分别为3000米、3800米；拥有127个机位、44个登机桥，货运区面积2.5万平方米；可保障高峰小时旅客吞吐量1万人次、年旅客吞吐量5000万人次、货邮吞吐量40万吨的运行需要。2019年西安咸阳国际机场全年完成起降航班34.5万架次，旅客吞吐量4722.1万人次，货邮吞吐量38.2万吨，年旅客吞吐量全国排名第7位。

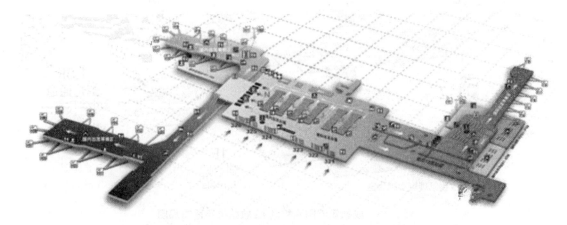

图7-15　西安咸阳国际机场T3航站楼简化图

（9）昆明长水国际机场　昆明长水国际机场（Kunming Changshui International Airport，IATA：KMG）是4F级民用运输机场，由云南机场集团有限责任公司运营管理，是全球百强机场之一，也是国家"十一五"期间唯一批准建设的大型门户枢纽机场，还是中国八大区域枢纽机场之一、国际航空枢纽之一。昆明长水国际机场与乌鲁木齐地窝堡国际机场并列为中国两大国家门户枢纽机场。截至2019年，机场有T1航站楼（图7-16），跑道共有2条，东跑道长4500米，西跑道长4000米；机位（含组合机位）有161个；可保障旅客吞吐量3800万人次、货邮吞吐量95万吨、飞机起降30.3万架的运行需要。2019年，昆明长水国际机场完成航班起降357080架次，完成旅客吞吐量48075978人次，排名全国第6位；完成货邮吞吐量415776.3吨，排名全国第9位。

图7-16　昆明长水国际机场T1航站楼

（10）重庆江北国际机场　重庆江北国际机场（Chongqing Jiangbei International Airport，IATA：CKG）是4F级民用国际机场，是中国八大区域枢纽机场之一，也是实行144小时过境免签政策的航空口岸。截至2019年，重庆江北国际机场拥有3座航站楼，分别为T1、T2（国内）和T3（国内及国际）（图7-17），面积共73万平方米；跑道共有3条，长度分别为3200米、3600米、3800米；停机坪面积166万平方米、机位209个、货运区面积23万平方米；可保障年旅客吞吐量4500万人次、货邮吞吐量110万吨、飞机起降37.3万架次。2019年，重庆江北国际机场完成飞机起降31.84万架次，同比增长5.9%；旅客吞吐量4478.67万人次，同比增长7.7%；货邮吞吐量41.09万吨，同比增长7.5%；分别位居中国第8位、第9位、第10位。

图7-17　重庆江北国际机场T3航站楼

（11）杭州萧山国际机场　杭州萧山国际机场（Hangzhou International Airport，IATA：HGH）是4F级民用运输机场，是中国十二大干线机场之一、国际定期航班机场之一，也是对外开放的一类航空口岸和国际航班备降机场。2014年10月，杭州萧山国际机场成为实行72小时过境免签政策的航空口岸。萧山机场拥有3座航站楼，分别为T1、T3（国内）航站楼和T2（国际及港澳台）航站楼，面积共37万平方米；跑道共有2条，长度分别为3600米和3400米，可满足A380及以下机型备降要求；客机停机坪面积110万平方米，登机桥49座，货机停机坪面积5.2万平方米，可满足年旅客吞吐量3300万人次、货邮吞吐量80.5万吨、航班起降量26万架次的保障需求。

（12）香港国际机场　香港国际机场（Hong Kong International Airport；IATA：HKG）（图7-18）是4F级民用国际机场、世界最繁忙的机场之一，全球超过100家航空公司在此运营，客运量位居全球第5位，货运量连续多年居全球第1位。截至2019年，香港国际机场航站楼面积共85万平方米（含T1、T2、卫星厅和海天客运码头）；跑道共有2条，长度均为3800米；机位有182个。

图7-18　香港国际机场俯瞰图

7.4　国外主要民用机场

（1）亚特兰大哈兹菲尔德-杰克逊国际机场　亚特兰大哈兹菲尔德-杰克逊国际机场（Hartsfield-Jackson Atlanta International Airport，IATA：ATL），简称"亚特兰大机场""哈兹菲尔德机场""哈兹菲尔德-杰克逊机场"，位于美国富尔顿县亚特兰大市南区与克莱顿县乔治亚大学城交界处，它是4F级国际机场、国际航空枢纽之一。亚特兰大机场是世界旅客转乘量最大、最繁忙的机场之一。

截至2020年，亚特兰大哈兹菲尔德-杰克逊国际机场共有7座航站楼，总面积63万平方米，共设247个登机廊桥、5条机场跑道。其中一座国内航站楼（TT航站楼）、一座国际航站楼（TF航站楼）、5座卫星厅（TA-TE航站楼）。

（2）洛杉矶国际机场　洛杉矶国际机场（Los Angeles International Airport，IATA：

LAX）位于美国加利福尼亚州洛杉矶县洛杉矶市西切斯特街区，是4F级国际机场、美国门户型国际航空枢纽之一。据2020年4月洛杉矶世界机场（LAWA）官网显示，洛杉矶国际机场共有9座航站楼和9座卫星厅，共设132个登机廊桥机位和113个远机位；跑道共有4条，分别长3382米、3939米、3318米和2721米。

2019年，洛杉矶国际机场共完成旅客吞吐量8806.8013万人次，同比增长0.61%，美国排名第2位；货邮吞吐量231.3247万吨，同比下降5.52%，美国排名第4位；飞机起降69.1257万架次，同比下降2.34%，美国排名第4位。

（3）迪拜国际机场　迪拜国际机场（Dubai International Airport，IATA：DXB）位于阿拉伯联合酋长国迪拜酋长国迪拜市，是4F级国际机场、大型国际枢纽机场之一。据2020年11月机场官网显示，迪拜国际机场总建筑面积为212.2474万平方米；航站楼共有3座，分别为T1~T3航站楼；卫星厅共有4个，分别为A~D卫星厅；跑道共有2条，长、宽分别为4000米、46米，4000米、60米。

2019年，迪拜国际机场共完成旅客吞吐量8639.6757万人次，同比下降3.10%，阿联酋国内排名第1位；货邮吞吐量2435567吨，同比增加6.80%，阿联酋国内排名第1位；飞机起降37.3261万架次，同比下降8.57%，阿联酋国内排名第1位。

（4）新加坡樟宜国际机场　新加坡樟宜国际机场（Singapore Changi Airport，IATA：SIN）位于新加坡樟宜，距离新加坡市区17.2千米。樟宜机场是新加坡主要的民用机场，也是亚洲重要的航空枢纽之一。樟宜机场由樟宜机场集团局营运，是新加坡航空公司、新加坡航空货运、胜安航空公司和捷星亚洲航空公司的主要运营基地。樟宜机场为飞往约100个国家和地区、380个城市的120多家国际航空公司提供服务，每星期7400次航班。樟宜机场为新加坡制造了超过160000个就业机会。

新加坡樟宜国际机场屡次被评为世界最佳机场之一，它是新加坡最主要的机场和最重要的地区性枢纽之一，大而舒适，整个机场有4座航站楼，各航站楼之间通过空中列车和接驳巴士换乘。除承载航班外，机场还设有多个主题花园、大型的免税商品区、小睡区，甚至还有多个影院和高12米的室内滑梯。

（5）伦敦希思罗国际机场　伦敦希思罗国际机场（Heathrow Airport，IATA：LHR）由英国机场管理公司（BAA）负责营运，它是英国航空和维珍航空的枢纽机场以及英伦航空的主要机场，是伦敦最主要的联外机场，也是英国乃至全世界最繁忙的机场之一，在全球众多机场中排行第3位，仅次于亚特兰大哈兹菲尔德-杰克逊国际机场和北京首都国际机场。由于机场有众多的跨境航班，因此以跨境的客流量计算，伦敦希思罗国际机场的客流量是最高的。

据2020年7月机场官网显示，希思罗机场共有4座航站楼，T2航站楼面积4万平方米，T3航站楼面积9.8962万平方米，T4航站楼面积10.5481万平方米，T5航站楼面积35.3020万平方米；民航站坪设212个机位，其中廊桥近机位133个、远机位64个、货机机位15个；跑道有2条，均为50米宽，长分别为3902米和3658米。

（6）巴黎夏尔·戴高乐国际机场　巴黎夏尔·戴高乐国际机场（Aéroport International Charles de Gaulle，IATA：CDG）又名鲁瓦西机场（Roissy Airport），简称戴高乐机场，位于法国瓦勒德瓦兹省鲁瓦西地区，以法兰西第五共和国第一任总统夏尔·安德烈·约瑟夫·马里·戴高乐的名字命名；它是4F级国际机场、大型国际枢纽机场之一，也是法国最大的国际机场、欧洲最主要的航空枢纽之一。

据2020年6月机场官网显示，巴黎夏尔·戴高乐机场总面积3257万平方米，它有3座客运主航站楼、6座航空货站，其中T1航站楼具有7个卫星厅，T2航站楼由7座子航站楼组成，并设有1座指廊和2个卫星厅；站坪共设317个机位，其中廊桥机位140个，远机位177个；跑道有4条，分别为长2700米、宽60米，长4215米、宽45米，长4200米、宽45米，长2700米、宽60米。

2019年，巴黎夏尔·戴高乐机场完成旅客吞吐量7615.0007万人次，同比增长5.4%，法国排名第1位；货邮吞吐量1927176吨，同比下降2.4%，法国排名第1位；飞机起降50.4836万架次，同比增长3.4%，法国排名第1位。

（7）东京国际机场　东京国际机场（Tokyo International Airport，IATA：HND）或称羽田机场（Haneda Airport），位于日本东京都大田区东京湾多摩川河口左岸，是4F级机场、国际航空枢纽之一，也是日本国家中心机场、日本最大的机场。

据2020年7月综合消息显示，东京国际机场共有3座航站楼，T1航站楼面积29.26万平方米，T2航站楼面积18.23万平方米，T3航站楼面积26.80万平方米；国际航空货站面积6.63万平方米，民航站坪设近机位74个；跑道共有4条，均为60米宽，长分别为3360米、3000米、2500米和2500米。

2018年，东京国际机场完成旅客吞吐量8489.3742万人次，同比增长2.1%，日本排名第1位；货邮吞吐量136.4984万吨，同比下降1.0%，日本排名第2位；飞机着陆22.6747万架次，同比增长0.1%，日本排名第1位。

（8）法兰克福机场　法兰克福机场（Frankfort Airport，IATA：FRA）也称法兰克福·美茵机场，位于德国黑森州美因河畔法兰克福市，是4F级大型国际枢纽机场，也是星空联盟的总部所在地。

法兰克福机场占地面积21平方千米，设有T1、T2两座航站楼；跑道有4条，分别为长4000米、宽60米，长4000米、宽45米，长4000、宽45米，长2800、宽45米。

2019年，法兰克福机场旅客吞吐量7056.0987万人次，同比增长3.0%；飞机起降513912架次，同比增长0.4%；货邮吞吐量31872251吨，同比增长0.8%。法兰克福机场是欧洲境内货运航班量排行第2的集散点。

（9）仁川国际机场　仁川国际机场（Incheon International Airport，IATA：ICN），位于韩国仁川广域市中区永宗岛，是4F级国际机场、大型国际枢纽机场之一。

2001年3月29日，仁川国际机场正式通航；2008年6月20日，仁川国际机场卫星厅启用；2018年1月18日，仁川国际机场T2航站楼启用。

据2020年4月机场官网显示，仁川国际机场有2座航站楼，其中T1航站楼主楼面积50.5万平方米、卫星厅16.7万平方米，T2航站楼面积38.7万平方米；站坪设163个客运机位、49个货运机位；跑道有4条，均为60米宽，其中2条长3750米、2条长4000米；可满足年旅客吞吐量7200万人次、货邮吞吐量500万吨、飞机起降73万架次的使用需求。

2019年，仁川国际机场完成旅客吞吐量7116.9722万人次，同比增长4.3%，韩国排名第1位；货邮吞吐量3765648.8吨，同比下降5.3%，韩国排名第1位；飞机起降40.4104万架次，同比增长4.3%，韩国排名第1位。

延伸阅读

世界十大机场排名

表7-2为世界十大最佳机场、十大占地面积最大机场和十大最繁忙机场排名（资料来源于2019年相关网站发布的信息）。

表7-2　世界十大机场排名

排名	十大最佳机场		十大占地面积最大机场		十大最繁忙机场	
	机场名称	代码	机场名称	代码	机场名称	代码
1	新加坡樟宜国际机场	SIN	迪拜阿勒马克图姆国际机场	DWC	亚特兰大哈兹菲尔德-杰克逊国际机场	ATL
2	日本东京国际机场	HND	芝加哥奥黑尔国际机场	ORD	北京首都国际机场	PEK
3	韩国仁川国际机场	ICN	北京大兴国际机场	PKX	洛杉矶国际机场	LAX
4	多哈哈马德国际机场	DOH	伦敦希思罗国际机场	LHR	阿联酋迪拜国际机场	DXB
5	中国香港国际机场	HKG	约翰·菲茨杰拉德·肯尼迪国际机场	JFK	东京国际机场	HND
6	日本中部国际机场	NGO	洛杉矶国际机场	LAX	芝加哥奥黑尔国际机场	ORD
7	德国慕尼黑机场	MUC	上海浦东国际机场	PVG	伦敦希思罗国际机场	LHR
8	伦敦希斯罗机场	LHR	东京成田国际机场	NRT	巴黎戴高乐国际机场	CDG
9	东京成田国际机场	NRT	巴黎戴高乐国际机场	CDG	上海浦东国际机场	PVG
10	瑞士苏黎世机场	ZRH	香港国际机场	HKG	达拉斯-沃斯堡国际机场	DFW

? 章节自测

1. 选择题

（1）（　　）是民用航空和整个社会的结合点，也是一个地区的公众服务设施。
　　A. 民用航空　　　　　　　　B. 机场
　　C. 民航企业　　　　　　　　D. 飞机

（2）飞行区最高等级是（　　）。
　　　A.3E　　　　　　B.3F　　　　　　C.4E　　　　　　D.4F
（3）下列不属于4F等级的机场的是（　　）。
　　　A.SHA　　　　　B.SZX　　　　　C.CAN　　　　　D.CSX
（4）根据使用用途可将民用机场划分为（　　）。
　　　A.枢纽机场、干线机场、支线机场　　B.运输机场、通用航空机场
　　　C.国内机场、国际机场　　　　　　　D.Ⅰ类机场、Ⅱ类机场、Ⅲ类机场、Ⅳ类机场
（5）2010年以来，北京首都国际机场的年旅客吞吐量一直居世界第（　　）位。
　　　A.一　　　　　　B.二　　　　　　C.三　　　　　　D.四
（6）（　　）是飞机起飞和降落的通道，是机场最核心的功能设施。
　　　A.滑行道　　　　B.停机坪　　　　C.候机厅　　　　D.跑道
（7）目前全世界旅客吞吐量最大，最繁忙的机场是（　　）。
　　　A.ATL　　　　　B.SIN　　　　　C.PEK　　　　　D.ICN
（8）从航站楼伸出一条或两条长长的手指状的走廊，在走廊的两侧安置登机廊桥和停机位，这种机构形式的航站楼属于（　　）。
　　　A.单线式　　　　　　　　　　　　　B.卫星厅式
　　　C.指廊式　　　　　　　　　　　　　D.车辆运送式

2.连线题

（1）连线下列机场及其三字代码

伦敦希思罗国际机场　　　　　　ICN
东京国际国际机场　　　　　　　NHD
新加坡樟宜国际机场　　　　　　LAX
洛杉矶国际机场　　　　　　　　SIN
仁川国际机场　　　　　　　　　LHR

（2）连线下列机场及其三字代码。

上海虹桥国际机场　　　　　　　CAN
杭州萧山国际机场　　　　　　　CTU
成都双流国际机场　　　　　　　HGH
广州白云国际机场　　　　　　　PEK
北京首都国际机场　　　　　　　SHA

3.简答题

（1）简述民用机场的定义及分类。
（2）简述机场功能区划分。
（3）简述机场航站楼布局。
（4）简述机场跑道构形。

第8章

航线与航班

行业范例

驼峰航线

1941年年底,太平洋战争爆发后,日军为了迫使重庆国民政府投降,对香港和仰光实行轰炸,接着又切断了滇缅公路,使大量的援华物资无法运进中国。面对如此严峻的局势,为保证第二次世界大战亚洲战场上对日作战的军备物资的供应,中美两国决定联合开辟新的国际运输线,于是诞生了举世闻名的"驼峰"航线。

"驼峰"位于喜马拉雅山脉南麓的一个形似骆驼背脊凹处的一个山口,它的海拔高度高于当时美国主要装备机型(DC-3、C-46、C-47)最大爬行高度,这里是中国至印度航线的必经之处。通过这条运输航线,中国向印度运送派往境外对日作战的远征军士兵,再从印度运回汽油、器械等战争物资。"驼峰"航线西起印度阿萨姆邦,进入中国的云贵高原和四川省。航线全长500英里,地势海拔一般在4500~5500米,最高海拔达7000米,山峰起伏连绵,犹如骆驼的峰背,故而得名"驼峰"航线。

 学习目标

> 知识目标
>
> - 识记航线和航班的定义、分类。
> - 掌握各种航线网络结构的特点。
> - 理解航班号编排规定。

- 掌握航班计划的内容。

能力目标
- 能运用所学知识分析我国未来航线网络布局的特点。
- 能运用所学知识分析航班计划对航空公司有序运行的重要性。

素质目标
- 体会对民航运输活动实施管理的必要性，树立服从管理的职业理念。
- 培养严谨从事民航岗位工作的态度。

8.1 航线结构

8.1.1 航线定义及分类

（1）航线定义　航线是指经过批准开辟的连接两个或几个地点的航空交通线，是飞机的飞行路线，它确定了飞机飞行的具体方向、起讫点与经停地点。民航从事运输飞行必须按照规定的线路进行飞行。

（2）航线分类

① 按照起讫点所涉及的范围分类

a.国际航线　国际航线是指飞行路线连接两个或两个以上国家的航线。

b.国内航线　国内航线是指连接国内航空运输的航线。航线的起讫点、经停点均在一国国境之内。

c.地区航线　地区航线是指一国国境之内，各地区与有特殊地位地区间的航线。

② 按照所服务的航线和规模分类　按照所服务的航线和规模可以将国内航线分为干线航线、支线航线和地方航线。

a.干线航线　连接国内航空运输中心的航线。这些航线的起讫点一般均是重要的交通中心城市，这些航线上航班数量最大、密度高、客流量大，如北京—上海航线、北京—深圳航线等。

b.支线航线　指把各中小城市和干线上的交通中心联系起来的航线。支线上的客流密度远小于干线，支线运输主要是汇集或疏散旅客和货物。

c.地方航线　把中小城市连接起来的航线。客流量小，它和支线的界限有时不是特别明确，过去一般把省（区）内的航线称为地方航线。地方航线主要满足交通不便地区或小城市的客货运输要求。

航段与航路

航段是指航线上各起讫点和经停点之间的航程，即指飞机一次起飞和着陆之间的航程，一条航线可以有多个航段。

航路是由国家统一划定的具有一定宽度的空中通道，它有较完善的通信、导航设备，宽度通常为20千米。划定航路的目的是维护空中交通秩序，提高空间利用率，保证飞行安全。根据地面导航设施建立的走廊式保护空域，供飞机用作航线飞行。划定航路是以连接各个地面导航设施的直线为航路中心线，在航路范围内规定有上限高度、下限高度和航路宽度。航路的宽度取决于飞机能保持按指定航迹飞行的准确度、飞机飞越导航设施的准确度、飞机在不同高度和速度时的转弯半径，并需加必要的缓冲区，因此航路的宽度不是固定不变的。

8.1.2 航线网络结构

民航运输航线网络结构主要包括城市对式、城市串式和轴心辐射式三种形式。

（1）城市对式航线网络结构　城市对式航线网络结构（图8-1）是指从各城市之间的客流和货流的需求出发，建立城市与城市之间直接通航的航线和航班。优点是两地间都为直飞航线，旅客不必中转。缺点是只适用于客货流量较大的机场之间。

（2）城市串式航线网络结构　城市串式航线网络结构（图8-2）是在城市对式的基础上发展而来，主要指飞机从始发地至目的地途中经一次或多次停留，在中途机场进行客货补充，以弥补起止机场间的客货源不足，形成串珠状的航空网络。

图8-1　城市对式航线网络结构示意图

图8-2　城市串式航线网络结构示意图

（3）轴心辐射式航线网络结构　轴心辐射式航线网络结构（图8-3）是指以几个业务量较大的航班和干线航班在时间上紧密衔接，从而形成航线网。它最早于20世纪60年代末出现在美国，之后迅速被世界航空运输业认可。它与城市对航线网相比，优点是增大了航线网的覆盖面，提高了运载率，有效利用了旅客资源和航线资源；缺点是增加了枢纽机场高峰时的负荷，增加了大城市之间长途旅客的换机次数。只有大航空公司才有能力实施，由此削弱了小航空公司的干线竞争能力。

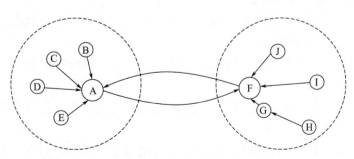
图8-3　轴心辐射式航线网络结构示意图

国内航线申请

《中国民用航空国内航线经营许可规定》于2005年12月31日中国民用航空总局局务会议通过，2006年1月16日中国民用航空总局令第160号公布，自2006年3月20日起施行。

第十四条　空运企业申请航线经营许可，应在计划开航前45日提出。申请人应当填写核准机关统一印制的《国内航线经营许可核准申请书》，并可采用信函、电报、电传、传真、电子数据交换和电子邮件等方式，由空运企业法定代表人或其授权人签署，按所申请的航线经营许可的管辖范围报送民航总局或相关民航地区管理局。

第十五条　民航总局或民航地区管理局受理空运企业航线许可申请后，应在20日内提出意见，并通过政府网站或其他方式予以公告。申请人、利害关系人自公告之日起7日内未提出异议的，自受理申请之日30日内作出核准决定。准予许可的，向申请人颁发《国内航线经营许可核准书》，不予核准的，应当书面说明理由。

民航地区管理局核准的航线经营许可，应在核准后10日内报民航总局备案。

8.1.3　我国航线网络特点

（1）我国的国内航线网络特点

① 我国国内航线集中分布在哈尔滨—北京—西安—成都—昆明以东的地区，其中以北京、上海、广州的三角地带最密集。从整体上看，航线密度由东向西逐渐减少。

② 航线多以公司飞行基地城市为中心向外辐射。

③ 主要航线多呈南北向分布，也有部分航线从沿海向内陆延伸，呈东西向分布。以北京、上海、广州三个城市为中心的辐射航线，基本构成了我国国内航线的格局，再加上以西安、成都、沈阳、乌鲁木齐为中心形成的几个放射单元，共同组成了国内的主要航线网络。此外，以香港为中心的辐射航线，在我国的航空运输网中也占有重要地位。

（2）我国的国际航线网络特点

① 我国国际航线以北京为中心，通过上海、广州、乌鲁木齐、大连、昆明、厦门等航空口岸向东、西、南三面辐射。

② 国际航线的主流是东西向，向东连接日本、北美，向西连接中东、欧洲，它是北半球航空圈带的重要组成部分。

③ 我国的国际航线是亚太地区航空运输网的重要组成部分，它与南亚、东南亚、澳大利亚等国家或地区有密切的关系。

我国的国际航线基本可以分为东线、西线、南线三个部分。此外，还有昆明—仰光、厦门—马尼拉、厦门—新加坡、北京—平壤等短途国际航线。

8.2 航班计划

8.2.1 航班的定义及分类

（1）航班的定义　航班是指飞机由始发站按规定的航线起飞，经过经停站至终点站，或不经过经停站而直达终点站的运输飞行。航班是航空公司根据市场及运力的变化对所飞航线以及运力在航线上的投放所做出的系统安排，它是航空公司组织运输生产的依据。

（2）航班的分类

① 根据航班是否对公众公布分类

a.定期航班（scheduled services）。定期航班又称定期飞行（scheduled flight），是指安排公布的时刻实行飞行、对公众开放销售的收费航班。

b.不定期航班（non-scheduled services）。不定期航班是指航空承运人或航空运营人不以取酬或出租为目的，未通过本人或者其他代理人以广告或者其他形式提前向公众公布的，包括起飞地点、起飞时间、到达地点和到达时间在内的任何载客运行。

② 根据航程性质分类　根据航程性质分为去程航班、回程航班、经停航班和中转航班等（图8-4）。

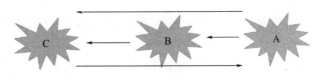

图8-4　航程示意图

a.去程航班是指从始发地A至目的地C的直达航班。

b.回程航班是相对于去程航班而言的，是指从目的地C返回始发地A的航班。

c.经停航班是指从始发地A至目的地C的中途在某一中间点B做地面物资配给的航班，如配餐、加油等。

d.中转航班是指从始发地A至目的地C，中途需在中间点B换乘的航班。

8.2.2 航班号编排

为了便于组织运输生产，每个航班都按一定规律编号以示区别，这种号码称为航班号。国内航线和国际航线的航班号编排规则有所不同，国内正班和加班航班的编排也有区别。

（1）国内正班航班号编排规定　我国直属航空公司的国内正班飞行中，航班号由执行航班任务的航空公司二字IATA代码和四个阿拉伯数字组成。其中第一个数字是执行该航班任务的航空公司的基地所在地区数字代码；第二个数字表示航班基地外的起点站或终点站所在地区的数字代码；第三和第四个数字表示航班的具体编号（顺序号），第四个数字中，单数是去程航班，双数是回程航班。

基地所在地区的数字代码：1代表华北，2代表西北，3代表中南，4代表西南，5代表华东，6代表东北，8代表厦门，9代表新疆。

例如：CA1202是西安飞往北京的航班，CA是中国国际航空股份有限公司（简称国航）代码，第一个数字1表示华北地区，国航的基地在北京，属华北地区；第二个数字2表示航班的基地外终点在西安，属于西北地区；02表示航班序号，其中末位数2表示回程航班。

再如：MU5305是上海飞往广州的航班，MU是中国东方航空集团有限公司代码，5表示上海所在的华东地区，3表示广州所在的中南地区，05表示序号，单数表示去程航班。

我们根据航班号可以很快地了解航班的执行公司、飞往地点及方向，这对管理人员和乘客来说都非常方便。

这些不成文的规定源于民航发展初期，当时航班主要由民航局直属航空公司承担，按区域划分飞行任务的安排，航班号也变得十分有规律。但随着地方航空公司的发展、民航企业间重组、代码共享、飞行区域交叉等原因的出现，航班号不再那么严格地遵循这个规律了。

（2）国际航班号的编排规定　我国国际航班的航班号是由执行该航班任务的航空公司二字英文代码和三个阿拉伯数字组成。譬如，最早中国国际航空公司（现为中国国际航空股份有限公司）的编排方法是，第一个数字一律为"9"，第二和第三个数字为航班顺序号，与国内航线相同，第三个数字单数表示去程航班，双数表示回程航班。其他各航空公司，第一个数字则以执行航班任务的航空公司的数字代码表示。

如CA957航班表示由中国国际航空公司（现为中国国际航空股份有限公司）执行的由北京飞往新加坡的去程航班。

（3）加班航班号的编排规定　加班航班是指飞机在规定的航线上增加的航班。加班航班号按照各航空公司向政府航管部门申报并获得批准的号码编排。

临时的补班航班采用"正班航班号+英文字母"的方式表示。具体规定是，Z代表0，Y代表1，X代表2，以此类推"0-Z，1-Y，2-X，3-W，4-V，5-U，6-T，7-S，8-R，9-Q"。

例如：CZ310W表示广州—北京的补班航班。

延伸阅读

MH370航班停止使用

2014年3月8日00：42，MH370航班在马来西亚吉隆坡国际机场起飞，计划06：30在北京降落（从北京返回吉隆坡的航班号为MH371）。01：20，航班在马来西亚和越南的交界处与胡志明市管控区失去联系，且并未收到失踪飞机的求救信号。

作为对2014年3月8日MH370航班乘客和机组人员的尊重，马航13日宣布，将不再使用航班号MH370和MH371，自14日起代之以MH318和MH319。

2014年10月10日，澳大利亚交通安全局发布的马航MH370的中期报告确认，MH370航班可能因为燃油耗尽在印度洋上方低速盘旋后最终坠入海面。

2015年1月29日，马来西亚民航局宣布，马航MH370航班失事，并推定机上所有239名乘客和机组人员已遇难。

2018年5月29日，美国"海洋无限"勘探公司对马航MH370客机的搜寻工作结束。

8.2.3 航班计划

航班计划是规定正班飞行的航线、机型、班次和班期时刻的计划。航班计划的主要内容包括航线、机型、班次、班期、航班号、航班时刻。

（1）航线　航线必须同时具备三个条件，才能列入航班计划：有定期航班飞行；有足以保证飞行和起降所需的机场和其他设备设施；经过主管部门批准，目前我国的航空公司开辟新航线必须报请民航局运输司和空中交通管理局审批。

（2）机型　机型是指正班飞行计划使用的飞机型号，飞机型号是制造厂家按照飞机的基本设计所确定的飞机类型编号。不同的机型，其基本设计不同，最大起飞重量、巡航速度、最大业载航程、对机场跑道的要求等技术指标都有所不同。飞机技术性能又直接影响飞机的适用范围、载运能力、销售价格及运输成本，因此必须综合考虑一个航线的航路条件、起降机场条件、运输需求数量，以及航空公司机队构成和各机型的技术性能等因素，把航空公司现有的各型飞机正确配置到各条航线上去，这是提高航线经营效益的重要条件。

（3）班次　航空公司在某条航线上每天飞几个航班，它表示航空公司在各条航线上的运力投放情况。

例如：吉祥航空公司星期日在长沙—上海航线有8个航班，则班次为8。

（4）班期　班期是指该航班每周具体的执行日期。

例如：吉祥航空公司长沙—上海的航班HO1123/4的班期1、2、3、4、5、6、7，意思是该航班每周一、周二、周三、周四、周五、周六、周日执行。

（5）航班号　航班号即航班的代号，是由公司代码和航班编号两部分组成。

例如：HO1123/4表示吉祥航空公司长沙—上海的航班，其中HO为上海吉祥航空股份有限公司的二字代码，序号23表示去程航班（上海至长沙），序号24表示回程航班（长沙至上海）。

（6）航班时刻　航班时刻是指每个航班的出发时刻和到达时刻，即每个航班的关舱门时刻和开舱门时刻。

例如：HO1123航班的航班时刻为07:00—09:00，表示该航班07:00关舱门停止上客，09:00开舱门旅客下飞机。

8.2.4 班期时刻表

为适应空运市场的季节性变化，依据飞行季节的不同和客货流量、流向的客观规律，各航空公司的有关业务部门每年两次制订航班计划，并将航线、航班及其班期和时刻等，按一定的顺序汇编成册，称为班期时刻表。一次为夏秋季班期时刻表，执行时间为三月下旬至十月下旬；另一次为冬春季班期时刻表，执行时间为十月下旬至次年三月下旬。

班期时刻表（表8-1）是航空运输企业向社会各界和世界各地用户介绍航班飞行情况的一种业务宣传资料。

（1）时刻表查询步骤

第一步：根据始发城市的英文名称的第一个字母按字母表中的顺序查找始发城市。

表 8-1　班期时刻表

DAYS 班期	DEP 离站	APR 到达	FLIGHT 航班号	A/C 机型	VIA/CONNECT 经停/衔接站
始发城市	FROM GUANGZHOU（CAN）广州	至			
到达城市	TO AMSTERDAM	阿姆斯特丹			
.2..5..	0905	1700	CZ345	77B	PEK 北京
到达城市	TO BANGKOK	曼谷			
... ... 7				757	
1.3.5..	0905	1040	CZ363	320	
到达城市	TO BEIHAI	北海			
.2...6.	1630	1730	CZ3329	735	

第二步：在查到的始发城市下面查找到目的地城市，目的地城市也是按它的英文名称字母顺序排列。

第三步：在找到始发城市和到达城市之后，自然就看到两个城市之间的航班时刻了。

（2）时刻表内容

班期（DAYS）：代表航班在一周中某一天运营。航班以周为周期，班期中的数字表示星期，如上表中的".2..5.."表示每周星期二和星期五有航班，用"."表示当天无航班。

离站（DEP）和到达（ARR）：离站和到达时间均采用24小时制，用四位阿拉伯数字表示，小时和分之间不用":"分隔。如上午8:30表示为0830，下午06:50表示为1850。

航班号（FLIGHT）：执行该航班的航班号。

机型（A/C）：代表机型号。

经停/衔接站（VIA/CONNECT）：表示本次航班在飞行途中经停次数。

航班安排

对于航空公司而言，安排航班是一个复杂的问题，需要有一定的技巧和对公司策略与经营程序的透彻理解，还需要考虑其他诸多因素。（扫码获取视频，学习更多内容）

章节自测

1.选择题

（1）CA1202是西安—北京的航班，执行此次飞行任务的航空公司是（　　），西安—北京是（　　）。

　　A.南航，去程航班　　　　B.南航，回程航班

　　C.国航，去程航班　　　　D.国航，回程航班

（2）MU5305是上海—广州的航班，执行此次飞行任务的航空公司是（　　），上海—广州是（　　）。

  A.东航，去程航班   B.东航，回程航班

  C.厦航，去程航班   D.厦航，回程航班

（3）北京—成都航线属于（　　）。

  A.国内航线   B.国际航线   C.地区航线

（4）（　　）是指以几个业务量较大的航班和干线航班在时间上紧密衔接，从而形成航线网。

  A.城市对式   B.城市串式   C.轴心辐射式

（5）（　　）指安排公布的时刻实行飞行、对公众开放销售的收费航班。

  A.定期航班   B.包机航班   C.加班航班

2.填空题

（1）查阅下面班期时刻表，填写相应信息：

FROM NANJING（NKG）南京至					
TO GUANGZHOU 广州					
……7	1230	1425	320		29/10-18/03
12.456.	1230	1425	733		30/10-24/03
…3…	1230	1425	757		01/11-21/03
1234567	1730	1925	757		29/10-24/03

3月22日从南京至广州南航有＿＿个航班，起飞时间为＿＿＿＿＿＿＿＿；星期三执飞南京至广州的机型是＿＿＿＿＿＿；从南京至广州的飞行时长是＿＿＿＿＿＿。

（2）＿＿＿＿＿＿是规定正班飞行的航线、机型、班次和班期时刻的计划。

（3）＿＿＿＿＿＿指正班飞行计划使用的飞机型号。飞机型号是制造厂家按照飞机的基本设计所确定的飞机类型编号。

（4）航线网络结构包括＿＿＿＿＿＿、＿＿＿＿＿＿、＿＿＿＿＿＿三种形式。

（5）为适应空运市场的季节性变化，依据飞行季节的不同和客货流量、流向的客观规律，各航空公司的有关业务部门每年两次制订航班计划，并将航线、航班及其班期和时刻等，按一定的顺序汇编成册，称为＿＿＿＿＿＿。

3.简答题

（1）简述航线的定义及分类。

（2）简述航班的定义及分类。

（3）简述航班计划的内容。

第9章

航空公司

国内首家低成本航空公司

春秋航空（Spring Airlines）股份有限公司，是首个中国民营资本独资经营的低成本航空公司专线，也是当前国内最成功的低成本航空公司。作为一家低成本航空公司，为节约成本，春航鼓励乘客从其网站购票，对乘客可免费携带的行李重量及体积作了比其他航空公司更为严格的限制，简化了机票和登机牌，座距平均比其他航空公司小28英寸（1英寸=0.0254米）。同时在飞机上，春航不提供免费的机上膳食和饮料（初期提供免费瓶装水，但现已改为收费）。乘客如有需要，可购买便餐及饮料。春航有时还会在飞行过程中进行名为"空中商城"的推销活动（深夜航班上除外）。

 学习目标

知识目标
- 理解航空公司的定义。
- 理解三大航空联盟的发展现状。
- 理解国内外主要航空公司的发展现状。
- 识记国内外主要航空公司及其二字代码。

能力目标
- 能运用所学知识分析航空公司对社会经济发展的重要意义。

> - 能运用所学知识分析航空联盟的优势、劣势。
>
> **素质目标**
> - 体会对民航运输活动实施管理的必要性，树立服从管理的职业理念。
> - 加强团队协作能力，培养知识共享的理念。

9.1 航空公司认知

（1）航空公司的定义　航空公司（Airlines）是指以各种航空飞行器为运输工具，以空中运输的方式运载人员或货物的企业。航空公司经营方式灵活，使用的飞行器可以是它们自己购买的，也可以是租来的，它们可以独立提供服务，或者与其他航空公司组成联盟。航空公司的规模可以从只有一架运输客货的飞机到拥有数百架飞机提供各类全球性服务的国际航空公司。航空公司的服务包括从事固定航线上的定期和不定期航班服务，也包括在不固定的航线上从事包机服务。

（2）航空公司的成立　在中国成立航空公司必须具备下列条件：①有与经营业务相适应的、持有中国民用航空局所颁发执照的空勤人员、航空器维修人员，有必要的经营管理人员。②有与所经营业务相适应的，经民航局登记注册、发给适航证的航空器。③有必要的经营资金。④所使用的机场能够保证运营安全。⑤航空器的维修设施能够保证适航要求。

航空公司的经营范围的确定：凡申请经营国际航线业务的，由民航局审核报国务院批准。凡申请经营省际航线业务的，由民航局审查批准；凡申请经营省、自治区、直辖市内航线业务的，由各省人民政府批准，报民航局备案。企业经审查、批准、备案后，向民航局申请经营许可证，持此证按《工商企业登记管理条例》的规定，办理相应登记手续，领取营业执照，即取得企业法人资格。

（3）航空公司的分类　航空公司可以按多种方式进行分类：
① 按公司规模分，如大型航空公司、小型航空公司；
② 按飞行范围分，如国际航空公司、国内航空公司；
③ 按运输的种类分，如客运航空公司、货运航空公司；
④ 按工作时间分，如定期航空公司、不定期航空公司。

9.2 航空公司联盟

为了更好地共享资源、增强在航空运输市场上的竞争力，世界上许多航空公司经过联合组成跨国、跨地区的航空联盟。联盟的成员航空公司在航班、票务、代码共享、转机、飞行常旅客计划、机场贵宾室及降低支出等多方面进行合作。目前世界上的三大航空联盟分别是星空联盟、天合联盟和寰宇一家。

（1）星空联盟　星空联盟（Star Alliance）成立于1997年，总部位于德国法兰克福，是世界上第一家全球性航空公司联盟。星空联盟英语名称和标志（图9-1）代表了最初成立时的五个成员：北欧航空公司（Scandinavian Airlines）、泰国国际航空公司（Thai Airways International）、加拿大航空公司（Air Canada）、德国汉莎航空股份公司（Lufthansa）和美国联合航空公司（United Airlines）。为了推广星空联盟的合作与统一形象，在航空公司飞机机身涂装方面做了一些变化。首先，所有会员航空公司所属的飞机机身上皆绘有代表联盟的识别标志。而除一般标准版本的机身涂装外，所有星空联盟成员都必须将旗下至少一架飞机改为星空联盟的统一特殊涂装，以提升星空联盟的统一形象。这个前所未有的航空联盟，将航线网络、贵宾候机室、值机服务、票务及其他服务融为一体。无论客户位于世界何处，都可以提高其出行体验。

图9-1　星空联盟标志

星空联盟自成立以来发展迅速，拥有26家正式成员，航线涵盖了192个国家和地区以及1330个机场。星空联盟的标语是"地球连接的方式"（The way the Earth connects）。

通过星空联盟成员的共同协调与安排，将提供给旅客更多的班机选择、更理想的接转机时间、更简单化的订票手续和更妥善的地勤服务，符合资格的旅客可享用全球超过990个机场贵宾室及相互通用的特权和礼遇。会员搭乘任一星空联盟成员的航班，都可将累计里程数转换至任一成员航空公司的里程酬宾计划的账户内，进而成为该计划的尊贵级会员，金钻级会员可享受订位及机场后补机位优先确认权，优先办理机场报到、登机、通关及行李托运等手续。不仅如此，任一星空联盟的乘客只要是持全额、无限制条件的机票，如果在机场临时更改航班，不需要原开票航空公司背书，便可直接改搭联盟其他成员的航班。另外，星空联盟设计了以飞行里程数为计算基础的"星空联盟环球票"，票价经济实惠，再加上联盟的密集航线网，为旅客提供轻松的环游旅程。

星空联盟主要的合作方式包括扩大代码共享（Code-Sharing）规模、常旅客计划（Frequent Flyer Program，FFP）的点数分享、航线分布网的串连与飞行时间表的协调、在各地机场的服务柜台与贵宾室共享、共同执行形象提升活动。相对于航空公司之间的复杂合作方式，对于一般的搭机旅客来说，使用星空联盟的服务则比较简单，只需申办成员航空公司提供的独立常旅客计划中的任何一个（重复申办不同公司的FFP没有累加作用），就可以将搭乘不同航空公司班机的里程累积在同一个FFP里。除此之外，原本是跨公司的转机延远航段也被视为同一家公司内部航线的衔接，因此在票价上更有机会享有更多优惠。

星空联盟优惠包括常旅客计划、星空联盟金卡/银卡等级、贵宾休息室、获得里程数/积分、星空联盟奖励、星空联盟升级奖励、转机、同一屋檐计划（成员航空公司在同一航站楼运营）。星空联盟产品和服务还包括特惠套票和航空通票。

星空联盟的乘客权益包括以下内容。

① 享受超值通票和特惠机票，如环球票、环亚洲通票。

② 享受通程登机一站式服务。航班不正常时，乘客可以享受最快时间的签转。

③ 乘客的行李发生错运、漏运后，可在第一时间找回。乘客搭乘联盟内任何一家航空公司的航班，都可积攒和兑换里程积分。

④ 星空联盟金卡会员享有优先办理登机手续权（享用专门的值机柜台办理登记手续）、

优先机场候补权(如在到达机场前未预订，可优先候补座位)、优先候补权(在航班预订已满时，享受优先候补座位权)、优先提取行李（可在联盟内优先提取行李）、增加托运行李额度（金卡会员可额外免费享受一件行李的托运）、航班时刻协调（星空联盟各成员航空公司通过协调航班进出港时间，降低旅客候机时间）。

⑤ 享受全球超过990个机场贵宾休息室。

星空联盟现有成员

星空联盟国外成员：加拿大航空公司、新西兰航空公司、全日空航空公司、韩亚航空公司、德国汉莎航空股份公司、新加坡航空公司、美国联合航空公司等。

星空联盟国内成员：中国国际航空股份有限公司、深圳航空有限责任公司、长荣航空股份有限公司等。

备注：上海航空股份有限公司于2010年11月1日正式退出星空联盟。

（2）天合联盟　天合联盟（SKYTEAM）是航空公司所形成的国际航空服务网络（图9-2）。2000年6月22日由法国航空公司、美国达美航空公司、墨西哥国际航空公司和韩国大韩航空公司联合成立天合联盟，天合联盟曾译为空中联队，总部位于阿姆斯特丹史基浦国际机场。

2004年9月天合联盟与飞翼联盟（也译为航翼联盟）合并后，荷兰皇家航空公司和美国西北航空公司也成为其会员。天合联盟航空联盟网络每日航班达16270个架次，航线目的地达1150个，通达175个国家/地区，航空会员包括19家航空公司。

图9-2　天合联盟标志

① 合作方式　通过联盟内所有航空公司的航班信息、座位信息和价格信息，帮旅客预订机票和座位，把中转旅客通过联盟航空公司的国内航线送到其国内的各个城市。

联盟的发展得益于其给旅客及联盟成员带来的日益明显的利益。联盟通过其伙伴关系向旅客提供了更多的实惠，包括各成员间常旅客计划合作，共享机场贵宾室，提供更多的目的点，更便捷的航班安排、联程订座和登机手续，更顺利的中转连接，实现全球旅客服务支援和"无缝隙"服务。对于其成员来讲，联盟以低成本扩展航线网络、扩大市场份额、增加客源和收入而带来了更多的商机，并且可以在法律允许的条件下实行联合销售、联合采购以降低成本，充分利用信息技术协调发展。天合联盟的"环游世界"套票、"畅游欧洲"套票、"畅游美洲"套票、"畅游亚洲"套票等优惠机票可为旅客节省更多购票支出。

② 天合优享　天合联盟于2011年启动天合优享（SkyPriority），是三大联盟中最先创立优待基于乘客的联盟。只要拥有联盟成员、联盟附属成员、非联盟附属成员但为联盟成员之子公司的最高等级、次高等级会员，天合优享的优惠内容如下。

a.优先报到柜台（SkyPriority专属柜台或是商务/头等舱报到柜台）。

b.免费行李托运重量限制变少。

c.特殊通关礼遇（有些欧美国家不适用）。

d.免费进入贵宾室（有些欧美航空公司必须付费）。

e. 优先登机。
f. 优先获得座舱升等。
g. 优先提取行李。

天合联盟现有成员

天合联盟国外成员：俄罗斯航空公司、墨西哥国际航空公司、法国航空公司、意大利航空公司、达美航空公司、荷兰皇家航空公司、韩国大韩航空公司等。

天合联盟国内成员：中国东方航空股份有限公司、厦门航空有限公司、上海航空股份有限公司、中华航空股份有限公司等。

备注：2018年11月15日，厦门航空有限公司母公司中国南方航空股份有限公司宣布从2020年1月1日起正式退出天合联盟。

图9-3 寰宇一家标志

（3）寰宇一家　寰宇一家（oneworld）是1999年2月1日正式成立的国际性航空公司联盟（图9-3），由美国航空、英国航空、国泰航空有限公司、澳洲航空公司、原加拿大航空公司等5家分属不同国家的大型国际航空公司发起结盟，总部位于美国纽约，现有正式成员13家，其成员航空公司及其附属航空公司在航班时间、票务、代码共享（共挂班号、班号共享）、乘客转机、飞行常旅客计划、机场贵宾室以及降低支出等多方面进行合作。

寰宇一家各成员航空公司已于2005年4月完成电子机票互通安排的程序，也是全球首个在成员航空公司之间实现电子机票互通安排的航空联盟。

寰宇一家联盟合作伙伴为旅客提供超过任何独立航空公司网络的优惠。寰宇一家联盟航空公司的会员，其奖励及特权可在任何寰宇一家联盟航空公司中享用。当旅客以有效票价乘坐任何寰宇一家联盟航空公司的有效航班时，将为自己的积分计划赢取里程奖励计划，旅客可以在全球联盟成员目的地实施里程兑换。会员航空公司的常旅客计划各有不同的名称，寰宇一家相应创造了不同级别——翡翠级、蓝宝石级和红宝石级，确保旅客获得其会员级别相应的特权。旅客乘坐任何寰宇一家联盟航空公司的航班可在任意一间会员航空公司的贵宾候机厅休息。旅客在寰宇一家会员航空公司之间可享受顺利转机服务，寰宇一家成员航空公司航班将迁往同一航站楼或就近航站楼，以配合基地的运作，方便转机联系。为旅客提供所有会员航空公司之间国际联运电子客票服务，有助于旅客通过航线网络采用任何承运航空公司的组合形式。

航空联盟的作用

航空联盟是两家或两家以上航空公司之间达成的合作协议，提供了全球的航空网络,加强了国际间的联系,并使跨国旅客在转机时更方便。

航空联盟的作用如下。

① 优势互补。结盟的航空公司之间可以通过旅客市场的互补,提高航班运载率,降低运营成本,从而增加收益;航线互补或航班互补,增加航班密度,或者使航班"无缝"连接,形成联盟航线网优势,增强市场竞争力;在资金方面相互融通,增强借贷或者还贷能力;通过结盟,航空公司之间可以相互参与常旅客服务计划,吸引更多的客户。

② 资源共享。航空公司通过结盟,使结盟体成员之间可以相互共享机场设施、相互进行客运代理、相互提供航线维修支持等,从而减少运营成本。

③ 扩大规模效益。通过结盟,增强市场实力。例如:航油、配件、设备、食品、保险等形成服务网,购销批量增大,可以获得价格优势,形成规模效应。通过结盟,联盟成员航空公司的航班在 CRS 上出现的频率增加,推动客票销售。

④ 开拓新市场。

⑤ 巩固市场。

9.3 国内主要航空公司

(1) 中国国际航空股份有限公司 中国国际航空股份有限公司(Air China Limited, Air China, IATA:CA, 简称国航)是唯一一家被认可的使用"国航"作为简称的企业(图9-4),于1988年在北京正式成立,是中国航空集团公司控股的航空运输主业公司,它与中国东方航空股份有限公司和中国南方航空股份有限公司合称中国三大航空公司。

图9-4 国航企业标志

国航总部设在北京,主运营基地有北京首都国际机场、成都双流国际机场。国航运单前缀为"999",飞行常旅客计划是"凤凰知音"。

国航的企业标志是由一只艺术化的凤凰、中国社会主义改革开放和现代化建设的总设计师邓小平同志书写的"中国国际航空公司"和英文"AIR CHINA"构成,具有吉祥、圆满、祥和、幸福的寓意,寄寓着国航人服务社会的真挚情怀和对安全事业的永恒追求。

国航目前是中国唯一悬挂中华人民共和国国旗、承担中国国家领导人出国访问的专机任务,并承担外国元首和政府首脑在国内的专、包机任务的国际航空公司。

2018年12月,世界品牌实验室编制的"2018世界品牌500强"榜单揭晓,中国国际航空股份有限公司排名第287位。2019年5月14日,荣获第十届中华环境优秀奖。2019年9月1日,"2019中国服务业企业500强"榜单在济南发布,中国国际航空股份有限公司排名第59位。2019年12月,中国国际航空股份有限公司入选"2019中国品牌强国盛典榜样100"品牌。

(2) 中国南方航空股份有限公司 中国南方航空股份有限公司(以下简称南航),总部设在广州,以蓝色垂直尾翼镶红色木棉花为公司标志(图9-5),是中国运输飞机最多、航线网络最发达、年客运量最大的航空公司,拥有厦门、河南、贵州、珠海等8家控股公共航空运输子公司,新疆、北方、北京等20家分公司,在杭州、青岛等地设有23个境内营业部,在新加坡、纽约、巴黎等地设有51个境外营业部。

图9-5　南航企业标志

南航的国际航协两字代码为"CZ"，运单前缀为"784"，飞行常客计划是"明珠俱乐部"。

2019年，南航旅客运输量达1.52亿人次，连续41年居中国各航空公司之首，年旅客运输量居亚洲第1位、世界第6位，货邮运输量居世界第8位（数据来源：国际航协）。截至2019年12月，南航运营包括波音787、777、737系列，空客A380、A330、A320系列等型号客货运输飞机超过860架，是全球首批运营空客A380的航空公司。南航每天有3000多个航班飞往全球40多个国家和地区、224个目的地，航线1000多条，提供座位数超过50万个。通过与美国航空、英国航空公司、卡塔尔航空公司等合作伙伴密切合作，南航航线网络延伸到全球更多目的地。

南航积极响应国家倡议，为推动"一带一路"建设提供有力支撑。在"一带一路"重点涉及的南亚、东南亚、南太平洋、中西亚等区域，南航已经建立起完善的航线网络，航线数量、航班频率、市场份额均在国内航空公司中居于首位，已成为中国与沿线国家和地区航空互联互通的主力军。

南航保持着中国航空公司最好的安全纪录，安全管理水平处于国际领先地位。2018年6月，南航荣获中国民航飞行安全最高奖"飞行安全钻石二星奖"，是中国国内安全星级最高的航空公司。

（3）中国东方航空股份有限公司　中国东方航空股份有限公司（简称"东航"）总部位于上海，是中国三大国有骨干航空公司之一，前身可追溯到1957年1月原民航上海管理处成立的第一支飞行中队，是首家在纽约、上海、香港三地挂牌上市的中国航企。东航的国际航协二字代码为"MU"，运单前缀为"781"，飞行常旅客计划是"东航万里行"。中国东方航空以飞翔的燕子、红蓝色搭配以及字体组合方式表现东航企业形象（图9-6）。

作为天合联盟成员，东航的航线网络通达全球170个国家和地区的1036个目的地，每年为全球超过1.3亿旅客提供服务，旅客运输量位列全球前十。"东方万里行"常旅客可享受联盟19家航空公司的会员权益及全球超过790间机场贵宾室。

东航的机队规模达730余架，是全球规模航企中最年轻的机队之一，拥有中国规模最大、商业和技术模式领先的互联网宽体机队。

图9-6　东航企业标志

东航在国内拥有京沪"两市四场"双核心枢纽和西安、昆明等区域枢纽，业务范围实现省会城市及千万级以上人口城市机场的全覆盖，并在全球设有111个海内外分支机构。公司近年来开通多条"一带一路"国际新航线，积极构建连通全球的"空中丝绸之路"。

东航关注高品质航空出行服务，致力于打造"智慧·云航空"。公司实现十年滚动事故率为零，近年来荣获中国民航飞行安全最高奖——"飞行安全钻石奖"，连续9年获评全球品牌传播集团WPP"最具价值中国品牌"前100强，连续4年入选英国著名品牌评级机构Brand Finance发布的"全球最具价值品牌500强"，连续2年获评中国企业海外形象高峰论坛"中国企业海外形象20强"，被国际指数公司MSCI ESG评定为A级、并列行业第一，并在运营品质、服务体验、社会责任等领域屡获国际国内殊荣。

长期以来，东航积极履行社会责任，执行一系列应急救灾和海外公民接运任务，以航空扶贫、产业扶贫等方式多年定点帮扶云南省临沧市双江、沧源，助力两县实现脱贫摘帽、接续推进乡村振兴。全面推动"绿色飞行"，打赢"蓝天保卫战"，在"十三五"期间实现减碳200万吨。自新冠肺炎疫情发生以来，东航执行了民航首班援鄂、首班援外医疗包机，承担了中国民航1/3以上的抗疫运输任务，率先推出"定制包机"、民航最大"客改货"机队和"随心飞"系列创新产品，全力服务复工复产和产供链稳定，畅通"大循环""双循环"。从新冠疫情发生起至2020年年底，东航6000余万名旅客和10万员工无一人因航空运输感染确诊。

延伸阅读

东航企业标志

旧标志：中国东方航空集团有限公司的航徽基本构图为圆形，取红、蓝、白三色。以寓意太阳、大海的上下半圆与燕子组合，表现东航企业形象。红色半圆，象征喷薄而出的朝阳，代表了热情、活力，且日出东方，与东方航空名称吻合；蓝色半圆，象征宽广浩瀚的大海，寓意着东航航线遍及五湖四海；轻盈灵动的银燕，象征翱翔天际的飞机，燕子也被视为东方文化的载体，体现了东方温情。燕子尾部的线条勾勒出东航英文名字"CHINA EASTERN"的"C、E"两个字母。

东航新的标志和新的视觉识别系统于2014年9月9日正式对外发布。

新标志：新Logo延续使用原标志的红蓝品牌基准色，燕首及双翅辉映朝霞的赤红——"日出东方"，升腾着希望、卓越、激情；弧形的尾翼折射大海的邃蓝——"海纳百川"，寓意着广博、包容、理性，巧妙地呼应东航"激情超越、严谨高效"的企业精神。飞燕姿态自然勾勒出"CHINA EASTERN"的首字母"CE"，又形似跃动的音符，显示了东航推动品牌无国界的竞合意识，如图9-7所示。

旧标志　　　　　新标志

图9-7　东航企业新旧标志比较

（4）海南航空股份有限公司　海南航空股份有限公司（Hainan Airlines Company Limited，IATA：HU，简称海航）于1993年成立，是中国发展最快、最有活力的航空公司之一，致力于为旅客提供全方位无缝隙的航空服务。

海航总部设在海南省海口市，主运营基地有海口美兰国际机场、北京首都国际机场、宁波栎社国际机场。海航运单前缀为"880"，飞行常旅客计划是"金鹏俱乐部"。

海航企业标志的顶端是日月宝珠，环形构图从东方文化传说中的大鹏金翅鸟幻化而成，图形底部是浪花的写意表达（图9-8）。

图9-8 海航企业标志

海航是中国四大航空公司之一，拥有波音787、波音737系列、空中客车A350系列和空中客车A330系列为主的年轻豪华机队，适用于客运和货运飞行，为旅客打造独立空间的优质头等舱与宽敞舒适的全新商务舱。海航共运营229架飞机，其中主力机型为波音737-800型客机，宽体客机73架。

海航追求"热情、诚信、业绩、创新"的企业管理理念，凭借"内修中华传统文化精粹，外融西方先进科学技术"的中西合璧企业文化创造了一家航空公司的新锐。海航秉承"东方待客之道"，倡导"以客为尊"的服务理念。从满足客户深层次需求出发，创造全新飞行体验，改变旅客期望，立志成为中华民族的世界级航空企业和世界级航空品牌。以民航强国战略为主导，加速国际化布局，倾力打造规模和运营能力居世界前列的航空公司。2020年7月，在"2020年财富中国500强"排行榜上，海南航空股份有限公司排名第141位。

（5）深圳航空有限责任公司 深圳航空有限责任公司（Shenzhen Airlines，IATA：ZH，简称深航）成立于1992年10月，是由广东广控集团有限公司、中国国际航空公司等五家公司共同投资的航空公司，1993年9月17日正式开航，是一家位于广东深圳的航空公司，2005年深圳航空有限责任公司进行了股权转让，深圳汇润投资有限公司、亿阳集团股份有限公司受让深航65%股权，深航成为民营资本控股的航空公司，2010年3月22日通过增资，中国国际航空股份有限公司持有深圳航空有限责任公司股权由原先25%增至51%，成为深圳航空有限责任公司的控股股东，2011年5月，深圳汇润投资有限公司24%股权被深圳全程物流服务有限公司收购，至此，深圳市人民政府旗下全程物流持有深航股权增至49%。

深航企业标志是"民族之鹏"（图9-9），其是主要经营航空客、货、邮运输业务的航空运输企业。设立了广州、南宁、沈阳、郑州、无锡、常州6个基地分公司和航空货运、工贸、广告、旅游、航空配餐、酒店6个二级公司。深圳市深航货运有限公司成立于1994年，是深航的直属企业，主要从事国内、国际航空货物运输业务。开辟"卡车航班"货运业务，实现货物运输的无缝转接。深圳航空有限责任公司控股常州机场、管理无锡硕放机场，与德国汉莎航空股份公司合资成立了翡翠国际货运航空有限责任公司，并与美国梅萨航空合资成立了鲲鹏航空有限公司。由深航出资以持有80%股权控股成立了昆明航空有限公司。

深航的"一小时免费送票"业务开创了民航机票销售先例；拥有完善的电话订票服务系统；率先建立呼叫中心，开通全国统一24小时航空服务热线；是首家大力推广电子客票系统的国内民航。2005年深航正式通过国际航协的审查，成为IOSA（IATA Operational Safety Audit，国际航协运行安全审计）注册成员航空公司。2007年订购中国拥有自主知识产权的ARJ21支线飞机，成为率先购买该机种的航空公司。

图9-9 深航企业标志

2018年5月,深航获得"世界十佳美丽空姐"榜首。

2020年10月,深航被评为全国交通运输系统抗击新冠肺炎疫情先进集体。

(6)厦门航空有限公司　厦门航空有限公司(Xiamen Air,IATA:MF,简称厦航)成立于1984年7月25日,是由民航局与福建省合作创办的中国首家按现代企业制度运营的航空公司,现股东为中国南方航空股份有限公司(55%)、厦门建发集团有限公司(34%)和福建省投资开发集团有限责任公司(11%)。厦航企业标志为"蓝天白鹭"(图9-10)。

图9-10　厦航企业标志

截至2015年4月11日,厦航拥有全波音系列116架飞机,平均机龄5.6年,经营国内航线220余条、国际及地区航线近30条,每周执行航班3200多个,构建了以厦门、福州、杭州为核心,覆盖全国、辐射东南亚、连接港澳台地区的航线网络,设有福州、杭州、天津、上海、北京、长沙、重庆、泉州等8家分公司,以及48个驻境内外营业部、办事处,总资产突破350亿元,净资产达到130亿元,是中国民航唯一连续保持28年盈利的航空公司。

截至2017年12月31日,厦航实现第33个航空运输安全年,全年完成运输总周转量50亿吨·千米、旅客运输量3270万人次,货邮运输量26万吨,同比分别增长24.4%、17.9%和8.3%,累计安全飞行近450万小时,荣获飞行安全"四星奖",并成为全球首家荣获"IOSA杰出成就奖"的航空公司。

2019年9月1日,"2019中国服务业企业500强"榜单在山东济南发布,厦门航空有限公司排名第185位。

(7)上海航空股份有限公司　上海航空股份有限公司(Shanghai Airlines,IATA:FM,简称上海航空或上航),总部设在上海市静安区江宁路212号,主运营基地在上海虹桥国际机场和上海浦东国际机场。上航企业标志为红尾翼上翱翔的仙鹤(图9-11),飞行常旅客计划是"东方万里行"。其前身是上海航空公司,成立于1985年12月,是中国第一家多元化投资的商业性质有限责任航空企业。2010年1月28日,以东航换股吸收合并上航的联合重组顺利完成,上航成为新东航的成员企业。2010年5月28日,作为东航全资子公司的上海航空股份有限公司正式挂牌运营。

图9-11　上航企业标志

上航拥有以波音及空客为主的先进机队,规模100余架,开辟国内航线百余条,还通达了日本、韩国、泰国、澳大利亚、新加坡等国家和马来西亚吉隆坡、匈牙利布达佩斯等地区的中远程国际航线,以及香港、澳门、台北等地区航线,年旅客运输量1239.54万人次。

上航于2010年11月1日正式退出星空联盟,同时宣布随同母公司中国东方航空股份有限公司一同加入天合联盟。

(8)四川航空股份有限公司　四川航空股份有限公司(Sichuan Airlines,IATA:3U,简称川航)的前身是四川航空公司,企业标志为一只海燕(图9-12),该公司成立于1986年9月19日,1988年7月14日正式开航运营。四川航空集团有限责任公司成立于2002年8月29日,四川航空集团有限责任公司持有四川航空股份有限公司40%的股份,为第一大股东;其他股东分别为中国南方航空股份有限公司、中国东方航空股份有限公司、山东航空股份有限公司、成都银杏金阁投资有限公司。

图9-12 川航企业标志

川航总部设在四川成都双流国际机场，是中国国内最大的全空客机队航空公司。除成都总部以外，川航已设有重庆、云南、北京、浙江、黑龙江、陕西、海南、新疆、天津、南宁、深圳、西昌、绵阳等分公司、基地，形成覆盖全国80多个大中城市的航线网络布局。航线从最初的7条发展到200多条，并已开通温哥华、墨尔本、悉尼、莫斯科、迪拜、东京、大阪、新加坡、布拉格、洛杉矶、奥克兰、圣彼得堡、苏黎世、特拉维夫、开罗、哥本哈根、伊斯坦布尔、罗马、赫尔辛基等国际航线，形成了国内主次干线、支线网络与国际地区航线的有机组合。

2018年3月，川航推出宠物机票。2019年7月，川航荣获全国模范劳动关系和谐企业称号。2019年9月1日，"2019中国服务业企业500强"榜单在济南发布，四川航空股份有限公司排名第218位。

2018年9月4日，中华全国总工会正式批复，决定授予成功处置险情的四川航空3U8633航班机长刘传健同志全国五一劳动奖章、四川航空3U8633航班机组全国工人先锋号。

截至2021年1月，川航机队规模达169架。

（9）山东航空股份有限公司　山东航空股份有限公司（Shandong Airlines，IATA：SC，简称"山航"）成立于1999年12月13日，其前身是1994年成立的山东航空有限责任公司，总部设在济南，企业标志是3个S形曲线，代表擅长飞翔、纪律严明的飞燕，同时也是团结一致的象征（图9-13）。

图9-13 山航企业标志

山航把"确保安全，狠抓效益，力求正点，优质服务"放在首位。开通飞往全国50多个大中城市的航班，并开通韩国国际航线。山航与中国国际航空股份有限公司实现代码共享、航线联营、航材共享和支援、信息管理与系统开发、管理交流与合作、培训业务等方面合作。山航先后荣获中国民航飞行安全奖"金雁杯""金鹰杯"。2006年、2007年连续两年取得全民航航班正点率第一名的佳绩。

根据山航"十二五"规划，2015年年末该公司机队规模将增加到100架飞机，实现从中型航空公司到大型航空公司的新跨越。山航经营航线110余条、每周1700多个航班飞往全国60多个大中城市，并开通香港、台湾等地区航线和韩国、日本国际航线。总部位于济南，在青岛、烟台、厦门、重庆、北京设有分公司，在海口、昆明、乌鲁木齐、贵阳设有飞行基地，形成了"东西串连、南北贯通、覆盖全国及周边"的航线网络。公司已连续保持了16年的安全飞行记录。

2014年12月9日上午，山航与新誉宇航股份有限公司在山东济南举行"全面合作暨5架CRJ-200型客机转让协议"签约仪式，协议的签署标志着CRJ-200机队正式退出山航，山航机队统一为波音737NG单一机型，资源配置更加合理高效。

9.4　国外主要航空公司

（1）卡塔尔航空公司　卡塔尔航空公司（IATA：QR）成立于1993年11月22日，1994年1月20日正式开始商业飞行。最初卡塔尔航空公司由卡塔尔部分王室成员控股。1997年

4月一个新的管理团队获得卡塔尔航空公司管理权。当前,卡塔尔航空公司由卡塔尔政府和个人投资者各占50%股份。卡塔尔航空公司是2006年在多哈举行的第15届亚运会官方指定航空公司。2007年,在巴黎国际航空展上,卡塔尔航空公司与欧洲空中客车公司签署协议,确认订购80架空中客车A350客机。在迪拜国际航空展上,卡塔尔航空公司与美国波音公司签署协议,购买83架飞机,包括确认订购30架波音787型客机和23架波音777型客机。

卡塔尔航空总部在卡塔尔多哈,以哈马德国际机场为主要基地,飞行常旅客奖励是"卡塔尔航空优惠俱乐部",企业标志是羚羊(图9-14),到2018年5月26日已开通了全球100多个城市的国际航线。

2008年卡塔尔航空总部搬迁到多哈新机场。

2013年9月9日,卡塔尔航空公司宣布于2013年10月30日正式加盟寰宇一家。

2015年获得全球最佳航空公司第一名。

图9-14　卡塔尔航空企业标志　　　　图9-15　新加坡航空企业标志

(2)新加坡航空公司　新加坡航空公司(IATA:SQ,简称新航)是新加坡的国家航空公司。新加坡航空以樟宜机场为基地,主要经营国际航线(图9-15)。新航拥有一支亚洲机龄最年轻的机队。

新加坡航空公司成立于1947年,当时的名称是马来亚航空(Malayan Airways)。该公司在整个20世纪40~50年代得到蓬勃发展。在20世纪50年代,马来亚航空继续扩展其业务,包括引入DC-3、DC-4、维克斯子爵式、彗星型等客机,带给乘客更快捷舒适的服务,航线网络也扩展至印度尼西亚、越南、缅甸、加里曼丹岛(沙巴州)和砂州等国家和地区。1963年更名为"马来西亚航空"。1965年新加坡独立建国,马来西亚航空更名为马来西亚-新加坡航空(MSA)。在1969年购置5架波音737-100飞机后,公司正式进入了波音时代。20世纪70年代是新航发展最快的一段时期,公司业务扩展到南亚次大陆和亚洲的22个城市,并且开始购置波音747飞机。20世纪80年代,新航开拓了美国、加拿大和欧洲的业务,后又开辟了非洲航线。

新加坡航空公司被Skytrax评为五星级航空公司,它是星空联盟成员之一,其客运航线网络覆盖35个国家的65个目的地。新加坡航空公司自成立以来,赢得了创新市场领先者的荣誉,同时可提供优质服务和高质量产品。新加坡航空品牌在航空界中已广为人知,尤其是在安全、服务素质和革新风格方面。新加坡航空公司一直被誉为最舒适和最安全的航空公司之一。

(3)全日空航空公司　全日空航空公司(IATA:NH,简称全日空)是一家日本航空公司,于1952年12月27日成立,它是星空联盟成员之一,总部位于东京都港区汐留。全日空航空公司原本是日本第二大航空公司,仅次于日本航空公司,但由于日本航空公司于2010年1月宣布破产,因此自2010年起,全日空航空公司正式取代日本航空公司成为日本最大及载客量最多的航空公司(图9-16)。

全日空的母公司是"全日本空输"集团。1999年10月，全日空正式加入星空联盟。全日空也是世界500强企业之一。全日空航空公司于2013年3月29日被Skytrax评为五星级航空公司，是全球第7家获此殊荣的航空公司。

图9-16　全日空航空企业标志　　　　　　图9-17　汉莎航空企业标志

（4）德国汉莎航空股份公司　德国汉莎航空股份公司（IATA：LH，简称汉莎航空），于1953年成立（图9-17）。按照载客量和机队规模计算，它是欧洲最大的航空公司；按照乘客载运量计算，它是世界第四大航空公司。

汉莎航空是指"空中的汉莎"，"汉莎"源自13～15世纪北德地区强大的商业联盟汉莎同盟。德国汉莎航空股份公司的客运和货运服务的经营中心位于法兰克福。汉莎航空是德国最大的航空公司，也是德国的国家航空公司（Flag Carrier）。德国汉莎航空股份公司的母公司是德国汉莎航空集团（Lufthansa）。瑞士国际航空公司（Swiss International Air Lines）亦隶属德国汉莎航空集团。汉莎航空的核心业务是经营定期的国内及国际客运和货运航班，飞行网络遍布全球450多个航空目的港。除航空运输外，汉莎航空还向客户提供一系列的整体服务方案。

2014年12月17日，欧盟批准了汉莎航空将其IT基础设施部门出售给美国国际商用机器公司的交易。

2018年12月，世界品牌实验室编制的"2018世界品牌500强"榜单揭晓，德国汉莎航空股份公司排名第115位。

（5）荷兰皇家航空公司　荷兰皇家航空公司（IATA：KL，简称荷航）是一家以荷兰阿姆斯特丹为总部的国际航空公司（图9-18），创立于1919年10月7日。阿姆斯特丹史基浦国际机场（Schiphol Airport）是荷航主要航空枢纽之一。荷兰皇家航空公司是天合联盟成员之一。在国际航空运输协会（IATA）的成员中，荷航的国际货运量和飞行里程均名列前茅。

荷航是法国航空-荷兰皇家航空集团（Air France-KLM Group）100%持股的子公司，在同意被法国航空收购前，原是荷兰的国家航空公司。2005年，荷兰皇家航空公司与法国航空公司合并，组成欧洲最大航空集团——法国航空-荷兰皇家航空集团，法航与荷航各自以独立的品牌名称经营。

图9-18　荷兰皇家航空企业标志

荷兰皇家航空公司的业务范围包括民航运输、飞机维修、飞机租赁、航空配餐、空中和地面服务人员培训、医疗服务与航行诊所、全球计算机定位系统及保险。荷航具有长达百年的优良飞行服务经验。阿姆斯特丹史基浦机场被称为"欧洲第一空港"，是荷兰皇家航空公司总部基地，优越的地理位置、便利的交通及先进的设施使其多次被评为欧洲乃至世界的最佳机场。荷兰皇家航空公司和其合作伙伴的航线网络覆盖了六大洲90个国家的500座城市。荷兰皇家航空公司在95个国家设有350个办事处。

（6）大韩航空公司 大韩航空公司（株式会社）（IATA：KE）（图9-19）成立于1969年，前身是1946年成立的韩国国家航空，是韩国最大的航空公司，同时也是亚洲最具规模的航空公司之一，属于天合联盟和韩进集团的成员。仁川国际机场是大韩航空公司的国际枢纽港，经营欧洲、非洲、亚洲、大洋洲、北美洲及南美洲航线；金浦机场则为其国内枢纽港。

大韩航空公司是全球20家规模最大的航空公司之一，每天飞行近400个客运航班，穿梭于40个国家的126个城市之间。截至2013年9月30日，大韩航空公司拥有148架飞机，包含空中客车380系列、330系列和300系列，以及波音777系列、737系列和747系列。大韩航空公司还是环球航空联盟——天合联盟的创立成员之一。

图9-19 大韩航空企业标志　　　图9-20 英国航空企业标志

（7）英国航空公司 英国航空公司（IATA：BA，简称英航）是英国的国家航空公司（图9-20），也是英国历史最悠久的航空公司，它是寰宇一家的创始会员之一。主要枢纽是伦敦希思罗机场和伦敦盖特威克机场。英国航空公司是全球最大的国际航空客运公司、全球第七大货运航空公司、欧洲第二大航空公司，也是西欧最大的航空公司。另外，它还是全球两家曾拥有协和客机的航空公司之一，另一家曾拥有协和客机的航空公司为法国航空公司。

英国航空公司（British Airways）是欧洲乃至世界上最知名的航空公司之一，也是世界上历史最悠久的航空公司之一。英航秉承提供优质服务的传统而享誉盛名。

英国航空公司通过英航、地中海航空公司、南非商务航空公司（Comair）、洛根航空公司、丹麦太阳航空公司提供全球航线网络。英国航空公司飞行网络遍布世界各地130多个国家、200多个目的地。

英国航空公司获选为2006年度全球最佳航空公司，被Skytrax评为2007年度四星级航空公司。

章节自测

1. 选择题

（1）中国南方航空集团的总部设在（　　）。
　　A. 北京　　　B. 深圳　　　C. 广州　　　D. 海

（2）厦航的企业标志是（　　）。
　　A. 木棉花　　B. 蓝天白鹭　　C. 民族之鹏　　D. 凤凰

（3）（　　）是中国唯一载国旗飞行的航空公司。
　　A.厦航　　　B.川航　　　C.东航　　　D.国航
（4）国内运输飞机最多、航线网络最密集、年客运量最大的航空公司是（　　）。
　　A.东航　　　B.南航　　　C.海航　　　D.国航
（5）中国第一家开飞的民营航空运输企业是（　　）。
　　A.奥凯航空　B.成都航空　C.春秋航空　D.上航
（6）企业标志是一只在江面上奋力翱翔的江鸥的航空公司是（　　）。
　　A.厦航　　　B.川航　　　C.山航　　　D.深航
（7）上海航空公司的二字代码是（　　）。
　　A.MF　　　B.KN　　　C.FM　　　D.CZ

2.识图题

（1）请仔细观察图片，回答下述问题。

① 依次回答图中标志所表示的航空公司名称。
② 依次回答图中显示的航空公司二字代码。
③ 依次回答图中各航空公司总部所在城市的机场三字代码。

（2）请仔细观察图片，回答下述问题。

① 依次回答图中标志所表示的航空公司名称。
② 依次回答图中显示的航空公司二字代码。
③ 依次回答图中各航空公司总部所在城市的机场三字代码。

（3）请仔细观察图片，回答下述问题。

① 依次回答图中标志所代表的航空联盟名称。
② 说出国航、东航分别属于哪个航空联盟。
③ 说出建立航空联盟的优点（至少四点）。

第10章

民航旅客运输

首次执行大型非战争军事任务

2020年2月13日凌晨，空军出动包括航空工业自主研制的6架运20和2架运9在内的3型11架运输机，分别从乌鲁木齐、沈阳、西宁、天津、张家口、成都、重庆等7地机场起飞，向武汉空运军队支援湖北医疗队队员和物资。9：30，11架运输机全部抵达武汉天河机场。这是我国国产运20大型运输机首次参加非战争军事行动，也是空军首次成体系大规模出动现役大中型运输机执行紧急大空运任务。此次抽组的医疗力量来自陆军、海军、空军、火箭军、战略支援部队、联勤保障部队、武警部队多个医疗单位。根据医院容量和建设进度，军队医护人员分批投入支援，参照武汉火神山医院运行模式，承担武汉市泰康同济医院、湖北省妇幼保健院光谷院区确诊患者医疗救治任务。

 学习目标

知识目标
- 理解航空运价的特点。
- 掌握国内客票运价和行李运输的相关规定。
- 掌握民航旅客乘机流程。

能力目标
- 能运用所学知识计算国内客票运价及逾重行李费。

- 能运用所学知识分析旅客运输在民航运输整体中的意义。

素质目标
- 体会对民航运输活动实施管理的必要性，树立服从管理的职业理念。
- 培养严谨从事民航岗位工作的态度。

10.1 民航旅客运输常识

10.1.1 民航客票常识

10.1.1.1 航空运价定义和特点

（1）航空运价的定义　根据《中国民用航空旅客、行李国内运输规则》规定，航空运价（又称客票价）是指旅客由出发地机场至目的地机场的航空运输价格，不包括机场与市区之间、同一城市两座机场之间的地面运输费用。

航空运价分公布票价和特种票价两大类。运价表中公布的票价，适用于直达航班运输，如旅客要求经停或转乘其他航班时，应按实际航段的相关收费标准进行相加计算票价。特种票价是航空公司对特殊的运输对象给予一定折扣的票价，它以公布的成人全票价为计算基础，除另有规定外，一般不得重复享受其他优惠。使用折扣票价或特种票价的旅客，应遵守该折扣票价或特种票价规定的条件，当收取的票款与适用的票价不符或计算有错误时，应按照相关规定，由旅客补付不足的票款或由航空公司退还多收的票款。

客票价为旅客开始乘机之日适用的票价，客票出售后，如票价调整，票款不作变动。

客票价以人民币10元为计算单位，航空公司收取或支付的任何其他费用均以人民币元为计算单位，尾数一律四舍五入。

另外，政府、有关当局或机场经营者规定的对旅客或由旅客享用的任何服务、设施而征收的税款或费用不包括在航空公司所公布的票价范围内。

（2）航空运价的特点　航空运价除具备交通运输运价的共有特点外，由于其本身所具有的技术和经济上的特点，还有其自身特点。

① 运价率"递远递减"　运输产品的单位是客千米，即运输价格的构成包括运输数量和运输距离两个因素。

由于运输本身具有随运输里程增加而成本递减的规律，故以客千米为计量单位，实行"递远递减"的运价率，即当运输数量相同，随着运输距离的延长而运价率不断降低。

② 只有销售价格一种形式　运输产品不同于工业产品有出厂价与销售价之别，也不同于农产品有收购价与销售价之别，由于运输产品的生产过程与消费过程合为一体，在生产的同时即被消费，因此运价只有销售价格一种形式。

③ 随运输对象、方式的不同而变化　运价随着运输对象的不同而不同，有旅客运价和货物运价之分，同一运输对象选择不同的运输方式，其运价也不相同。如选择铁路运输的

价格和航空运输的价格就有区别。

④ 运输价格高　由于航空运输生产的耗费比其他运输工具高、运输成本高，因而反映在运价上就比其他运输工具的运价高。主要原因包括以下几个方面。

a. 飞机本身的价值高，例如飞机的磨损与折旧，对产品成本的影响比较大。

b. 飞机燃料消耗比其他运输工具高几倍到几十倍。

c. 对旅客的服务水平高，设备及维修等方面要求也比较高。

⑤ 种类繁多、灵活性大　航空运价随运输对象、服务标准、地区航线、运输方式的变化而变化。根据运输对象、服务等级、季节变化、地区的不同而设定的票价有几十个种类。票价种类之多，弹性幅度之大，是其他交通方式所没有的，正因为如此，航空运价较其他运价有更大的灵活性。

10.1.1.2　航空运价的种类

（1）按服务等级分类　为旅客提供服务的等级不同，可收取不同的票价。国内航线的客票价一般分为头等舱（F）、公务舱（C）、经济舱（Y）三个服务等级。

① 经济舱（Y）票价。也称普通舱票价，是对外公布的经济舱单程散客成人全票价，是各类航线客票价的基础。旅客购买的折扣票一般就是在经济舱票价的基础上进行打折的。

② 公务舱（C）票价。公务舱是航空公司为了适应公务旅客对座位和服务的需求，在飞机客舱布局上布置了较经济舱服务标准高，但较头等舱服务标准略低的舱位。国内航线公务舱票价一般按照经济舱全票价的130%计算。

③ 头等舱（F）票价。头等舱是航空公司为了适应高层次旅客对座位和服务的需求，在飞机客舱布局上布置了较公务舱更宽敞舒适的座椅和提供高标准的餐食以及高标准的客舱服务的舱位。国内航线头等舱票价一般按照经济舱全票价的150%计算。

（2）按旅程方式分类　国内航线各票价按旅客不同的旅程方式分为单程票价、来回程票价和联程票价三种。

单程票价适用于规定航线上的由甲地到乙地的航班运输，现行对外公布的国内航线客票价均为航空运输的直达票价。例如，成都至北京的Y舱单程票价为1440元。来回程票价由两个单程票价组成，一个是使用直达票价的去程运输；另一个是使用直达票价的回程运输。航空公司为吸引旅客选乘自己公司的航班，一般实行的来回程票价在两个单程票价的基础上可享受一定的折扣。例如，广州至北京的Y舱来回程票价原价为1700×2=3400（元），但南航规定如一次性购买来回程机票可享受全票价5%的折扣，即旅客支付的费用为单程票价1700×95%≈1620（元）（票价最小单位为10元，下同），来回程票价为3240元。

联程票价适用于联程运输。联程运输是旅客的航程超过一个以上航班，需在航班的中途站或终点站换乘另一航班才能到达目的地。联程票价是将旅客所乘坐航段的票价相加，作全程票价。通常不同的航空公司对联程机票的价格优惠政策也不同。

例如，旅客购买下列联程机票旅行：广州至上海1280元，上海至北京1130元。则旅客需要支付的联程票价全价为1280+1130=2410（元）。在此基础上，再根据航空公司的优惠政策予以优惠。

延伸阅读

民航特种票价

特种票价是在各经济舱正常票价的基础上对符合购票时限、旅客身份、航班时刻、季节浮动等限制条件的团体或单个旅客给予一定的优惠的票价。

常见的特种票价有以下几种。

① 儿童/婴儿票价　儿童是指年满2周岁，但未满12周岁的乘客；婴儿是指年龄在2周岁以下，14天以上的乘客（儿童和婴儿年龄是指开始旅行时的实际年龄，如其在开始旅行时未满规定的年龄，而在旅行途中超过规定的年龄，不另补收票价）。

国内旅行时，儿童按适用成人全票价的50%购买儿童票，单独占用一个座位，享受和成人一样的免费交运行李的限额。婴儿按适用成人全票价的10%购买婴儿票，不单独提供座位，婴儿没有免费交运行李限额。

② 团体票价　人数在十人（含）以上，航程、乘机日期、航班和舱位等级相同并按同一类团体票价支付票款的旅客称为团体旅客。航空公司可以按有关规定向国内、外团体旅客提供优惠的特种票价，该票价附有诸如不得签转、出票时限、退票条件等限制条件。购买儿童、婴儿票价客票的旅客不计入团体人数内。团体旅客可以在开放的航班上申请订座，订妥座位后，应在规定或预先约定的时限内购票，否则所订座位不予保留。

③ 革命伤残军人/因公致残警察票价　凡因公致残的现役军人和因公致残的人民警察在乘坐国内航班时，凭革命伤残军人证或人民警察伤残抚恤证，在规定的购票时限前，按适用正常票价的50%计收。

④ 师生优惠票价　寒暑假期间，教师和学生是相对时间较自由的团体，他们往往会利用这段时间进行旅游、度假。为吸引这部分旅客选择航空旅行，许多航空公司都对教师和学生在寒暑假期间乘坐国内航班时，凭教师证和学生证给予一定优惠。

⑤ 免票，优惠票　由承运人特殊批准的旅客，对其特别授权或许可，可以填开由该承运人承运的免票、优惠票。如民航管理局相应领导因公乘机旅行、本航空公司工作人员因公旅行，包机单位的押运人员等经批准可填开免费客票，本航空公司的合作伙伴等经批准可填开优惠客票或免费客票。

凭包机货运单和包机单位乘机介绍信为货运包机押运人员填开的免费客票，要在客票的票价计算栏内写明包机运输协议书号码。

⑥ 包舱票价　在有小客舱的大型飞机执飞的国内航班上，可以向旅客提供包舱服务，人数以小客舱内的座位数为限，价格给予一定优惠，称为包舱票价。包舱内的座位数乘以包舱票价，即包舱总费用，包舱的总免费交运行李限额为包舱内的座位数乘以该舱位等级对应的每位旅客免费交运行李限额。

⑦ 额外占座票价　旅客因为舒适或其他理由，希望额外占用座位，可根据实际占用舱位的座位数计数。当额外占用的座位数超过一个时，需在额外占用座位标志"EXST"前注明额外占用的座位数，其总免费交运行李限额为所占座位数乘以相应舱位等级的每位旅客免费交运行李限额。

⑧ 季节票价　航空公司在旅游淡季向旅客提供的优惠票价，属于促销票价。

10.1.2 民航旅客购票常识

为了确保飞行和航空运输安全,国家规定民航客货运输均实行实名制。旅客购买飞机票、办理乘机手续、通过安全检查时,货主在发运货物、收货人提取货物时,必须提供有效身份证件。

(1)旅客乘机有效证件 有效身份证件包括法定身份证件和其他有效证件。法定身份证件可分为三类:居民身份证、军人类证件和护照类证件。

① 居民身份证 居民身份证是航空旅行中使用最多的证件,包括居民身份证(二代居民身份证)和临时居民身份证。临时居民身份证适用于应申领居民身份证而尚未领到证件的人,以及居民身份证丢失、损坏未补领到证件的人,在其他有效期内效力等同于居民身份证。

② 军人类证件 军人类证件包括军官证、警官证、士兵证、文职干部证、离(退)休干部证、军官退休证、职工证、学员证。

法律规定不予颁发居民身份证的现役人民解放军军人、武装警察部队官兵的有效身份证件包括中央军事委员会颁发的军官证、警官证、士兵证和文职干部证。

人民解放军、武装警察部队的离(退)休干部,如果未移交到地方,军队的离(退)休干部证是其有效身份证件。

地方公安部门不为人民解放军在编职工颁发居民身份证,由解放军后勤部颁发的中国人民解放军职工证是其有效身份证件。

人民解放军、武装警察部队院校学员,取得军籍时居民身份证即注销,所在院校颁发的学员证是其有效身份证件。

人民警察的警官证不是其法定有效证件,不能用于乘坐飞机,其乘坐飞机的有效证件是居民身份证。

③ 护照类证件 护照类证件包括护照、港澳同胞回乡证、港澳居民来往内地通行证、中华人民共和国往来港澳通行证、台湾居民来往大陆通行证、大陆居民来往台湾通行证、外国人居留证、外交官证、领事官证、海员证等。

④ 其他有效证件 有些证件并不是法定身份证件,但可以用于旅客购票、乘坐飞机和办理客、货运业务,这些证件包括以下几类。

a.全国人民代表大会代表、全国政协委员,凭当届全国人大代表证、全国政协委员证可购票乘机。

b.出席全国或省、自治区、直辖市的党代会,人代会,政协会,工、青、妇代会和劳模会的代表,凭所属县、团级(含)以上党政军主管部门出具的临时身份证明可购票乘机。

c.旅客的居民身份证在户籍所在地以外被盗或丢失的,凭发案、报失地公安机关出具的临时身份证明可购票乘机。

d.年龄已高的老人(按法定退休年龄)凭接待单位、本人原工作单位或子女、配偶工作单位（必须是县、团级含以上单位）出具的临时身份证明可购票乘机。

e.十六岁以下未成年人凭学生证、户口簿或者户籍所在地公安机关出具的身份证明可购票乘机。

f.2岁以下的婴儿和2周岁至12周岁的儿童凭户口簿、暂住证、出生证或独生子女证办理购票和乘机手续。

g.军人和武装警察退出现役时，军官证、警官证、文职干部证、士兵证等已收回，居民身份证尚未办理，其军官和文职干部转业证、士兵退伍证，自签发之日起，半年内可作为购票和办理乘机手续的有效证件。

h.持中华人民共和国护照的居民，无身份证的，在护照签证有效期内，可凭护照办理购票乘机手续。

i.如旅客执行紧急公务，或危急病人急需乘机，但又不能出具有效身份证件，经航空公司和当地机场最高领导批准，可予以办理购票和乘机手续。

（2）电子客票　2000年3月，南航率先推出国内第一张电子客票。2007年年底，全球实现100%BSP电子客票的目标。作为信息时代纸质客票的一种替代品，电子客票是世界上最先进的客票形式。电子客票实际是传统纸质机票的一种电子映像，它利用计算机网络平台将传统客票电子化、虚拟化，将票面信息存储到订座系统中，实现无纸化、电子化订票、结账和办理乘机手续。

随着我国民用航空运输业的快速发展，航空运输电子客票的使用数量也在迅速增长。为适应我国航空运输电子客票的发展需求，与国际民用航空运输通行方式接轨，根据《中华人民共和国发票管理办法》的有关规定，航空运输电子客票暂使用航空运输电子客票行程单（以下简称行程单）（图10-1）作为旅客购买电子客票的付款凭证或报销凭证，同时具备提示旅客行程的作用。行程单采用一人一票，不作为机场办理乘机手续和安全检查的必要凭证使用。行程单的式样由国家税务总局会同中国民用航空局确定。行程单为单联机打发票，规格为238毫米×106.6毫米。票面内容包括航空运输电子客票行程单名称、国家税务总局监制章、印刷序号、旅客姓名、有效身份证件号码、签注、航程、承运人、航班号、座位等级、日期、时间、客票生效日期、有效截止日期、免费行李、票价、机场建设费、

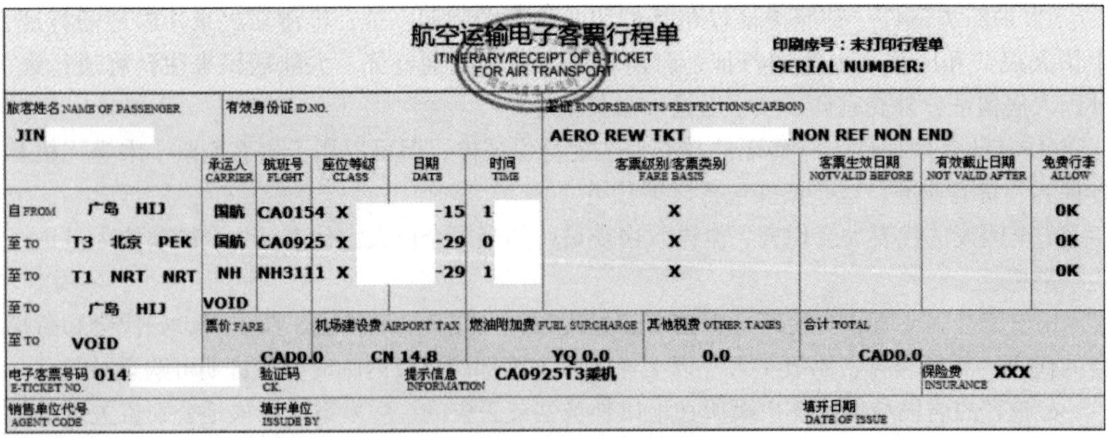

图10-1　航空运输电子客票行程单

燃油附加费、其他税费、合计、电子客票号码、验证码、保险费、销售单位代号、填开单位（盖章）、填开日期等。开票软件由中国民用航空局统一开发并下发各开票点使用。行程单的领购方式、发票号码、防伪措施暂由中国民用航空局确定并报国家税务总局备案。旅客发生退票或其他客票变更导致票价金额与原客票不符时，若已打印行程单，要将原行程单退回，方能为其办理有关手续。

10.1.3 民航行李运输常识

旅客在旅行中为了穿着、使用、旅途舒适或方便的需要而携带的物品和其他个人财产称为行李。

（1）行李的种类　根据运输的责任不同，承运人承运的行李可分为以下三类。

① 托运行李　托运行李又称交运行李，是指旅客交由承运人负责照管和运输并填开行李票的行李。在收运托运行李时，工作人员必须在旅客的客票及行李票上的行李栏内填写行李的件数及重量，并发给旅客用于认领行李的行李牌领取联。托运行李每件的重量不能超过50千克，体积不能超过40厘米×60厘米×100厘米。超过体积、重量规定，必须事先征得承运人同意才能托运。

② 自理行李　自理行李是指经承运人同意旅客带入客舱自行负责照管的行李。例如贵重物品、易碎物品，还有外交信袋等特殊物品可以作为自理行李，由旅客带入客舱内。每名旅客携带自理行李的重量以10千克为限，体积每件不得超过20厘米×40厘米×55厘米，并且能放入行李架内或座位底下，不妨碍其他旅客活动和客舱的服务工作。经承运人同意的自理行李应该与托运行李合并计重，交由旅客带入客舱自行保管，并在行李上拴挂自理行李牌。

③ 随身携带物品　随身携带物品也叫手提行李，是指经承运人同意由旅客自行携带乘机的零星小件物品。随身携带物品有别于自理行李，是旅客在旅途中所需或者需使用的小件个人物品，如照相机、小食品、书报等。随身携带物品免费运输，不计入行李总重量中。每位旅客的随身携带物品重量以5千克为限，每件随身携带物品的体积不超过20厘米×40厘米×55厘米，持头等舱客票的旅客每人可携带2件随身携带物品，持公务舱或经济舱客票的旅客每人只能携带1件随身携带物品。超过上述重量、件数或体积限制的物品，应作为托运行李交运。

（2）免费行李额　机票的价格中，不仅包括运输旅客的费用，还包括运输旅客所携带的行李费用，也就是旅客在乘坐飞机的时候可以免费携带一定重量的行李。免费行李额是根据旅客所付票价、乘坐的舱位等级和航线性质决定的。旅客所付票价越高，可乘坐的座位越好，可享受的免费运输的行李越多。这种根据旅客所付票价、乘坐舱位等级和旅客乘坐的航线而享受的可免费运输的行李重量或件数就叫作免费行李额，即免费行李额是根据旅客所付票价、乘坐的舱位等级和航线性质决定的。

凡持国内成人票和儿童票的旅客，每人免费行李额：普通舱为20千克，公务舱为30千克，头等舱为40千克。持婴儿票的旅客不享受免费行李额。

（3）逾重行李费　超过免费额的行李（托运行李和自理行李之和）称为逾重行李。在航空运输中，对逾重行李应按规定的行李运价收取逾重行李运费并填开逾重行李票（图10-2）。

逾重行李票 EXCESS BAGGAGE TICKET							
旅客姓名： NAME OF PASSENGER：				客票号码： TICKET：			
航段 SECTOR	承运人 CARRIER	航班号 FLIGHT	重量 WEIGHT	费率/千克 RATE/KG	运费金额 CHARGE	声明价值 附加费	合计收费 TOTAL
自/至 FROM/TO							
日期 DATE		经手人 ISSUED BY		盖章 SIGNATURE			

图 10-2　逾重行李票

逾重行李票是收取逾重行李运费的依据，它由四联构成：财务联，由发出站附同销售日报送财务部门；运输联，作为运输凭证；旅客联，交旅客收执；存根联，由收款单位留存。

逾重行李运费的计算标准如下。

① 根据超过免费行李额部分的重量计算运费，国内运输时重量以千克为单位，小数点后面的数字四舍五入；国际运输时以0.5千克为单位，不足0.5千克的应进整为0.5千克，超过0.5千克的进整为下一个整数。

② 逾重行李费率以每千克按填开逾重行李票之日所适用的直达航班经济舱票价的1.5%计算。

③ 逾重行李运费为逾重行李重量与逾重行李费率的乘积，金额以元为单位，国内运输时元以下部分四舍五入，国际运输时小数点后的部分进整。

例1：当前北京至广州的直达单程成人经济舱票价为1770元，这段航程上的计算逾重行李费率是多少？

解：逾重行李费率 = 1770 × 1.5% = 26.55（元/千克）

例2：某旅客乘飞机从北京至广州，该旅客持F舱客票，票价为3910元，经济舱票价为1770元，交运行李53.7千克，计算逾重行李运费。

解：逾重行李重量 = 53.7-40 = 13.7（千克）（计费重量14千克）

逾重行李费率 = 1770 × 1.5% = 26.55（元/千克）

逾重行李运费 = 26.55 × 14 = 371.7（元）（实收372元）

10.2　民航旅客运输服务

随着民用航空业的快速发展和民航体制改革的不断深化，我国航空客运市场发生了重大变化，社会公众对于民航运输的消费需求不断增强，国内国际民航运输市场融合程度加深。为进一步规范国内国际旅客、行李运输秩序，保护旅客合法权益，在总结近年来旅客运输服务和消费者权益保护工作经验的基础上，有关部门对《中国民用航空旅客、行李国内运输规则》和《中国民用航空旅客、行李国际运输规则》进行了统一修订，出台了《公共航空运输旅客服务管理规定》（以下简称《规定》）。该《规定》指出："机场管理机构应当按照相关规定配备服务保障设施和设备，维护机场的正常秩序，为旅客提供安全、便捷的服务环境。"

根据民航旅客运输的不同要求，民航旅客运输可分为国内旅客运输和国际旅客运输（图10-3）。其中国内旅客和国际旅客可进一步划分为出发旅客、到达旅客、中转旅客（中转旅客可再细分为国内转国内、国内转国际、国际转国内和国际转国际四种）和过境旅客四类。国内旅客运输一般需通过购票、值机、安检、候机、登机、乘机、下机和领取行李等环节完成一段航程，而国际旅客因涉及出入境问题，除需要完成国内旅客运输流程之外，还需要完成政府联检（海关检查、边防检查和卫生检疫）。

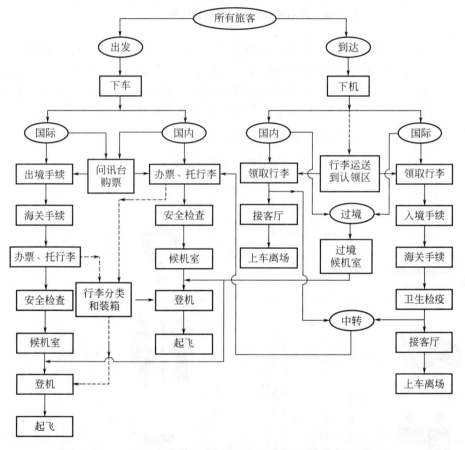

图10-3　国内旅客运输和国际旅客运输典型流程

机场旅客服务是指从旅客离港之前或到港之后，航空公司、机场当局、联检单位等为旅客提供的各种服务。

（1）地面交通服务　地面交通服务是指机场为旅客直接或间接提供的从出发地到机场的过程中享受到的交通设施服务及其必要的附加服务。机场主要提供的服务是机场大巴及运行线路安排、机场附近交通线路设计、机场停车场设施和出租车运行管理，而地铁线路规划等其他交通服务主要是由当地政府完成，如图10-4所示。

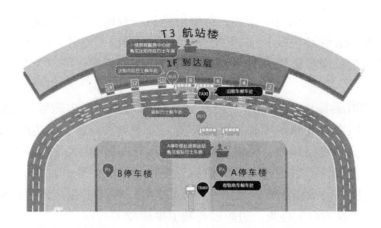

图10-4 沈阳桃仙机场地面交通攻略

（2）引导标志服务 引导标志服务是指机场为旅客提供的帮助旅客自助解决简单问题的信息标志，例如，航站楼大厅平面图、洗手间引导牌等，见表10-1。这项服务包括旅客对引导标志的图形设计、内容设计、位置布局等细节的感知。机场引导标识从旅客去往机场的路上就开始为旅客服务，贯穿整个服务流程，是机场服务中旅客使用最多的服务。因此，做好机场引导标志服务也是提高机场服务质量的关键环节之一。

表10-1 机场航站楼指示图标示例

名称	图标	释义	名称	图标	释义
水平步道		表示供人们使用的水平运行自动扶梯	问讯		表示提供问讯服务的场所
售票		表示出售机票、候补机票的场所	洗手间		表示供男女使用的洗漱设备
办理乘机手续		表示旅客办理登机牌和交运手提行李等乘机手续的场所	出发		表示旅客离港及送客的地点
行李提取		表示到达旅客提取交运行李的场所	到达		表示旅客到达及接客的地点

续表

名称	图标	释义	名称	图标	释义
行李查询		表示机场帮助旅客查找行李的场所（不代表失物招领）	中转联程		表示持联程客票的旅客办理中转手续、候机的场所
托运行李查询		表示对登机旅客交运的行李进行检查的场所	边防检查（护照检查）		表示对涉外旅客进行边防护照检查的场所
安全检查		表示对乘机旅客进行安全检查的通道	海关		表示进出海关检查的场所
红色通道（有申报物品）		表示对通过海关的旅客所携带的全部行李进行检查的通道	贵宾候机室		表示贵宾或重要旅客候机的场所
绿色通道（无申报物品）		表示对通过海关的旅客所携带的全部行李进行检查的通道	登机口		表示登机口的通道
行李手推车		表示供旅客使用的行李推车的存放地点	育婴室		表示带婴儿旅客等候的专用场所
候机厅		表示供人们休息、等待的场所	头等舱候机室		表示持头等舱客票的旅客候机的场所

（3）导乘服务　导乘服务是指为引导乘客有序值机、安检、检票、登机等提供的服务。导乘服务虽比较简单，但其是维持机场秩序，减少各种冲突和意外情况，影响顾客体验及感知质量的重要服务内容。随着人脸识别技术、大数据、深度学习等领先的人工智能技术的发展，许多机场开始投放智能导乘设备。

（4）问询服务　问询服务是指通过问讯电话、专门问询柜台工作人员（图10-5）、智能机器人或其他工作人员为旅客提供所需的各类资讯信息及问询解答服务。问询服务是对整个机场工作人员素质的考验，任何一名员工都代表着机场的形象，其服务态度、专业技能等都会影响旅客对该项服务的体验。其服务内容主要为当日航班出港信息、抵港信息、办理乘机手续信息、特殊旅客服务、不正常航班的解释服务、各类预约及特色服务等。

图10-5　温州永强机场问询台

（5）值机服务　值机服务是指专门为旅客办理乘机手续，协助旅客乘机的服务，其服务的内容包括客票查验、座位安排、行李托运、打印登机牌（图10-6）等。值机是机场服务的一个关键性环节，做好值机服务工作对于提高机场服务质量和保证飞行正常及安全具有重要意义。目前，值机包括传统值机、自助值机、APP值机、网上值机、微信值机等多种方式，大大节省了旅客的值机时间与乘机时间。

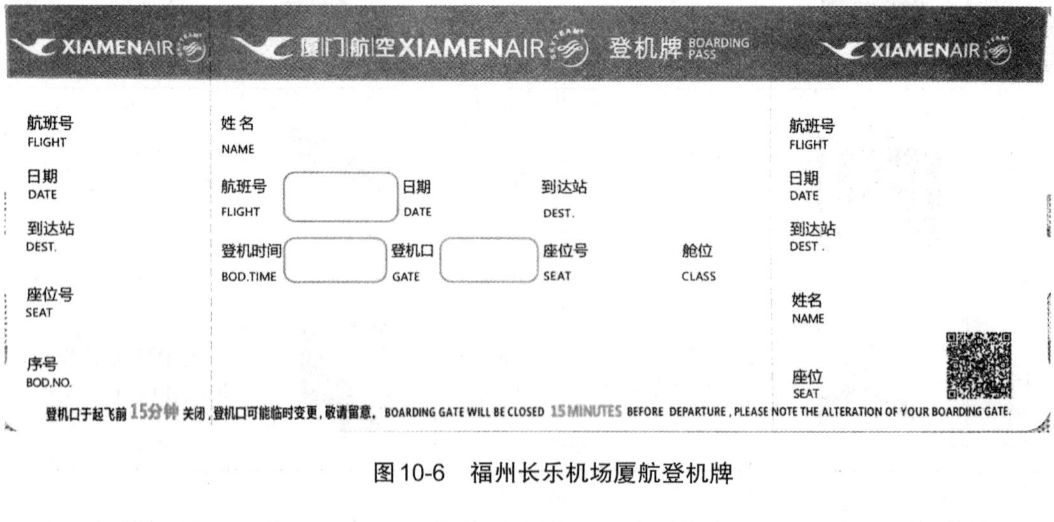

图10-6　福州长乐机场厦航登机牌

（6）安检服务　安全技术检查简称安全检查，是指在民用机场实施的为防止劫（炸）飞机和其他危害航空安全事件的发生，保障旅客、机组人员和飞机安全所采取的一种强制性的技术性检查。安全技术检查工作包括对乘坐民用航空器的旅客及其行李、进入候机隔离区的其他工作人员及其物品，以及空运货物、邮件的安全技术检查；对候机隔离区内的人员、物品进行安全监控；对执行飞行任务的民用航空器实施保护。

民航安全技术检查是民航空防安全保卫工作的重要组成部分，由国务院民用航空主管部门授权的专业安检队伍，为保障航空安全，对所有乘机旅客必须进行的证件检查、人身检查和开箱（包）检查（图10-7）。

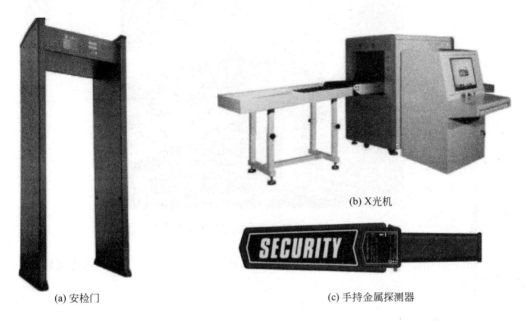

图10-7　常用安检设备

（7）联检服务　联检服务是指由边检、海关、卫生检疫、动植物检疫等主管部门对从事国际航空运输的民用航空器及其所载人员、行李物品所提供的联合检查服务，以保证航空运输安全，确保国家与人民利益。

机场海关检查主要是对出入境货物、邮递物品、行李物品、货币、金银、证券和运输工具等技能型的监督检查和征收关税的一项国家行政管理活动，旨在维护国家主权和利益。

机场边防检查主要是对出入境人员的护照、签证、出入境登记卡、出入境人员携带的行李物品和财务等的检查监护，对交通运输工具及其运载的货物等检查和监护。

机场卫生检疫主要是对出入境人员、交通工具、集装箱、尸体、骸骨以及行李、货物、邮包等实施检疫查验。

联检机构是一个国家的重要关口，代表国家形象，联检服务是一项国际化高标准服务工作。

（8）候机楼服务　候机楼服务是指旅客通过安检，在候机大厅等待登机的过程中，为旅客提供的在大厅内休息、娱乐、餐饮、购物等公共服务。该项服务涵盖面较广，航站楼整体环境、机场经营服务、机场各种设施布局、机场特殊旅客服务、无线上网服务等均属于机场候机楼大厅公共服务的范畴。候机楼服务是机场服务环节提升服务水平非常重要的一环。例如，连续多年被ACI评为全球最佳机场的新加坡樟宜机场，其候机楼拥有350多家零售与服务商店，120家食品和饮料商店，商品品种、品牌齐全，设有五座主题花园、24小时免费影院、温泉按摩等服务。

（9）登机与下机服务　登机服务是指旅客在飞机起飞前排队等候，由工作人员检查旅客登机牌、核实旅客身份、记录旅客信息并使旅客进入机舱的服务（图10-8）。下机服务是指旅客抵港下机后，工作人员引导其离开机场的服务。

图10-8　重庆黔江武陵山机场旅客上机服务

（10）行李运输服务　行李运输服务主要是为旅客行李的收运出港、到达交付、行李查询提供的服务。

深圳机场全面实现"无纸化"乘机

目前，深圳机场已全面实现"无纸化"便捷乘机服务。由深圳机场乘坐国内出港航班且无托运行李的旅客，凭借二维码电子登机牌即可直接办理安检和登机手续。

"无纸化"乘机服务启用后，搭乘深圳始发国内出港航班的旅客，可提前通过深圳机场官方微信或所乘坐航班的航空公司官方APP、微信公众号以及航旅纵横等平台办理网上值机，并获取二维码电子登机牌。也可到机场扫描现场的"无纸化"二维码，快速办理电子登机牌。之后，无托运行李的旅客，出示个人有效身份证件和二维码电子登机牌即可过安检和登机。需托运行李的旅客需到值机岛办理托运手续，之后再凭二维码电子登机牌过安检、登机。

机场航站楼基础设施

机场航站楼的使用者包括旅客及迎送者、航空公司工作人员、机场当局及有关工作人员、商业经营者等，因此机场航站楼需要提供必要的设施设备确保其使用者能正常使用和运营。（扫码获取视频，学习更多内容）

10.3 民航特殊旅客运送

特殊旅客是指需要给予特殊礼遇和照顾的旅客，或由于身体或精神状况给予特殊照料，或在一定条件下才能承运的旅客。特殊旅客分为重要旅客和一般特殊旅客（无成人陪伴儿童、孕妇、老年旅客、盲人/聋人旅客、病残旅客、轮椅旅客、担架旅客、犯人等）。对不同类型的特殊旅客有不同的运输规定，一般规定：接收特殊旅客运送之前，必须事先取得相关承运人的同意。

（1）重要旅客

① 重要旅客的范围　重要旅客（Very Important Passenger，VIP）主要包括：

a. 省、部级（含副职）以上的负责人；

b. 军队在职军职少将以上的负责人；

c. 公使、大使级外交使节；

d. 由各部、委以上单位或我国驻外使、领馆提出要求按重要旅客接待的客人；

e. 国际组织（包括联合国、国际民航组织等）负责人、国际知名人士、著名议员、著名文学家、著名科学家和著名新闻界人士。

② 重要旅客的服务规定

a. 做好重要旅客的信息传递。

• 重要旅客购票后，售票单位应及时（最迟在航班飞行前一天16:00前）将重要旅客的姓名、职务、级别、随员人数、乘坐航班、日期、到达站、特殊服务等情况，通知始发站、中途站和到达站及重要旅客乘坐飞机所属公司的要客服务部门（部门代号为VP）。

• 始发站的要客服务部门应在重要旅客乘坐航班飞行前一天编制次日航班的重要旅客名单表，并于航班飞行前一日分别送给管理局、公司、机场或省局、航站、分公司的领导和各有关业务部门。临时收到的要客信息要及时补充通知。

• 始发站的值机部门在航班起飞后，应立即拍发要客VIP电报，通知各有关中途站和到达站的要客服务部门，要客服务部门再通知驻机场各有关单位领导和各有关业务部门。要客电报应包括航班、日期、飞机号码、要客姓名、职务、人数、行李件数和舱位等内容。

• 航班不正常时，始发站商务调度部门应及时将航班延误情况发电告知各有关经停站和到达站要客服务部门，要客服务部门应及时报告有关领导、部门和接待单位。

b. 优先为重要旅客办理乘机、到达手续。

• 值机部门应优先为重要旅客办理乘机、行李交运、联运等手续。在未设头等舱的航班上，应尽可能地将较舒适的座位提供给重要旅客。

• 重要旅客的行李要贴挂"重要旅客（VIP）"标志牌。装卸时，要逐件核对，防止错运、丢失或损坏。始发站和经停站在装卸行李、货物时，要将贴挂"重要旅客（VIP）"标志牌的行李放置在靠近舱门口的位置，以便到达站优先卸机和交付。

• 重要旅客到达目的站后，应先向重要旅客交付交运行李。

c. 做好重要旅客的地面接待服务工作。

• 要客服务部门接到有重要旅客的通知后，应事先准备好贵宾休息室，并备妥供应物品。

- 要客服务部门应派专人协助重要旅客办理乘机手续和提取行李。
- 服务员必须掌握航班信息，及时将航班起飞时间通知重要旅客，并负责引导重要旅客上飞机。
- 航班延误时，应首先安排好重要旅客的休息和食宿。
- 贵宾休息室的服务人员要按规定着装，举止大方，热情有礼貌，主动、周到地做好服务工作。

（2）无成人陪伴儿童

无成人陪伴儿童是指年龄在5周岁以上、12周岁以下的无成人陪伴的、单独乘机的儿童。

① 无成人陪伴儿童接收条件　5周岁以下的无成人陪伴儿童承运人原则上不接收，如果孩子年满12周岁但未满18周岁，也可自愿申请无成人陪伴儿童服务。目前大多数航空公司要求无成人陪伴儿童需提前3天申请，不承接无成人陪伴儿童的中转服务。

对于乘坐国内航班的无成人陪伴儿童，年龄在12周岁以下的，按公布成人票价的50%购买儿童票，年龄在12周岁以上的购买成人票；乘坐国际航班的无成人陪伴儿童按成人票价购票，并另外收取服务费。

② UM座位安排

- 安排在便于指定的随机服务员或乘务员照料的适当位置。
- 靠近机上厨房，最好是过道座位。
- 若有问题，与其他旅客分开座位。
- 若座位满座，应安排与女乘客一起的座位。
- 不得安排在紧急出口的座位。

③ 无成人陪伴儿童的服务规定　值机人员接收无成人陪伴儿童并为其办妥乘机手续后，立即通知地面服务员前来接管无成人陪伴儿童，并由地面服务员引导和协助其办理安全检查等手续，然后引导儿童进入候机室内休息等候。

在广播该航班旅客开始登机后，地面服务员将无成人陪伴儿童交给指定的随机服务员或乘务员，并填写必要的书面交接单据，清楚交接有关注意事项。

航班起飞后，立即向有关航站拍发旅客服务报（PSM）。

到达站接到旅客服务报，为保证将儿童安全地交给前来迎接儿童的父母或监护人，应在儿童到达前，将预计到达时间随时通知迎接儿童的父母或监护人；在飞机到达时，指定的随机服务员或乘务员应将儿童和文件袋交给到达站的地面服务人员，地面服务人员负责将儿童和文件袋交给前来迎接儿童的父母或监护人。

（3）孕妇

航空公司对孕妇乘机有一定限制条件，只有符合运输规定条件的孕妇，航空公司才能接收其乘机。

① 孕妇乘机条件

- 怀孕不足8个月（32周）的健康孕妇，可按一般旅客运输。
- 怀孕超过8个月（32周）的孕妇及孕妇不足8个月但医生诊断不宜乘机者，承运人不予承运。
- 怀孕超过8个月不足9个月的健康孕妇，如有特殊情况需要乘机，应交验在乘机前72

小时内由医生签字、医疗单位盖章的诊断证明书一式两份,内容包括旅客姓名、年龄、怀孕孕期(如超过36周以上的孕妇是短途旅行,还需要注明预产期)、航程和日期、适于乘机以及在机上需要提供特殊照料的事项,经承运人同意后,方可购票乘机。

- 怀孕35周(含)以上者不予承运。
- 预产日期在4周(含)以内者不予承运。
- 预产期临近但无法确定准确日期,已知为多胎分娩或预计有分娩并发症者不予承运。
- 怀孕不足8个月(32周)但有先兆性流产、早产的孕妇,以及怀孕超过9个月的孕妇,承运人不予承运。
- 产后不足14天的产妇,以及足月生产的不满14天的新生儿,不足月生产的不满90天的新生儿,承运人不予承运。

② 孕妇运输规定　接到有关特殊旅客(孕妇)运输通知后,应按通知中所述旅客要求的服务事项做相应安排。

办理乘机手续时,检查必备文件[包括诊断证明书和特殊旅客(孕妇)乘机申请书]是否齐备和符合要求。

座位安排应尽可能给旅客提供方便服务,如靠近舱门的座位。

如有必要,航班起飞后,向有关航站拍发旅客服务报(PSM)。

(4)老年旅客

老年旅客是指年龄在70岁以上(含70岁)年迈体弱,虽然身体未患病,但在航空旅行中显然需要他人帮助的旅客。年龄超过70岁,身体虚弱,需要轮椅代步的老年旅客应视同病残旅客给予适当的照料。

老年旅客的乘机条件规定如下。

① 老年旅客要求乘机旅行必须填写特殊旅客(老年)乘机申请书和特殊旅客运输记录单,以表明如旅客在旅途中患病、死亡或给其他人造成伤害时,由申请人承担全部责任。

② 特殊旅客(老年)乘机申请书应由旅客本人签字,如本人书写有困难,也可由其家属或监护人代签。

③ 老年旅客如在乘机过程中有特殊要求,如需在飞机上输液等,应在特殊旅客(老年)乘机申请书和特殊旅客运输记录单上注明。

④ 如需乘机的老年旅客身体患病,必须出具县市级以上医疗单位的诊断证明书后方可承运(该诊断证明书据乘机日期一周内有效)。

(5)盲人/聋人旅客

盲人旅客是指双目失明,单独旅行,需要提供特殊服务的旅客(眼睛有疾病的不属于盲人旅客,应按照病残旅客有关规定办理)。

聋人是指双耳听力缺陷或丧失听力,单独旅行的需要民航提供特殊照顾的旅客,不含耳病和听力弱的旅客。

盲人/聋人旅客的一般运输规定如下。

① 盲人/聋人在航空旅行过程中有健康成人陪同并照料,承运人可按照普通旅客接收并承运。

② 通常承运人对每一航班的每一航段上运载的无健康成人陪伴的盲人/聋人旅客的数量

作一定限制。盲人/聋人旅客订座及购票时，应填写必要的特殊旅客乘机申请书，接受订座的部门应通知值机部门做好服务工作。

③ 办理值机手续时，应验收有关申请书，确认盲人/聋人旅客是否符合运输条件。安排座位时应为盲人/聋人旅客安排靠近乘务员或便于该旅客行动的座位，不得安排在紧急出口旁的座位，并由服务员引导盲人/聋人旅客进入候机室休息，在登机时还需给予必要的协助和照顾。

④ 如盲人/聋人旅客携带了导盲犬/助听犬，必须在订座购票时提出申请，并提供动物检疫证明，经承运人同意后方可办理购票手续。带有导盲犬/助听犬应在登机牌上注明，作为对残疾人的照顾，导盲犬/助听犬及其食物、包装可免费运输，不计算在免费行李额内。

⑤ 航班起飞后，向有关航站拍发旅客服务报（PSM）。

（6）病残旅客

病残旅客是指由于其在精神上或身体上有缺陷（或病态）而无自理能力，或其行动需要他人照料的旅客。

病残旅客在申请订座时，应根据承运人的规定出示有关县市以上医疗单位在起飞前96小时以内开具的允许乘机的诊断证明书，填写特殊旅客（病残）乘机申请书一式四份，并在起飞前96小时之内、48小时之前的时间内购票。特殊旅客（病残）乘机申请书应由旅客本人签字，如本人书写有困难，也可由其家属或监护人代签，以表明如旅客在旅途中病情加重、死亡或给其他人造成伤害时，由申请人承担全部责任。接受订座的部门应将有关特殊旅客服务项目通知值机部门。

为病残旅客办理乘机手续时，应验收诊断证明、特殊旅客（病残）乘机申请书等有关文件，并注意观察病残旅客的身体状况，如出现病情恶化等不适宜乘机的情况，应根据当时实际，拒绝承运。

运输病残旅客所需的地面设备费用（如救护车、升降机）应由旅客自行负担。

航班起飞后，向有关航站拍发旅客服务报（PSM）。

（7）轮椅旅客

① 轮椅旅客分类

• WCHC：此类旅客能在座位上就座，但不能自行走动；并且前往/离开飞机或移动式休息室时需要轮椅，在上下客梯和进出客舱座位时需要背扶。

• WCHS：此类旅客可以自己进出客舱座位，但上下客梯时需要背扶，远距离前往/离开飞机或移动休息室时需要轮椅。

• WCHR：此类旅客可以上下客梯，也可以自己进出客舱座位，但远距离前往或离开飞机时，如穿越停机坪、站台或前往移动式休息室，需要轮椅。WCHC和/或WCHS共两名，WCHR不限。

② 接收轮椅旅客应注意的问题

• 必须要有诊断证明书和特殊旅客乘机申请书（一式四份，并由旅客本人签字，如本人书写有困难，也可由其家属或监护人代签，以表明如旅客在旅途中病情加重、死亡或给其他人造成伤害时，由申请人承担全部责任）。

• 轮椅旅客如有特殊服务要求，如在机上输液等，需在特殊旅客（轮椅）乘机申请书上注明。接受订座的部门应将有关特殊旅客服务项目通知值机部门。
- 收到售票处的通知后，始发站值机部门应提前做好设备和人员安排。
- 办理值机手续时，应验收旅客的诊断证明书和特殊旅客（轮椅）乘机申请书，应收取一式两份，一份始发站留存，一份交由当班乘务长交到达站。
- 座位安排在靠近客舱服务员的座位附近或靠走廊的座位，但是不能安排在紧急出口处旁的座位上。
- 轮椅旅客需要提前上机或者最后上机。
- 轮椅旅客使用的轮椅一般应作为托运行李在货舱内免费运输，不计入免费行李额内。
- 航班起飞后，要向有关航站拍发旅客服务报（PSM）。

（8）担架旅客

担架旅客承运人原则上不予承运，但遇到特殊情况，如战争、自然灾害等经特别批准后可以承运。承运人可以根据机型、航线等因素对每个航班、每个航段承运担架旅客的人数等有不同的规定，因此担架旅客必须在订座时提出申请，经承运人批准后方可出票。

接收担架旅客应注意以下问题。
- 担架旅客订座一般不得迟于航班起飞前72小时。
- 担架旅客要求乘机，需填写特殊旅客（担架）乘机申请书，并由旅客本人签字，如本人书写有困难，也可由其家属或监护人代签，以表明如旅客在旅途中病情加重、死亡或给其他人造成伤害时，由申请人承担全部责任。
- 接受订座的部门应将有关特殊旅客服务项目通知值机部门。收到售票处的通知后，始发站值机部门应事先核实承运担架旅客的准备情况，例如座位拆卸、升降车等。
- 每一航班每一航段上原则上只限载运一名担架旅客。
- 办理值机时必须要有诊断证明书和特殊旅客乘机申请书。
- 经医生同意，至少一名陪护人员。
- 安排座位时，应将担架旅客的陪同人员安排在拆卸座位邻近的位置上。
- 担架旅客免费行李额为60千克。
- 一般安排担架旅客先上飞机。
- 担架旅客不得使用折扣票价（按成人票价50%付费的儿童除外），担架旅客及其陪同人员按实际占用座位的数量、舱位等级计收票款。
- 航班起飞后，要向有关航站拍发旅客服务报（PSM）。

（9）犯人旅客

运输犯人时应有公安部门的书面批准，在订座时提出申请，经承运人同意后方可承运，运输过程中必须至少由两名或两名以上押送人员全程监送，犯人及其监送人员仅限于乘坐经济舱。

在办理乘机手续时，应将犯人和押送人员尽可能安排在与一般旅客距离较远的位置，并不得安排在紧急出口旁和靠窗位置。在登机前及整个飞行过程中应给犯人戴上手铐，并尽可能适当掩饰，以免影响其他旅客的情绪，并将犯人运输的有关情况通知机组。航班离站后，发电报通知有关航站。

章节自测

1. 选择题

（1）下列关于客票价说法错误的是（　　）。
　　A.客票价指旅客由出发地机场至目的地机场的航空运输价格
　　B.客票价为旅客开始乘机之日适用的票价
　　C.客票价以人民币为计算单位
　　D.航空运价一般可分为公布票价和特种票价两大类

（2）下列不属于机场旅客服务内容的是（　　）。
　　A.地面交通服务　　　　　　　　B.值机服务
　　C.客票服务　　　　　　　　　　D.行李运输服务

（3）头等舱的英文简称是（　　）。
　　A.F　　　　　B.Y　　　　　C.E　　　　　D.C

（4）飞机托运行李体积每件不能超过（　　）。
　　A.20厘米×40厘米×55厘米　　　B.20厘米×40厘米×60厘米
　　C.60厘米×80厘米×100厘米　　　D.40厘米×60厘米×100厘米

（5）国内民航运输，经济舱可享受（　　）免费行李额。
　　A.40千克　　　B.50千克　　　C.30千克　　　D.20千克

2. 计算题

（1）旅客的旅程是SHA-TAO-PEK，全程携带行李重量60千克，计算逾重行李费。（其中SHA-TAO是头等舱，TAO-PEK是经济舱，SHA-TAO经济舱票价是740元，TAO-PEK经济舱票价是710元，SHA-PEK全程共计票价1130元。）

（2）某航空公司规定，在寒暑假期间，对持有教师证或学生证的旅客按适用正常票价的60%和50%计收。重庆至上海的Y舱全票价是1490元，则寒暑假期间师生凭证购票各需支付多少金额？

（3）某位旅客携带一名婴儿和一名儿童从长沙飞往北京，已知长沙至北京的Y舱全票价是680元，则该旅客共需支付多少金额？

3. 简答题

（1）简述航空运价的种类。
（2）简述民航行李的分类及免费行李额的含义。
（3）简述民航旅客运输服务的内容。
（4）简述特殊旅客的含义及分类。

第11章

民航货物运输

行业范例

民航西南局全力开展抗震救灾民航运输保障工作

2010年4月14日上午7：49，青海省玉树县发生了7.1级地震，灾情严重。民航作为快速运输单位，承担着灾后第一时间紧急抢险营救运送任务。民航西南地区管理局召集应急办、市场处、空管处等职能部门召开专题会议研究抗震救灾紧急运输工作方案，立即启动应急预案，部署民航西南地区开展抗震救灾工作。

救援工作开展后，为保证抢险营救运输工作安全快速有序进行，民航西南地区管理局抽调精兵强将进驻运输现场，设立抗震救灾运输组织协调办公室，一方面与地方政府及空军等有关部门保持信息畅通和协调，另一方面积极协调航空公司安排运力，并帮助迅速申请航线和航班时刻，做好飞行技术准备。同时，在抗震救灾运输机场开设抗震抢险营救"绿色通道"，在保证飞行安全的前提下，确立简化手续、特事特办、快速放行的安检原则，确保以最快速度将救灾人员和物资运往灾区。截至15日，民航西南地区管理局共保障飞往灾区的航班9架次，运送赴灾区抢险救灾人员793名，物资60吨，保障从灾区飞来运送伤员的航班3架次，运送伤员176名，医护人员100名。

 学习目标

> 知识目标
>
> - 识记航空货物的定义及民航货物运输分类。

- 理解民航货物运输的特点。
- 理解民航国内货物运输相关业务。
- 理解民航快递业务的定义及特点。

能力目标
- 能运用所学知识分析我国民航货物运输发展趋势。
- 能运用所学知识分析安全对民航货物运输的重要性。

素质目标
- 体会对民航运输活动实施管理的必要性，树立服从管理的职业理念。
- 培养严谨从事民航岗位工作的态度。

11.1 民航货物运输的分类

（1）航空货物的定义　航空货物是指除邮件和凭客票及行李票运输的行李以外，由民用航空运输或者将要运输的货物，包括作为货物运输的行李。

航空邮件

航空邮件是利用航空运输寄递的邮件，含国内和国际邮件，主要包括信件、印刷品、邮包、报刊等，一般情况下需优先进行运输。因为航空邮件受《中华人民共和国邮政法》及相关行政法规、部门规章等约束，不受《中华人民共和国民用航空法》相关条文规范，所以在民航运输的规则中，没有将航空邮件放入货物中，而是作为单独的一类运输物品。

（2）民航货物运输的分类　航空可以运输的货物多种多样，小到针线、眼角膜，大到集装箱、汽车甚至火车，凡法律允许，能够放入飞机货舱的物品，基本上都能使用航空运输。根据货物在运输中是否需要特殊处理，通常将货物分为普通货物和特种货物两大类。特种货物又分为若干小类，不同的货物有着不同的运输要求。

① 普通货物　普通货物是指通过航空运送，托运人没有特殊要求，承运人和民航当局对货物也没有特殊规定的货物。

② 特种货物　特种货物是指在收运、储存、保管、运输以及交付过程中，因为货物自身的性质、价值、体积或重量等条件需要给予特别照料、处理的货物。

按货物不同的性质，将特种货物分为限制运输物品、急件货物、植物和植物产品、活体动物、骨灰、灵柩、鲜活易腐物品、贵重物品、枪械、弹药、危险品等。

a. 限制运输物品。限制运输物品是指政府法令规定只有符合限制条件才准许运输的物品，如珍贵文物运输限制、麻醉药品国内运输限制、木材运输限制、烟草运输限制、濒危动、植物运输限制等。

b. 急件货物。急件货物是指货物托运人要求以最早的航班或是在限定的期限内将货物运达目的地的货物。托运人要求急运的货物，要经过承运人同意才可以办理急件运输，一般情况下，急件货物运价按普通货物的150%计收运费。

c. 植物和植物产品。为了防止危害农业、林业植物的危险性病、虫、杂草传播及蔓延，保护国家农业、林业生产安全，如果运输植物和植物产品，必须凭托运人所在地县级（含）以上的植物检疫部门出具的植物检疫证书。

d. 活体动物。活体动物包括家禽、宠物、鸟类、哺乳动物类、爬行动物类、鱼类、昆虫类、试验用动物等。运输活体动物必须符合国家规定，并出具当地县级（含）以上检疫部门的免疫注射证明和检疫证明书，如果属于国家保护的动物，还要出具有关部门的准运证明。活体动物的包装，既要便于装卸，又需适合动物特性和空运的要求，能防止动物破坏、逃逸和接触外界，底部有防止粪便外溢的措施，保证通风，防止动物窒息，外包装上需要标明照料和运输的注意事项。如果需专门护理和喂养或者运送批量大的活体动物，应当有专人押运。

e. 骨灰。托运人需要凭医院出具的死亡证明和殡仪馆出具的火化证明才能够办理骨灰的托运手续。骨灰需装在封闭的塑料袋等密封容器内，外面加装木盒，最外层用布包装。

f. 灵柩。灵柩托运较为复杂，除死亡证明、准运证明及入殓证明外，还需事先与承运人联系并征得同意，另外在防腐包装上有很严格的要求，需要密封铁质棺材或木质棺材为内包装，外加铁皮箱和便于装卸的环扣，棺内要有木屑或木炭等吸附材料，确保气味及液体不致外溢。

g. 鲜活易腐物品。鲜活易腐物品是指在常温条件下，因气候、温度、湿度、气压等原因，容易引起变质、腐烂或死亡的物品，如肉类、水产、水果、鲜花、蔬菜等。这类物品在托运前应当提供最长允许运输时限和运输主要时限，订妥舱位，按约定时间将货物送到机场办理托运手续。

h. 贵重物品。贵重物品包括黄金、白金、铱、钯等稀贵金属；各类宝石、玉器、钻石、珍珠；珍贵文物（包括书、画、古玩等）；现钞、有价证券以及毛重每千克价值在人民币2000元以上的物品等。贵重物品需要用坚固、严密的包装箱包装，外加井字形铁箍，接缝处必须有封条。

i. 枪械、弹药。枪支、警械（简称枪械）属于管制物品，而弹药是管制的危险物品。托运时需要出具公安部门核发的准运证或许可证明，枪械和弹药要分开包装。

g. 危险品。危险品是指可能明显地危害人身健康、安全或对财产、环境造成损害的物品或物质，在IATA的《危险品规则》品名表清单中列出了危险品的分类和物质（图11-1）。根据危险品所具有的不同危险性种类，危险品可分为以下九大类。

A. 第一类 爆炸物品

1.1项——具有整体爆炸危险性的物品和物质；

1.2项——具有抛射危险性，但不具整体爆炸危险性的物品和物质；

1.3项——具有起火危险性、较小的爆炸和（或）较小的抛射危险性，但不具爆炸危险性的物品和物质；

图11-1 危险品标签示例

1.4项——不存在显著危险性的物品和物质;
1.5项——具有整体爆炸危险性而敏感度极低的物质;
1.6项——不具有整体爆炸危险性且敏感度极低的物品。
B. 第二类 气体
2.1项——易燃气体;
2.2项——非易燃、非毒性气体;
2.3项——毒性气体。
C. 第三类 易燃液体
D. 第四类 易燃固体、自燃物质和遇水释放易燃气体的物质
4.1项——易燃固体;
4.2项——自燃物质;
4.3项——遇水释放易燃气体的物质。
E. 第五类 氧化剂和有机过氧化剂
5.1项——氧化剂;
5.2项——有机过氧化剂。

F. 第六类　毒性物质和传染性物质

6.1项——毒性物质；

6.2项——传染性物质。

G. 第七类　放射性物质

H. 第八类　腐蚀性物质

I. 第九类　杂项危险品

特种货物都需要采取不同的特殊处理过程，否则将会危害飞机、旅客以及机组人员的安全，尤其是危险品。在航空运输中，危险品的品名以《中国民用航空危险品运输管理规定》载明的为准，并参照现行有效的IATA《危险品规则》。

人体器官运输须知——中国东方航空

携带人体捐献器官运输办理须知：

运输人体捐献器官是航空公司应履行的社会责任，中国东方航空将竭诚为携带人体捐献器官的旅客提供优先服务保障。为了使运输更为顺畅，请通读以下须知。

当您为器官获取组织（Organ Procurement Organization, OPO）的工作人员，需要通过航空运输方式转运人体捐献器官，在满足下述所有要求时，我们将为您提供优先保障服务。

① 需要至少于航班计划起飞时间前4小时通过95530向我们提出申请，告知您的航班信息、人体捐献器官类型、包装尺寸、涉及的危险品等信息。

② 凭证要求：需要携带器官获取组织出具的移植中心器官接收确认书及副本，注明所运输器官的合法来源、用途、联系人姓名及联系人电话等。

③ 人体捐献器官的运输箱及包装要求：

a. 装有人体捐献器官的运输容器需要在显著位置张贴"人体器官运输专用"标志（图11-2）。

b. 运输箱应由旅客作为手提行李随身携带，并在运输过程中由旅客本人自行照管。

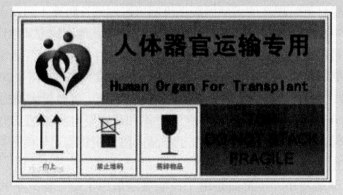

图11-2　"人体器官运输专用"标志

> c. 如容器体积超过我们随身携带行李的尺寸要求，需要提前办理占座行李服务。
> 　　作为非托运行李带入客舱时，每件重量不能超过10千克，体积不超过20厘米×40厘米×55厘米，以便安全放置在机上行李架内。随身携带行李尺寸要求可参见http://www.ceair.com/guide2/ftyxl/index.html。
> 　　如容器体积超过我们随身携带行李的尺寸要求，您需要提前办理占座行李服务，即再购买一个座位放置运输箱，同时运输箱尺寸应符合下述规定：总重量不超过75千克；体积不超过40厘米×60厘米×100厘米。
> 　　d. 运输箱内的液态物品不受液态物品航空运输条件的限制，但包装需能够防止液体溢出。
> 　　e. 运输箱必须经过安检X光机检查。
> 　　④ 中国东方航空将尽力为您提供优先的服务保障，但由于人体捐献器官的特性，其在航空运输中仍然存在因可能出现的航班延误而造成失活的风险，因此，您还需要填写一份《移植用人体器官运输风险告知确认书》，您可以下载打印后填写带至机场，也可以在办理乘机手续时在工作人员帮助下填写。

11.2　民航货物运输的特点和方式

11.2.1　民航货物运输的特点

民航货物运输与其他运输方式相比有着明显的优势。

（1）运输速度快　民航货物运输使用当今民用运输中速度最快的工具——飞机，现代的大型民航运输机能以900千米/小时的速度巡航飞行。速度快是民航货运的最大优势和主要特点，十分适合海鲜、鲜花、活体动物等易腐性强，对运输时间要求严格的货物的运输。

（2）货物损坏率低　由于民航货物运输的安全性和高价值性，民航货运地面操作流程的各个环节要求及管理都十分严格，与其他运输方式相比，货物的破损率大大降低。加之飞机大部分时间在平流层飞行，颠簸较少，提高了货物运输的安全性。目前越来越多的客户把体积较大、重量较重的精密机械产品也委托给民航运输，因为这类货物易撞损。

（3）长距离运输性好　现在的大型民航飞机都可以做到长距离不间断飞行，2000年年底交付的"空中客车"A380可以完成不经停的环球飞行。与其他运输方式相比，在相同的时间内，民航货物运输可以实现最大的跨度，这一优势特别是在洲际和跨洋运输中更为显著。一批货物从中国飞到英国通常需要17个小时，而采用远洋运输等方式则需要20天左右。

（4）节省仓储成本　因为民航货物运输的方便、快捷，可以极大地提升生产企业的物流速度，从而节省企业存货的储存费用、保管费用和积压资金利息的支出，加快产品流通速度和企业资金周转速度。很多高价值的电子产品采用民航货物运输就是看重了这个优势。

民航货物运输也有以下不足。

（1）运价高、载运量小　运价高是由于民航货运采用了高运输成本的飞机作为载运工具，这是不可优化的。民航货运价格往往是海运价格的十倍以上，因此通过民航运输的货物经常是高附加值的产品。

载运量小是由飞机的性能所决定的，受飞机设计和制造工艺的限制，为了达到适航要求，飞机不能太大。譬如大型商用宽体运输机波音747-400的全货机最大载重仅为119吨。

（2）易受恶劣天气限制　民航运输为了保障安全飞行，对天气的要求较高。遇到暴雨、台风、浓雾、大雪等恶劣天气，航班就无法正常执行，导致民航货运不及时，尤其是对时间要求较高的鲜活易腐货物影响更大。

民航货物运输基础知识

（1）货物的重量和体积　由于飞机地板采用的材料所能承受的压力有限，加上飞机货检和行李舱是有一定标准规格的，因此对民航运输的货物的体积及单位重量有一定限制性条件，具体要求如下。

① 最小体积　除新闻稿件类货物以外，其他货物的体积长、宽、高之和不得小于40厘米。

② 非宽体飞机载运的货物　每件货物重量一般不超过80千克，体积一般不超过40厘米×60厘米×100厘米。

③ 宽体飞机载运的货物　每件货物重量一般不超过250千克，体积一般不超过100厘米×100厘米×140厘米。

④ 超过以上重量和体积的货物，承运人可根据机型及出发地和目的地机场的装卸设备条件，确定收运货物的最大重量和体积。超过以上规定者称为超大超重货物。

（2）机舱地板承受重量及垫板面积

① 地板承受重量　货物压在机舱地板上的重量就是机舱地板所承受的重量，在承运货物特别是承运体积小、重量大的货物时，要注意机舱地板每平方米面积所承受的重量是否超过机舱地板每平方米的额定最大负荷（即地板承受力）。如果超过而又没有垫板时，就不得承运。

机舱地板每平方米所承受货物的重量，可按下列公式算出：

$$\text{地板每平方米所承受货物的重量（千克）} = \frac{\text{货物重量（千克）}}{\text{货物底部面积（平方米）}}$$

② 垫板面积　货物的重量超过机舱地板承受力时，应有2～5厘米厚的木板垫底，否则会压坏飞机。垫底木板需要多大的面积才符合要求，可按下列公式求出：

$$\text{垫板面积（平方米）} = \frac{\text{货物重量（千克）}}{\text{机舱地板承受力（千克/平方米）}}$$

（3）货物计重的一般规定

① 货物重量按毛重计算

毛重——货物及其包装的合计重量。

净重——货物除去包装的重量，即货物本身净有的重量。

② 货物的计重单位为千克，重量不足1千克的尾数四舍五入。每张航空货运单的货物重量不足1千克时，按1千克计算。贵重物品按实际毛重计算，计重单位为0.1千克。

③ 每千克的体积超过6000立方厘米的货物称为轻泡货物，轻泡货物按体积折算计费重量，即每6000立方厘米折合1千克。折算方法：按照货物的最长、最宽、最高部分，以厘米为单位（厘米以下四舍五入）度量尺寸、计算体积，而后除以6000立方厘米，得出千克数，尾数四舍五入，即为计费重量。

④ 货物重量的确定　货物重量一律由承运人过秤。成批货物如采用标准包装的，可抽件过秤。

⑤ 衡器使用注意事项　衡量货物重量的工具称为衡器（通常指使用的各种磅秤）。衡器是否准确对确定货物重量、计收运费，甚至飞行安全都有直接影响。

11.2.2　民航货物主要运输方式

（1）包舱运输　包舱运输是指托运人根据托运的货物，在一定时间内单独占用飞机的整个或者部分货舱，而承运人采取专门措施给予保证的一种运输方式。一般大件货物或者货物量大的情况下采取包舱运输。

（2）包集装器运输　包集装器运输也称包板（箱）运输，是指托运人有固定货源而且批量相对较大、数量相对稳定，在一定时期内、一定航线或航班上包用承运人一定数量的集装板或者集装箱运输货物。相对于包舱运输，包集装器运输的货物体积或运量要小一些。

（3）货物分批运输　因货物批量较大、件数较多或飞机舱位等原因，同一份货运单上的货物无法通过一架飞机一次运输完成，只能将货物分成若干批次，使用两个或两个以上航班运输，称为分批货物运输。

（4）联程和中转运输　货物联程运输是指货物经由两个或两个以上承运人凭一份航空货物运输合同完成的运输。

货物中转运输是指经由两个或两个以上航班运输，才能将货物运达目的地的运输。

（5）卡车航班　卡车航班是航空运输的辅助形式之一，航空货物承运人可以建立固定的卡车航班或在某些情况下使用地面运输工具完成航空货物的运输。

11.3　民航国内货物运输业务

11.3.1　民航国内货物托运业务

民航国内货物运输因为其特殊性和安全敏感性，在其操作的每个环节都有严格规定和要求，下面分别从货物托运、货物包装和货物标记三个方面做简要介绍。

（1）货物托运的一般规定　按照中国民航管理部门的相关规定，对民航国内货运运输提出了以下8条规定。

① 托运人托运货物一般应在民航营业时间到航空公司市内货运营业处或承办航空货运

业务的航空代理公司货运部办理（目前以代理公司渠道为主）。如果货主要托运大量、超大、超重、大批贵重易碎以及需要特殊照料和时间条件要求高的运送货物，托运人可要求按约定时间在机场办理（目前以代理公司上门收货为主）。

② 货主托运货物凭本人居民身份证或者其他有效身份证件，填写航空托运书（表11-1），向承运人或其代理人办理托运手续，如承运人或其代理人要求出具单位介绍信或其他有效证明时，货主也应予以配合。

③ 托运政府规定限制运输的货物以及需办理公安和检疫等手续的特种货物，均应随货物附相关有效证明文件。

④ 托运货物的重量、体积、包装、标记均应符合民航行业规定。

⑤ 在货物中不得夹带政府禁止运输或限制运输的物品及危险品。

⑥ 每张货物托运书只能托运到一个地点一个收货人的货物。

⑦ 属于下列情况者不能用同一张货物托运书托运：

a.运输条件不同，如急救药物和普通货物；

b.不同运价的货物，如活体动物和普通货物。

⑧ 个人托运的物品，必须在货物托运书上详列物品的内容和数量。

（2）货物包装的一般规定　货物包装对保证货物运输的途中安全、免受破损具有十分重要的意义。民航货物运输具有中转频繁、装卸次数较多和兼空中飞行与地面运送为一体等多重特点，为了保证飞行安全、运输质量和操作便利，货运工作人员应认真执行货物包装的有关规定并根据货物的性质、大小、轻重、形状、中转次数、气候和飞机装载等条件，要求发货人选用适当的材料及包装方法，进行妥善包装（目前以代理公司提供合适包装为主）。

① 包装基本要求　民航货物包装要求基本做到"坚固、完好、轻便"。

a.货物包装要求坚固、完好、轻便，要求达到一般运输过程中能防止包装破裂，内件漏出散失；防止因垛码、摩擦、震荡或因气压、气温变化而引起货物损坏或变质，伤害人员或污损飞机、设备及其他物品。

b.包装的形状除应适合货物的性质、状态和重量外，还应当便于地勤人员搬运、装卸和堆放，包装外部不能有凸出的棱角及钉、钩、刺等。包装要清洁、干燥，没有异味和油腻。

c.在特定条件下承运的货物，如鲜活易腐货物等，其包装应符合对该类货物特定的要求。

d.凡用密封舱飞机运送的货物，不得用带有碎屑、草末等材料做包装，包装内的衬垫材料不得外露，以免堵塞飞机相关设备。

e.货物包装内不准夹带禁止运输或限制运输的物品、危险品、贵重物品、保密文件和资料等。

f.对包装不符合要求的货物，应要求发货人改进或重新包装后方可承运。

② 对几类常见货物的包装要求

a.液体货物　不论瓶装、罐装或桶装，内部必须留有5%～10%的空隙，必须封盖严密，容器不得渗漏。用玻璃容器盛装的液体，每一容器的容量不得超过500毫升，并要外加木箱，箱内用衬垫和吸附材料填塞妥实，防止晃动。每件重量不得超过25千克。

b.粉状货物　用袋盛装的，最外层要有保证粉末不漏出的包装，如塑料涂膜编织袋或玻璃纤维袋等，容量不得超过50千克；用硬纸桶、木桶、胶合板桶盛装的，要求桶身不破，接缝紧密，桶盖密封不漏，桶箍坚固结实；用玻璃瓶装的，每瓶容量不得超过1千克，并要外加纸箱或木箱，箱内用衬垫材料填塞妥实。

表 11-1 航空托运书

始发站 Airport of Departure		目的站 Airport of Dsstination			航空货运单号码 Air Waybill Number	
托运人姓名、地址、邮编、电话号码 Shipper's Name, Address, Postcode&Telephone No.					784- 安全检查 Safety Inspection	
收货人姓名、地址、邮编、电话号码 Consignee's Name, Address, Postcode&Telephone No.					填开货运单的代理人名称 Issuing Carrier's Agent Name	
航线 Routing	到达站 To	第一承运人 By First Carrier		到达站 To	承运人 By	到达站 To / 承运人 By
航班/日期 Flight/Date		航班/日期 Flight/Date		运输声明价值 Declared Value for Carriage		运输保险价值 Amount of Insurance
储运注意事项及其他 Handing Information and Others						

件数 No.of Pcs. 运价点 RCP	毛重/千克 Gross Weight /KG	运价种类 Rate Class	商品代号 Comm.Item No.	计费重量/千克 Chargeable	费率 Rate/KG	航空运费 Weight Charge	货物品名（包括包装/尺寸或体积）Description of Goods (incl.Packaging.Dimensions.o Volume)

预付 Prepaid		到付 Collect		其他费用 Other Charge	
	航空运费 Weight Charge			本人郑重声明：此航空货运单上所填货物品名和货物运输声明价值与实际交运货物品名和货物实际价值完全一致，并对所填航空运单和所提供的与运输有关文件的真实性和准确性负责。 Shipper certifies that description of goods and declared value for carriage On the face here of are consistent with actual description of goods and actual value of goods and that particulars on the face hereof are correct. 托运人或代理人签字、盖章	
	声明价值附加费 Valuation Charge				
	地面运费 Surface Charge				
	其他费用 Other Charge			填开日期　　　填开地点　　填开人或其他代理人签字/盖章 Executed on (Date) At(Place) Signature of Issuing Carrier or Its Agent	
	总额（人民币） Total(CNY)				
付款方式 Form of Payment					

c.精密易损、质脆易碎货物　每件毛重以不超过25千克为宜，并根据货物的易损程度，分别采用以下包装方法。
- 多层次包装，即货物+衬垫材料+内包装+衬垫材料+运输外包装。
- 悬吊式包装，即用几根弹簧或绳索，从箱内各个方向把货物悬置在箱子中，如大型电子管、X射线管等。
- 防倒置包装，即将容器做成底盘大，箱盖有手提把环或屋脊式箱盖等；不宜平放的玻璃板、挡风玻璃等必须用防止平放的包装方可承运。
- 显像管的包装应用足够厚的塑料泡沫或其他衬垫材料围裹严实，外加坚固的瓦楞纸箱或木箱，箱内物品不得晃动。
- 捆扎货物用的绳索的强度应以能承受货物的全部重量为准，用手提起整件货物时，绳索不致断开。

d.裸装货物、不怕碰压的货物，如轮胎等，可不用包装。但在下列情况下，如不易清点件数、形状不规则或容易碰坏飞机的货物，仍应有绳索、麻布包扎或外加包装。

e.贵重物品除满足以上包装条件外，外包装应加装井字形铁腰。

（3）货物标记的一般规定　货物标记是指贴挂或书写在货物外包装上的发货标记、货物标签和指示标志的总称。货物标记对准确地组织货物运输，防止差错事故发生，提高运输质量起着关键作用。

根据相关文件规定，货物标记主要有以下三类。

① 发货标记　发货标记是指在外包装上由托运人书写的有关事项和记号等，包括以下内容。

a.货物到达地点，收货人名称、地址。

b.货物出发地点，发货人名称、地址。

c.货物特性和储运注意事项。

d.货物批号、代号等。

如包装表面不便于书写，可写在纸板、牌、布条上再钉拴在包装外，以上各项应与货物托运书所写的相符。

② 货物标签　货物标签是指标有货物的起讫地点、货运单号码、件数、重量的纸制标记。货物标签的内容应与货运单所写的相符。货物标签有两种。

a.粘贴用的软纸不干胶标签，适用于可黏附的货物包装。

b.悬挂用的硬纸货物标签，适用于不宜使用软纸标签的货物包装，可拴挂在布包、麻袋、编织袋、箩筐等包装上。

③ 指示标志　指示标志是标明货物特性和储运注意事项的各类标记。指示标志可分为"包装储运指示标志"和"危险货物包装标志"两类，它们的图形、名称、尺寸、颜色由国家统一规定，适用于水、陆、空运输，发货人和承运人均须按照国家规定的标准制作和使用。

a.包装储运指示标志：此类标志适用于在储运中有防湿、防震等特殊要求的货物的外包装，如"防湿""小心轻放"等，其作用是要求有关人员按标志的要求进行操作，达到运输安全和保护货物完整的目的。

b.危险货物包装标志：此类标志适用于危险货物的外包装，如"易燃品""放射性物品"等。其作用是要求有关人员按照危险货物的特性进行操作，预防发生危险事故。

11.3.2 民航国内货物收运业务

（1）货物收运原则　保证重点、照顾一般、合理运输是民航国内货运运输收运业务的基本原则。

① 保证重点　对于中央文件、报刊及纸型、新闻图片、新闻稿件，紧急的新闻影片、电视片、录音录像带及与重要活动有关的物品；政府指定运输的物资，抢险救灾物资和急救药品；援外物资、驻华使领馆的物品及与外事活动有关的急需物品；国防、工农业生产及科研急需物品务必要调配运力确保安全，及时运输。

② 按运力承运　航空公司应根据各机场运输能力，按货物的性质和急缓程度，有计划地收运货物。如果有特定条件及时限要求和大批量的联程货物，航空公司必须预先安排好联程中转舱位才能收运。遇特殊情况，如政府政策改变、发生自然灾害、战争停航或者货物严重积压时航空公司可暂停收运货物。

③ 执行法令和规定　凡是国家法律、法规和有关规定禁止运输的物质，严禁收运；凡是限制运输的物品，一定要符合规定的手续和条件后，方可收运。需经主管部门查验、检疫和办理其他手续的货物，在手续未办妥前不能收运。

（2）货物收运前的检查项目　为了确保收运的货物符合相关民航运输规定，在收运前要对货物进行相关项目检查。

① 查验货主的身份证件是否真实有效。凡国家限制运输的物品，必须查验国家有关部门出具的准许运输的有效凭证。

② 检查货物品名与货物是否相符，严防假报品名，夹带禁运品、危险品和其他违法物品。

③ 对不常见的货物品名要查证清楚，避免将危险品误作普通货物收运。

④ 检查货物的重量与体积是否超过相关规定限制。

⑤ 检查货主托运货物的包装，不符合运输要求的货物包装，须经货主改善后方可办理收运。航空公司对货主托运货物的内包装是否符合要求，不承担检查责任。

⑥ 对收运的货物应当进行安全检查。对收运后24小时内装机运输的货物，一律实行开箱检查或者通过相应安检仪器检测。

⑦ 检查包装上的发货标记与货物托运书中填写的内容是否一致，如有错误或遗漏，应请货主更正或补充，没有发货标记的货物不予收运。

（3）货物收运程序　货物收运的一般流程为（托运人）填写托运书—（承运人）清点货物件数—过秤计重—填制货运单—计算运费—收取运费—贴挂标记—填写交接清单—编制销售日报。

① 清点货物件数　如件数不符，应请货主在货物托运书上更正。

② 过秤计重　货物过秤后在货物托运书的重量栏内填写重量。如是轻泡货物，应分别填明货物的计费重量和实际重量。

③ 填制货运单　根据货物托运书的内容填制货运单（表11-2），并在货物托运单上填写货运单号码。

④ 计算运费　根据货物重量按公布的货物运价和收费规定计算运费，并将金额填写在货运单相关栏内。

⑤ 收取运费　向货主收取运费，款数点清后将货运单托运人联交给货主。

表 11-2 航空货运单

784-70565675

始发站 Airport of Departure		目的站 Airport of Dsstination		不得转让 NOT NEGOTIABLE 航空货运单 航空公司中文名称 AIR WAYBILL 航徽 英文名称			
托运人姓名、地址、邮编、电话号码 Shipper's Name, Address, Postcode&Telephone No.				印发人 ISSUED BY 地址、邮编			
				航空货运单一、二、三联为正本,并具有同等法律效力 Copies1, 2 and 3 of this Air Waybill are originals and Have the same validity.			
收货人姓名、地址、邮编、电话号码 Consignee's Name, Address, Postcode&Telephone No.				结算注意事项 Accounting Information			
				填开货运单的代理人名称 Issuing Carrier's Agent Name			
航线 Routing	到达站 To	第一承运人 By First Carrier		到达站 To	承运人 By	到达站 To	承运人 By
航班/日期 Flight/Date		航班/日期 Flight/Date		运输声明价值 Declared Value for Carriage		运输保险价值 Amount of Insurance	
储运注意事项及其他 Handing Information and Others							

件数 No.of Pcs. 运价点 RCP	毛重/千克 Gross Weight /KG	运价种类 Rate Class	商品代号 Comm.Item No.	计费重量/千克 Chargeable	费率 Rate/KG	航空运费 Weight Charge	货物品名(包括包装/尺寸或体积)Description of Goods (incl. Packaging.Dimensions.o Volume)

预付 Prepaid		到付 Collect		其他费用 Other Charge	
	航空运费 Weight Charge			本人郑重声明:此航空货运单上所填货物品名和货物运输声明价值与实际交运货物品名和货物实际价值完全一致,并对所填航空货运单和所提供的与运输有关文件的真实性和准确性负责。 Shipper certifies that description of goods and declared value for carriage On the face here of are consistent with actual description of goods and actual value of goods and that particulars on the face hereof are correct.	
	声明价值附加费 Valuation Charge				
	地面运费 Surface Charge				
	其他费用 Other Charge			托运人或代理人签字、盖章	
	总额(人民币) Total(CNY)			填开日期 填开地点 填开人或其他代理人签字/盖章 Executed on (Date) At(Place) Signature of Issuing Carrier or Its Agent	
付款方式 Form of Payment					

⑥ 贴挂标记 根据货运单填写货物标签，并将标签和应贴的指示标志贴挂在货物包装的指定位置。

⑦ 填写交接清单（仓单） 将货物和货运单及时入库或转运机场货栈交接单一式两份，由仓库保管员核对签收；无误后双方签字。一份由仓库保管员留存，一份由收货柜台留存。

⑧ 编制销售日报 根据货运单编写销售日报，连同货运单财务联及运费送交财务部门。

11.3.3 民航国内货物运送业务

根据进出港货物运量、货物特性，货物分别移送至符合储存条件的仓库暂时存放。民航货物运送包括货物仓储管理、航班舱位管理、货运配载、制作舱单、货物发运、货物装卸等运输业务。

民航国内货物运输的发运顺序应根据货物性质来确定，大体顺序如下。

① 抢险、救灾、急救、外交信袋和政府指定急运的物品、纸型、电视片、录像带、稿件、样品、展品、急救药品、鲜活品等。

② 指定日期、航班和按急件收运的物品。

③ 国际和国内中转联程货物。

④ 普通货物按照收运先后顺序发送。

11.3.4 民航国内货物到达与交付业务

货物到达和交付是货物运输的最后环节，同时也是重要的一环，牵涉到货物交付、到货通知、货物入舱、分拣货物、分拣货运单等，如果不谨慎，容易产生漏件、错件，因此要求到达站应迅速、准确地办理提货通知和货物交付，以便收货人及时使用。具体相应业务如下：①货物到达；②通知提货；③提货手续；④货物交付程序；⑤货物保管期限与保管费。

机场货运站功能

机场货运站依据IATA标准地面处理协议，主要提供货物及邮件的处理、特种货物处理、单证处理、货物查询、ULD控制、ULD板/箱处理、海关监管、中转货联程服务等服务，具有存储、货物处理、装卸运输、办理货运手续和货运文件四大功能。（扫码获取视频，学习更多内容。）

11.4 民航快递业务

11.4.1 民航快递业务概述

民航快递业务是适应经济内在发展规律的一种新型运输方式，随着经济的发展，这种运输方式越来越受到消费者的欢迎。

民航快递是指具有独立法人资格的企业将进出境货物或物品从发件人所在地通过自身或代理网络运达收件人的一种快速运输方式,主要通过民航运输完成中间主要运输环节。民航快递业务可分为快件文件和快件包裹两大类。快件文件以商务文件资料等无商业价值的印刷品为主,也包括金融单证、商业合同、照片、机票等;快件包裹又称小包裹服务,包裹是指一些贸易成交的小型商品、零配件的返厂维修及采用快件方式运送的一些进出口货物和商品。

（1）民航快递运送方式　从大类上主要可以归纳为国际快递和国内快递两类。

国际快递是指国与国之间的以商业文件和包裹为运送对象的一种快速运送方式。国际快递主要分为门到门服务、门到机场服务、专人派送3类。

① 门到门服务　发件人需要发货时打电话给快递公司,快递公司接到电话后,立即派专门人员到发件人处取件。快递公司将取到的所需发运的快件根据不同的目的地进行分拣、整理、核对、制单、报关。利用最近的航班,通过航空公司（大型快递公司有自己的全货机,如Fedex、UPS、DHL）将快件运往目标地点。发件地的快递公司通过传真、E-mail、QQ/微信等即时通信工具将所发运快件有关信息（航空运单及分运单号、件数、重量等内容）通告中转站或目的站的快递公司。快件到达中转站或目的地机场后,由中转站或目的地的快递公司负责办理清关手续和提货手续,并将快件及时送到收货人手中,然后将快件派送信息及时反馈到发件地的快递公司,由公司通知发件人任务完成。

② 门到机场服务　运输服务只达收件人所在城市或附近的机场。快件到达目的地机场后,当地快递公司及时将到货信息通知收件人,收件人可自己办理清关手续,也可委托原快递公司或其他代理公司办理清关手续,但需额外交纳清关代理费用。采用这种运送方式的多是价值较高,或者目的地海关当局对货物有特殊规定的快件。

③ 专人派送　专人派送方式是指发件地快递公司指派专人携带快件在最短的时间内,采用最便捷的交送方式,将快件送到收件人手里。在一些比较特殊的情况下,为了确保货物安全、确保交货时间而采用这种方式。

国内快递是指在一个国家范围内进行经营快件的行为,我国很多快递公司的快件主要是在国内进行运输。

（2）民航快递的特点

① 快递公司拥有完整的渠道。

② 产品以文件和小包裹快递为主。

③ 使用特殊的交付凭证。

④ 整个流通环节采用全程监控。

⑤ 快递公司采用高度信息化管理。

11.4.2　民航快递运输企业

（1）德国敦豪航空货运公司（DHL）　DHL是全球著名的邮递和物流集团Deutsche Post DHL旗下公司（图11-3）,主要包括以下几个业务部门：DHL Express、DHL Global Forwarding、Freight 和 DHL Supply Chain。

1969年,DHL开设了第一条从旧金山到檀香山的速递运输航线,公司的名称DHL由三位创始人（Dalsey, Hillblom 和 Lynn）姓氏的首字母组成。2002年,德国邮政控制了其全

图11-3　德国DHL企业标志

部股权并把旗下的敦豪航空货运公司、丹沙公司（Danzas）以及欧洲快运公司整合为新的敦豪航空货运公司。2003年，德国邮政收购了美国的空运特快公司（Airborne Express），并把它整合到敦豪航空货运公司里。2005年，德国邮政收购了英国的英运公司（Exel plc），并把它整合到敦豪航空货运公司里。至此敦豪航空货运公司拥有了世界上最完善的速递网络之一，可以到达220个国家和地区的12万个目的地。

2007年1月26日，敦豪宣布正式启动在中国国内的货物空运业务。

2018年12月，DHL入围"2018世界品牌500强"榜单，位列第63位。

（2）美国联合包裹运送服务公司（UPS）　美国联合包裹运送服务公司（United Parcel Service，Inc. UPS）成立于1907年，总部设于美国佐治亚州亚特兰大市，是全球领先的物流企业，提供包裹和货物运输、国际贸易便利化、先进技术部署等多种旨在提高全球业务管理效率的解决方案。UPS主要业务是物流与配给、运输（包括空运、海运、路运、铁路运输）、货运代理、国际贸易管理和清关代理。UPS的其他业务还包括服务零配件物流、技术维修和配置、供应链设计和计划、退货管理和紧急零配件递送（图11-4）。

图11-4　美国UPS企业标志

1907年8月28日，吉姆·凯西（Jim Casey）和克劳德·赖安（Cloude Ryan）在美国华盛顿州西雅图市创立UPS，取名为美国信使公司，提供递送电话信息等服务。1913年，UPS将业务重点转向零售递送业务，并更名为商业包裹递送公司。1919年，UPS将业务拓展到美国加利福尼亚州奥克兰市，并更名为联合包裹速递服务公司。自1922年起，UPS开始向公众提供产品运输服务，支持将包裹运送至私人和商业地址。UPS持续拓展服务范围，1975年，成为第一家在美国48个相邻州内为每个地址提供服务的包裹递送公司。1985年，UPS展开美国与6个欧洲国家之间的国际空运服务。1988年，UPS从美国联邦航空管理局处获得授权运营自营飞机，正式成立UPS航空公司。1994年，UPS推出官方网站，使客户可访问内部运营信息。次年，官网提供包裹运输追踪服务。1999年，UPS成功上市，随后UPS加大对国际服务和可持续实践的投入，并收购多家企业不断扩展全球市场渠道，成为世界领先的航空、海洋、地面和电子服务提供商。UPS运用服务优化与科技创新，推出了一系列诸如UPS My Choice®、UPS Access Point（快递取寄件服务点）的产品与解决方案，提供便捷、灵活的物流服务。2019年，UPS成立子公司UPS Flight Forward Inc. 发展商用无人机配送业务，成为第一家通过美国联邦航空管理局完全认证、获准运营的无人机运营商。

2020年1月22日，在"2020年财富全球最受赞赏公司"榜单中，UPS排在第33位。2020年5月13日，UPS名列"2020福布斯全球企业2000强"榜单第143位。2020年5月18日，UPS位列"2020年财富美国500强"排行榜第43位。2020年7月，"2020福布斯全球品牌价值100强"榜单发布，UPS排名第48位。

（3）美国联邦快递（FedEx Express）　美国联邦快递是一家国际性速递集团，提供隔夜快递、地面快递、重型货物运送、文件复印及物流服务（图11-5），总部设于美国田纳西州孟菲斯市，隶属于美国联邦快递集团（FedEx Corp）。美国联邦快递为顾客和企业提供涵盖运输、电子商务和商业运作等一系列的全面服务。美国联邦快递设有环球航空及陆运网络，通常只需一至两个工作日，就能迅速运送时限紧迫的货件，而且确保准时送达，并且设有"准时送达保证"。

图 11-5　美国联邦快递企业标志

2014年12月16日，美国联邦快递公司同意收购逆向物流公司Genco。这表示美国联邦快递开始向电子商务领域大举进军。

2020年7月，"2020福布斯全球品牌价值100强"榜单发布，美国联邦快递排名第99位。

（4）荷兰邮政集团（TNT Post Group）　荷兰TPG公司是一家提供邮件、快运和物流服务的全球性公司（图11-6）。1997年，荷兰邮政集团公司KPN兼并了澳大利亚TNT集团公司后，KPN公司将其皇家PTT邮政与原TNT合并组建TPG公司，TPG是TNT Post Group的英文缩写，于1998年6月挂牌上市。它是世界上最大的国际商务邮件服务商，也是唯一在欧洲各主要城市拥有网络的快件服务商。公司使用"皇家PTT邮政"和"TNT"两个品牌（TNT快运、TNT物流）。

图 11-6　荷兰TPG企业标志

图 11-7　中国顺丰速运企业标志

（5）中国顺丰速运　顺丰速运是国内的快递物流综合服务商（图11-7），总部位于深圳，经过多年发展，已初步拥有为客户提供一体化综合物流解决方案的能力，不仅提供配送端的物流服务，还延伸至价值链前端的产、供、销、配等环节，从消费者需求出发，以数据为牵引，利用大数据分析和云计算技术，为客户提供仓储管理、销售预测、大数据分析、金融管理等一揽子解决方案。

顺丰还是一家具有网络规模优势的智能物流运营商。经过多年的潜心经营和前瞻性的战略布局，顺丰已形成拥有"天网+地网+信息网"三网合一、可覆盖国内外的综合物流服务网络，其直营网络在国内同行中网络控制力强、稳定性高，也是独特稀缺的综合性物流网络体系。

顺丰采用直营的经营模式，由总部对各分支机构实施统一经营、统一管理，保障了网络整体运营质量，是A股首家采用直营模式的快递公司。2019年9月23日，被教育部等四部门确定为首批全国职业教育教师企业实践基地。2019年12月，顺丰速运入选"2019中国品牌强国盛典榜样100"品牌。2019年12月18日，获得《人民日报》"中国品牌发展指数100"榜单排名第61位。2020年1月4日，获得2020《财经》长青奖"可持续发展创新奖"。

（6）中国邮政速递物流股份有限公司　中国邮政速递物流股份有限公司（简称中国邮政速递物流）是经国务院批准（图11-8），中国邮政集团于2010年6月联合各省邮政公司共同发起设立的国有股份制公司，是中国经营历史最悠久、规模最大、网络覆盖范围最广、业务品种最丰富的快递物流综合服务提供商。EMS分为航空和陆运两种，航空EMS，时效为大城市次日到达，乡村或偏远城市为2日到达，偏远城市的乡村为3日到达，快递单上右上角标有"国内标准快递"字样（本省内也有国内标准快递，但非航空）。

图11-8 中国邮政快递企业标志

中国邮政速递物流在国内31个省（自治区、直辖市）设立全资子公司，并拥有中国货运邮政航空公司、中邮物流有限责任公司等子公司。截至2010年年底，公司注册资本80亿元，资产规模超过210亿元，员工近10万人，业务范围遍及全国31个省（自治区、直辖市）的所有市县乡（镇），通达包括港、澳、台地区在内的全球200余个国家和地区，营业网点超过4.5万个。

中国邮政速递物流主要经营国内速递、国际速递、合同物流、快货等业务，国内、国际速递服务涵盖卓越、标准和经济不同时限水平和代收货款等增值服务，合同物流涵盖仓储、运输等供应链全过程，拥有享誉全球的"EMS"特快专递品牌和国内知名的"CNPL"物流品牌。

❓ 章节自测

1. 填空题

（1）_____ 指除邮件和凭"客票及行李票"运输的行李以外，由民用航空运输或者将要运输的货物，包括作为货物运输的行李。

（2）民航货物运输的主要方式包括_____、_____、货物分批运输、_____、卡车航班。

（3）根据货物在运输中是否需要特殊处理，通常将货物分为_____和_____两大类。

（4）民航快递业务分为_____和_____两大类。

2. 识图题

（1）请仔细观察图片，回答下述问题。

① 请说明左图标签项号、名称、所属类别。
② 请列举3种用左图标签来标识的危险品。

③请说明右图标签项号、名称、所属类别。
④请列举3种用右图标签来标识的危险品。
（2）请仔细观察图片，回答下述问题。
①请说明左图标签项号、名称、所属类别。
②请列举3种用左图标签来标识的危险品。
③请说明右图标签名称。

3. 简答题
（1）简述民航货物运输的定义及特点。
（2）简述民航特种货物的分类。
（3）简述民航货物收运的一般流程。
（4）简述民航快递业务的含义，你知道哪些民航快递运输企业？

附录

附录1　国内主要机场及其三字代码

机场名称	所属省/市	所属地区管理局	机场代码
北京首都国际机场	北京	华北地区管理局	PEK
北京大兴国际机场	北京	华北地区管理局	PKX
北京南苑机场	北京	华北地区管理局	NAY
天津滨海国际机场	天津	华北地区管理局	TSN
太原武宿国际机场	山西	华北地区管理局	TYN
运城张孝机场	山西	华北地区管理局	YCU
大同云冈机场	山西	华北地区管理局	DAT
长治王村机场	山西	华北地区管理局	CIH
临汾尧都机场	山西	华北地区管理局	LFQ
忻州五台山机场	山西	华北地区管理局	WUT
吕梁大武机场	山西	华北地区管理局	LLV
石家庄正定国际机场	河北	华北地区管理局	SJW
邯郸机场	河北	华北地区管理局	HDG
秦皇岛北戴河机场	河北	华北地区管理局	BPE
唐山三女河机场	河北	华北地区管理局	TVS
承德普宁机场	河北	华北地区管理局	CDE
张家口宁远机场	河北	华北地区管理局	ZQZ
呼和浩特白塔国际机场	内蒙古	华北地区管理局	HET
鄂尔多斯伊金霍洛国际机场	内蒙古	华北地区管理局	DSN
呼伦贝尔东山国际机场	内蒙古	华北地区管理局	HLD
包头东河机场	内蒙古	华北地区管理局	BAV
赤峰玉龙机场	内蒙古	华北地区管理局	CIF
通辽机场	内蒙古	华北地区管理局	TGO
乌兰浩特义勒利特机场	内蒙古	华北地区管理局	HLH
锡林浩特机场	内蒙古	华北地区管理局	XIL
乌海机场	内蒙古	华北地区管理局	WUA

续表

机场名称	所属省/市	所属地区管理局	机场代码
巴彦淖尔天吉泰机场	内蒙古	华北地区管理局	RLK
满洲里西郊国际机场	内蒙古	华北地区管理局	NZH
二连浩特赛乌苏国际机场	内蒙古	华北地区管理局	ERL
乌兰察布集宁机场	内蒙古	华北地区管理局	UCB
阿拉善左旗巴彦浩特机场	内蒙古	华北地区管理局	AXF
扎兰屯成吉思汗机场	内蒙古	华北地区管理局	NZL
阿尔山伊尔施机场	内蒙古	华北地区管理局	YIE
霍林郭勒（霍林河）机场	内蒙古	华北地区管理局	HUO
额济纳旗桃来机场	内蒙古	华北地区管理局	EJN
阿拉善右旗巴丹吉林机场	内蒙古	华北地区管理局	BHT
上海浦东国际机场	上海	华东地区管理局	PVG
上海虹桥国际机场	上海	华东地区管理局	SHA
杭州萧山国际机场	浙江	华东地区管理局	HGH
宁波栎社国际机场	浙江	华东地区管理局	NGB
温州龙湾国际机场	浙江	华东地区管理局	WNZ
义乌机场	浙江	华东地区管理局	YIW
舟山普陀山机场	浙江	华东地区管理局	HSN
台州路桥机场	浙江	华东地区管理局	HYN
衢州机场	浙江	华东地区管理局	JUZ
南京禄口国际机场	江苏	华东地区管理局	NKG
无锡硕放国际机场	江苏	华东地区管理局	WUX
常州奔牛国际机场	江苏	华东地区管理局	CZX
南通兴东国际机场	江苏	华东地区管理局	NTG
徐州观音国际机场	江苏	华东地区管理局	XUZ
扬州泰州国际机场	江苏	华东地区管理局	YTY
淮安涟水国际机场	江苏	华东地区管理局	HIA
盐城南洋国际机场	江苏	华东地区管理局	YNZ
连云港白塔埠机场	江苏	华东地区管理局	LYG
福州长乐国际机场	福建	华东地区管理局	FOC
厦门高崎国际机场	福建	华东地区管理局	XMN
泉州晋江国际机场	福建	华东地区管理局	JJN
武夷山机场	福建	华东地区管理局	WUS
三明沙县机场	福建	华东地区管理局	SQJ
连城龙岩冠豸山机场	福建	华东地区管理局	LCX
青岛流亭国际机场	山东	华东地区管理局	TAO
济南遥墙国际机场	山东	华东地区管理局	TNA
烟台蓬莱国际机场	山东	华东地区管理局	YNT
威海大水泊国际机场	山东	华东地区管理局	WEH
临沂启阳机场	山东	华东地区管理局	LYI
济宁曲阜机场	山东	华东地区管理局	JNG
日照山字河机场	山东	华东地区管理局	RIZ
东营胜利机场	山东	华东地区管理局	DOY
潍坊南苑机场	山东	华东地区管理局	WEF

续表

机场名称	所属省/市	所属地区管理局	机场代码
合肥新桥国际机场	安徽	华东地区管理局	HFE
阜阳西关机场	安徽	华东地区管理局	FUG
黄山屯溪国际机场	安徽	华东地区管理局	TXN
安庆天柱山机场	安徽	华东地区管理局	AQG
池州九华山机场	安徽	华东地区管理局	JUH
南昌昌北国际机场	江西	华东地区管理局	KHN
赣州黄金机场	江西	华东地区管理局	KOW
井冈山机场	江西	华东地区管理局	JGS
宜春明月山机场	江西	华东地区管理局	YIC
景德镇罗家机场	江西	华东地区管理局	JDZ
上饶三清山机场	江西	华东地区管理局	SQD
广州白云国际机场	广东	中南地区管理局	CAN
深圳宝安国际机场	广东	中南地区管理局	SZX
珠海龙湾机场	广东	中南地区管理局	ZUH
揭阳潮汕国际机场	广东	中南地区管理局	SWA
湛江机场	广东	中南地区管理局	ZHA
惠州平潭机场	广东	中南地区管理局	HUZ
佛山沙堤机场	广东	中南地区管理局	FUO
梅州梅县机场	广东	中南地区管理局	MXZ
南宁吴圩国际机场	广西	中南地区管理局	NNG
桂林两江国际机场	广西	中南地区管理局	KWL
北海福成机场	广西	中南地区管理局	BHY
柳州白莲机场	广西	中南地区管理局	LZH
梧州西江机场	广西	中南地区管理局	WUZ
百色巴马机场	广西	中南地区管理局	AEB
河池金城江机场	广西	中南地区管理局	HCJ
长沙黄花国际机场	湖南	中南地区管理局	CSX
张家界荷花国际机场	湖南	中南地区管理局	DYG
常德桃花源机场	湖南	中南地区管理局	CGD
衡阳南岳机场	湖南	中南地区管理局	HNY
怀化芷江机场	湖南	中南地区管理局	HJJ
岳阳三荷机场	湖南	中南地区管理局	YYA
湖南武冈机场	湖南	中南地区管理局	WGN
永州零陵机场	湖南	中南地区管理局	LLF
武汉天河国际机场	湖北	中南地区管理局	WUH
宜昌三峡机场	湖北	中南地区管理局	YIH
襄阳刘集机场	湖北	中南地区管理局	XFN
十堰武当山机场	湖北	中南地区管理局	WDS
恩施许家坪机场	湖北	中南地区管理局	ENH
神农架机场	湖北	中南地区管理局	HPG
郑州新郑国际机场	河南	中南地区管理局	CGO
洛阳北郊机场	河南	中南地区管理局	LYA
南阳姜营机场	河南	中南地区管理局	NNY

续表

机场名称	所属省/市	所属地区管理局	机场代码
信阳明港机场	河南	中南地区管理局	XAI
海口美兰国际机场	海南	中南地区管理局	HAK
三亚凤凰国际机场	海南	中南地区管理局	SYX
琼海博鳌机场	海南	中南地区管理局	BAR
三沙永兴机场	海南	中南地区管理局	XYI
成都双流国际机场	四川	西南地区管理局	CTU
绵阳南郊机场	四川	西南地区管理局	MIG
泸州云龙机场	四川	西南地区管理局	LZO
西昌青山机场	四川	西南地区管理局	XIC
南充高坪机场	四川	西南地区管理局	NAO
宜宾五粮液机场	四川	西南地区管理局	YBP
达州河市机场	四川	西南地区管理局	DAX
攀枝花保安营机场	四川	西南地区管理局	PZI
广元盘龙机场	四川	西南地区管理局	GYS
稻城亚丁机场	四川	西南地区管理局	DCY
巴中恩阳机场	四川	西南地区管理局	BZX
甘孜康定机场	四川	西南地区管理局	KGT
阿坝红原机场	四川	西南地区管理局	AHJ
九寨黄龙机场	四川	西南地区管理局	JZH
甘孜格萨尔机场	四川	西南地区管理局	GZG
昆明长水国际机场	云南	西南地区管理局	KMG
丽江三义国际机场	云南	西南地区管理局	LJG
西双版纳嘎洒国际机场	云南	西南地区管理局	JHG
德宏芒市机场	云南	西南地区管理局	LUM
大理荒草坝机场	云南	西南地区管理局	DLU
腾冲驼峰机场	云南	西南地区管理局	TCZ
保山云瑞机场	云南	西南地区管理局	BSD
普洱思茅机场	云南	西南地区管理局	SYM
迪庆香格里拉机场	云南	西南地区管理局	DIG
临沧博尚机场	云南	西南地区管理局	LNJ
澜沧景迈机场	云南	西南地区管理局	JMJ
昭通机场	云南	西南地区管理局	ZAT
沧源佤山机场	云南	西南地区管理局	CWJ
宁蒗泸沽湖机场	云南	西南地区管理局	NLH
文山砚山机场	云南	西南地区管理局	WNT
重庆江北国际机场	重庆	西南地区管理局	CKG
万州五桥机场	重庆	西南地区管理局	WXN
黔江武陵山机场	重庆	西南地区管理局	JIQ
重庆巫山机场	重庆	西南地区管理局	WSK
贵阳龙洞堡国际机场	贵州	西南地区管理局	KWE
遵义新舟机场	贵州	西南地区管理局	ZYI
遵义茅台机场	贵州	西南地区管理局	WMT
兴义万峰林机场	贵州	西南地区管理局	ACX

续表

机场名称	所属省/市	所属地区管理局	机场代码
毕节飞雄机场	贵州	西南地区管理局	BFJ
铜仁凤凰机场	贵州	西南地区管理局	TEN
安顺黄果树机场	贵州	西南地区管理局	AVA
六盘水月照机场	贵州	西南地区管理局	LPF
荔波机场	贵州	西南地区管理局	LLB
凯里黄平机场	贵州	西南地区管理局	KJH
黎平机场	贵州	西南地区管理局	HZH
拉萨贡嘎国际机场	西藏	西南地区管理局	LXA
林芝米林机场	西藏	西南地区管理局	LZY
昌都邦达机场	西藏	西南地区管理局	BPX
日喀则和平机场	西藏	西南地区管理局	RKZ
阿里昆莎机场	西藏	西南地区管理局	NGQ
西安咸阳国际机场	陕西	西北地区管理局	XIY
榆林榆阳机场	陕西	西北地区管理局	UYN
延安机场	陕西	西北地区管理局	ENY
汉中城固机场	陕西	西北地区管理局	HZG
安康富强机场	陕西	西北地区管理局	AKA
兰州中川国际机场	甘肃	西北地区管理局	LHW
敦煌莫高国际机场	甘肃	西北地区管理局	DNH
嘉峪关机场	甘肃	西北地区管理局	JGN
庆阳西峰机场	甘肃	西北地区管理局	IQN
陇南成县机场	甘肃	西北地区管理局	LNL
张掖甘州机场	甘肃	西北地区管理局	YZY
天水麦积山机场	甘肃	西北地区管理局	THQ
金昌金川机场	甘肃	西北地区管理局	JIC
甘南夏河机场	甘肃	西北地区管理局	GXH
银川河东国际机场	宁夏	西北地区管理局	INC
固原六盘山机场	宁夏	西北地区管理局	GYU
中卫沙坡头机场	宁夏	西北地区管理局	ZHY
西宁曹家堡国际机场	青海	西北地区管理局	XNN
玉树巴塘机场	青海	西北地区管理局	YUS
格尔木机场	青海	西北地区管理局	GOQ
果洛大武机场	青海	西北地区管理局	GMQ
德令哈机场	青海	西北地区管理局	HXD
花土沟机场	青海	西北地区管理局	HTT
祁连机场	青海	西北地区管理局	HBQ
乌鲁木齐地窝堡国际机场	新疆	新疆地区管理局	URC
喀什国际机场	新疆	新疆地区管理局	KHG
库尔勒机场	新疆	新疆地区管理局	KRL
阿克苏机场	新疆	新疆地区管理局	AKU
和田机场	新疆	新疆地区管理局	HTN
伊宁机场	新疆	新疆地区管理局	YIN
克拉玛依机场	新疆	新疆地区管理局	KRY

续表

机场名称	所属省/市	所属地区管理局	机场代码
阿勒泰机场	新疆	新疆地区管理局	AAT
库车机场	新疆	新疆地区管理局	KCA
吐鲁番交河机场	新疆	新疆地区管理局	TLQ
塔城机场	新疆	新疆地区管理局	TCG
莎车机场	新疆	新疆地区管理局	QSZ
博乐阿拉山口机场	新疆	新疆地区管理局	BPL
哈密机场	新疆	新疆地区管理局	HMI
布尔津喀纳斯机场	新疆	新疆地区管理局	KJI
图木舒克唐王城机场	新疆	新疆地区管理局	TWC
且末机场	新疆	新疆地区管理局	IQM
若羌楼兰机场	新疆	新疆地区管理局	RQA
那拉提机场	新疆	新疆地区管理局	NLT
富蕴可可托海机场	新疆	新疆地区管理局	FYN
石河子花园机场	新疆	新疆地区管理局	SHF
哈尔滨太平国际机场	黑龙江	东北地区管理局	HRB
牡丹江海浪机场	黑龙江	东北地区管理局	MDG
佳木斯东郊机场	黑龙江	东北地区管理局	JMU
大庆萨尔图机场	黑龙江	东北地区管理局	DQA
齐齐哈尔三家子机场	黑龙江	东北地区管理局	NDG
鸡西兴凯湖机场	黑龙江	东北地区管理局	JXA
黑河瑷珲机场	黑龙江	东北地区管理局	HEK
加格达奇嘎仙机场	黑龙江	东北地区管理局	JGD
伊春林都机场	黑龙江	东北地区管理局	LDS
建三江湿地机场	黑龙江	东北地区管理局	JSJ
漠河古莲机场	黑龙江	东北地区管理局	OHE
五大连池德都机场	黑龙江	东北地区管理局	DTU
抚远东极机场	黑龙江	东北地区管理局	FYJ
沈阳桃仙国际机场	辽宁	东北地区管理局	SHE
大连周水子国际机场	辽宁	东北地区管理局	DLC
营口兰旗机场	辽宁	东北地区管理局	YKH
锦州小岭子机场	辽宁	东北地区管理局	JNZ
丹东浪头国际机场	辽宁	东北地区管理局	DDG
鞍山腾鳌机场	辽宁	东北地区管理局	AOG
朝阳机场	辽宁	东北地区管理局	CHG
长海大长山岛机场	辽宁	东北地区管理局	CNI
长春龙嘉国际机场	吉林	东北地区管理局	CGO
延吉朝阳川国际机场	吉林	东北地区管理局	YNJ
长白山机场	吉林	东北地区管理局	NBS
松原查干湖机场	吉林	东北地区管理局	YSQ
通化三源浦机场	吉林	东北地区管理局	TNH
白城长安机场	吉林	东北地区管理局	DBC

来源:《2019年民航机场生产统计公报》,略改动。

附录2　国内主要航空公司及其二字代码

名称	代码	企业标志	总部
国航	CA		北京
东航	MU		上海
南航	CZ		广州
海航	HU		海口
厦航	MF		厦门
深航	ZH		深圳
上航	FM		上海
川航	3U		成都
山航	SC		济南
成都航空	EU		成都
首都航空	JD		北京
春秋航空（低成本）	9C		上海
吉祥航空	HO		上海

续表

名称	代码	企业标志	总部
奥凯航空	BK		北京
祥鹏航空	8L		昆明
联合航空	KN		北京
大新华航空	CN		北京
天津航空	GS		天津
重庆航空	OQ		重庆
西部航空	PN		重庆
昆明航空	KY		昆明
华夏航空	G5		贵阳
幸福航空	JR		天津
河北航空	NS		石家庄
金鹏航空	Y8		深圳
东海航空	DZ		深圳

名称	代码	企业标志	总部
西藏航空	TV		拉萨
长龙航空	GJ		杭州
青岛航空	QW		青岛
瑞丽航空	DR		昆明
九元航空（吉祥航空组建）	AQ		广州
乌鲁木齐航空	UQ		乌鲁木齐
福州航空	FU		福州
北部湾航空	GX		南宁
多彩航空	GY		贵阳
长安航空	9H		西安
江西航空	RY		南昌
湖南航空	A6		长沙
桂林航空	GT		桂林
龙江航空	LT		哈尔滨

来源：《2019年10月航空运输消费者投诉情况的通报》。

参考文献

[1] 张荣娟，李伟. 民航基础[M]. 北京：科学出版社，2017.
[2] 魏全斌. 民航旅客运输[M]. 北京：北京师范大学出版社，2013.
[3] 黄永宁，张晓明. 民航概论[M]. 4版. 北京：旅游教育出版社，2019.
[4] 周慧艳，汪泓，石丽娜. 机场运营管理[M]. 3版. 北京：清华大学出版社，2020.
[5] 陈文华. 民用机场运营与管理[M]. 北京：清华大学出版社，2019.
[6] 曾小舟. 机场运行管理[M]. 北京：科学出版社，2021.
[7] 何蕾. 民航机场地面服务[M]. 3版. 北京：化学工业出版社，2020.
[8] 吴东华. 民航货物运输实训教程[M]. 2版. 南京：东南大学出版社，2020.
[9] 王吉寅，张桥艳. 民航货物运输[M]. 重庆：重庆大学出版社，2017.
[10] 石月红，王东. 民航危险品运输[M]. 北京：电子工业出版社，2019.
[11] 董襄宁，赵征，张洪梅. 空中交通管理基础[M]. 北京：科学出版社，2019.
[12] 李春锦. 空中交通管理[M]. 北京：北京航空航天大学出版社，2017.
[13] 孙康文，邓志诚，杨乃宾. 航空器适航基础[M]. 北京：北京航空航天大学出版社，2020.

扫码看章节自测参考答案